新文科建设教材
市场营销系列

CUSTOMER RELATIONSHIP
MANAGEMENT

客户关系管理

数字化时代新实践

廖俊云　何凯　张泳◎主编

清华大学出版社
北京

本书封面贴有清华大学出版社防伪标签，无标签者不得销售。
版权所有，侵权必究。举报：010-62782989，beiqinquan@tup.tsinghua.edu.cn

图书在版编目（CIP）数据

客户关系管理：数字化时代新实践 / 廖俊云，何凯，张泳主编.
北京：清华大学出版社，2025.4.
（新文科建设教材）. -- ISBN 978-7-302-68939-3

Ⅰ. F274

中国国家版本馆 CIP 数据核字第 2025FV7593 号

责任编辑：吴　雷
封面设计：李召霞
责任校对：王荣静
责任印制：丛怀宇
出版发行：清华大学出版社
网　　址：https://www.tup.com.cn，https://www.wqxuetang.com
地　　址：北京清华大学学研大厦A座　　　　邮　　编：100084
社 总 机：010-83470000　　　　　　　　　　邮　　购：010-62786544
投稿与读者服务：010-62776969，c-service@tup.tsinghua.edu.cn
质 量 反 馈：010-62772015，zhiliang@tup.tsinghua.edu.cn
课 件 下 载：https://www.tup.com.cn，010-83470332
印 装 者：北京瑞禾彩色印刷有限公司
经　　销：全国新华书店
开　　本：185mm×260mm　　　印　张：13　　　字　数：288 千字
版　　次：2025 年 5 月第 1 版　　　　　　　　印　次：2025 年 5 月第 1 次印刷
定　　价：49.00 元

产品编号：104892-01

前言

在市场营销领域，企业与客户之间的关系始终是核心关注点。近年来，社会化媒体持续迭代进化，商业竞争格局不断重塑，客户行为特征也日新月异。在当今复杂多变的商业生态中，稳固、良好的客户关系不仅是企业的关键资产，更是驱动企业持续创造商业价值、保持竞争优势的核心动力。

互联网技术的飞速发展与社会化媒体的广泛普及，深刻改写了客户与企业互动的规则，催生出全新的关系模式。在此背景下，企业如何真正践行"以客户为中心"的理念，借助前沿管理技术与工具，充分挖掘社交媒体平台潜力，构建深度、持久且互信的客户关系，实现客户价值与企业收益的双赢，已成为企业界关注的关键议题。

本书聚焦客户关系管理这一重要领域，从基础理论出发，全面梳理数字化时代背景下企业与客户关系从建立、深化、维护到赢回的全生命周期管理策略。同时，紧密结合社交媒体环境下客户关系管理的最新研究成果与实践应用，构建了一套完整且实用的客户关系管理理论体系。该体系为解决实践中的各类客户关系管理问题提供了系统性的参考，有助于读者运用体系化思维应对新环境下客户关系管理的实际挑战。

本书体现了如下几个特点：

（1）**结构编排科学有序**：秉持"结构科学、条理清晰、案例鲜活、详略得当"原则，从客户关系管理基础、建立、深化与维护、数字化实践四个维度有序展开，逻辑严谨，便于读者循序渐进开展学习。

（2）**案例拓展助力实践**：每章末尾设有"案例拓展"板块，选用鲜活案例，助力读者将理论知识与实际应用紧密结合，深化理解、学以致用。

（3）**聚焦时代前沿应用**：着重探讨社会化媒体在客户关系管理中的理论与实践应用，紧跟时代脉搏，贴合当下商业环境中客户关系管理的新变化与新需求。

（4）**依循客户周期主线**：围绕客户从建立关系到赢回的全生命周期，规划内容布局，各章节针对性强，有助于读者精准把握不同阶段客户关系管理要点。

全书共分为4篇12章，从客户关系管理基础、客户关系建立、客户关系深化与维护以及数字化实践四个维度展开论述。与现有教材相比，本书的创新之处在于，在继承已有研究成果的基础上，全面更新了客户关系管理领域的前沿知识，特别增设了数字化实践篇，详细介绍了数字时代企业在客户关系管理方面的创新举措。具体而言，第1篇（第1章至第4章）系统阐述客户关系管理的内涵、特点、发展历程、演变趋势及核心理论，帮助读者构建全面的认知框架；第2篇（第5章至第7章）聚焦于企业如何与客户建立长期稳定的合作关系；第3篇（第8章至第11章）以客户生命周期为线索，深入剖析不同阶段企业应采取的策略与措施；第4篇（第12章）重点介绍数字时代下企业客户关系管理的新方法与新实践。

本书由廖俊云教授负责整体框架设计、提纲拟定、统稿及最终定稿，并编写第 1 章至第 4 章与第 12 章。何凯博士编写第 5 章至第 8 章，张泳副教授编写第 9 章至第 11 章。廖俊云教授课题组团队成员刘亚瑄同学在资料查阅与整理方面提供了大力支持。此外，本书编写过程中参考了大量国内外相关文献资料，在此一并致谢。

尽管编者竭尽全力，但由于水平有限，书中难免存在疏漏与不足之处，恳请各位专家、学者及广大读者不吝赐教，以便我们不断完善。

编 者

2025 年 3 月于暨南园

目 录

第 1 篇 客户关系基础

第 1 章 客户关系管理导论 ... 3
- 1.1 客户关系管理的定义及演变 ... 3
- 1.2 客户关系管理的理论基础 ... 12
- 案例拓展：华为 ... 15
- 即测即练 ... 16

第 2 章 数字化时代下的客户关系管理 ... 17
- 2.1 数字化时代下的客户关系管理新趋势 ... 17
- 2.2 数字化客户管理的 4R 模型 ... 21
- 案例拓展：屈臣氏 ... 25
- 即测即练 ... 25

第 3 章 客户关系的基础 ... 26
- 3.1 客户满意 ... 26
- 3.2 客户认同 ... 31
- 3.3 客户忠诚 ... 35
- 案例拓展：可口可乐 ... 38
- 即测即练 ... 38

第 4 章 客户参与价值 ... 39
- 4.1 客户终身价值 ... 39
- 4.2 客户推荐价值 ... 47
- 4.3 客户影响者价值 ... 49
- 4.4 客户知识价值 ... 51
- 案例拓展：知乎 ... 53
- 即测即练 ... 53

第 2 篇　客户关系建立

第 5 章　数字化背景下的客户洞察 ········· 57
- 5.1　客户洞察与分析 ········· 57
- 5.2　基于社交媒体数据的客户洞察 ········· 59
- 5.3　客户画像 ········· 62
- 案例拓展：Lululemon ········· 64
- 即测即练 ········· 65

第 6 章　客户开发与分级 ········· 66
- 6.1　客户选择及开发 ········· 66
- 6.2　客户推荐计划 ········· 71
- 6.3　客户分级的概念与意义 ········· 75
- 6.4　客户分级管理策略 ········· 87
- 案例拓展：美孚公司 ········· 90
- 即测即练 ········· 91

第 7 章　客户沟通与接触管理 ········· 92
- 7.1　客户沟通 ········· 92
- 7.2　多渠道的客户接触策略 ········· 95
- 7.3　内容管理 ········· 101
- 案例拓展：完美日记 ········· 104
- 即测即练 ········· 105

第 3 篇　客户关系深化与维护

第 8 章　客户服务与体验管理 ········· 109
- 8.1　客户服务的关键要素 ········· 109
- 8.2　设计与提供卓越客户体验 ········· 113
- 8.3　客户体验管理的测量与改进 ········· 118
- 8.4　服务失误与补救 ········· 122
- 案例拓展：特斯拉 ········· 128
- 即测即练 ········· 129

第 9 章　客户忠诚计划 ········· 130

9.1　客户忠诚计划概述 ········· 130
9.2　如何设计客户忠诚计划 ········· 134
9.3　客户忠诚计划运营 ········· 137
案例拓展：星巴克 ········· 140
即测即练 ········· 141

第 10 章　客户关系的维护 ········· 142

10.1　客户投诉管理策略 ········· 142
10.2　基于社群的客户关系维护 ········· 149
10.3　客户关怀 ········· 157
案例拓展：小米 ········· 159
即测即练 ········· 160

第 11 章　客户流失与赢回管理 ········· 161

11.1　客户流失 ········· 161
11.2　流失预警与挽救策略 ········· 168
11.3　客户赢回策略与实践 ········· 173
案例拓展：中国移动 ········· 176
即测即练 ········· 177

第 4 篇　数字化实践

第 12 章　数字化时代的客户关系管理实践 ········· 181

12.1　社会化媒体在客户关系管理中的应用 ········· 181
12.2　数字化客户关系管理工具 ········· 185
12.3　新兴的客户关系管理工具 ········· 192
案例拓展：Insta 360 ········· 198
即测即练 ········· 199

第1篇

客户关系基础

第1章 客户关系管理导论

1.1 客户关系管理的定义及演变

1.1.1 客户关系管理的内涵

客户关系管理（customer relationship management，CRM）是一种受关系营销理论指导，借助信息技术，旨在改善企业与客户关系的新型管理机制。具体而言，客户关系管理是指企业在产品和服务上与客户保持互动，通过对客户详细资料的深入分析来识别、收获、保留、培育价值客户，建立和保持长期客户关系，提高客户满意度以获得竞争力，从而改善内部管理、为客户提供个性化产品和服务，强化公司与客户合作关系的一种策略与手段。实施客户关系管理的目的是提高市场知名度，降低市场营销费用，提高客户忠诚度、客户黏性和客户收益，提升公司市场竞争力，并以此作为提升公司信息化管理水平的手段。在此基础上，实现企业利润和市场份额的最大化。

▶系统接入						
固话	传真	电脑	邮件	手机	平板	社交网络

▶业务应用					
营销		销售		客服	
活动策划	活动准备	线索管理	机会管理	服务单管理	服务合同
活动执行	营销计划	行为管理	销售计划	服务报价	服务库存
卖点强化	客户细分	销售预测	报价管理	呼叫中心	客户回访
渠道获客	……	订单管理	……	挖掘复购	……

▶配置开发				
Push服务	EDM/SMS	规则引擎	报表引擎	工作流引擎

▶数据底层			
业务数据集市	销售业绩数据集市	运营数据集市	外部数据集市
数据仓库			客户主数据

来源：艾瑞咨询研究院自主研究及绘制。

图 1-1　客户关系管理基础架构

客户关系管理的本质是连接企业的内部业务和外部的终端客户、经销商、服务商及设备，打通内外部信息壁垒，实现业务的全面管理。此外，客户关系管理以数据收集、存储、分析等功能驱动营销、销售和客服三大板块，支撑客户全生命周期管理，为客户打通完整的价值链条，并通过计算机、移动终端等实现系统接入及与客户的双向互动，赋能企业数字化运营，助力产业互联时代下业绩的规模化增长。客户关系管理基础架构见图 1-1，场景边界见图 1-2。

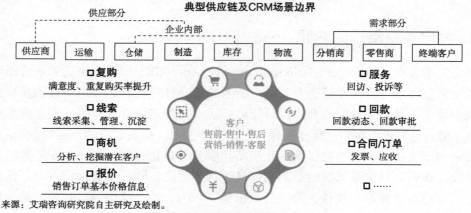

图 1-2　客户关系管理场景边界

在讲述什么是客户关系管理之前，我们先对组成客户关系管理的三个名词——客户、关系与管理拆开来解释，分别剖析其内涵。

（一）客户内涵

英文"customer"一词，在中文中有两种翻译，即"顾客"或"客户"。前者主要指传统意义上的消费者，即购买商品的人；后者的意义则更为广泛，指所有与企业有互动行为的单位或个人。"顾客"的概念仅适用于企业的销售部门和销售环节。从营销和客户关系管理的角度来说，"客户"的概念更为准确。

客户由消费者客户、中间客户、公利客户三个部分组成，详见表 1-1。

表 1-1　客户的组成

分　类	内　容	示　例
消费者客户	企业产品或服务的直接消费者，又称"最终客户"或"终端客户"	个人、家庭
中间客户	购买企业的产品或服务，但不是产品或服务的直接消费者，而是处于企业与消费者之间的经营者	经销商
公利客户	代表公众利益，向企业提供资源，然后直接或间接从企业获利中收取一定比例费用的客户	政府、行业协会、媒体

现代的客户关系管理是以客户为中心的关系管理，管理的焦点是客户。企业的消费终端对接的是客户，产品的生产过程就是为客户服务的过程，一旦客户不在了，产品和企业也就不复存在了。在当前这样一个由产品导向转变为客户导向的市场环境中，客户关系管理的核心是"了解客户，倾听客户"，一切围绕客户，这也是"以客户为中心""客户关怀"等概念的根基。

客户关系管理中的"客户"有广义和狭义之分。现代意义上，狭义的客户指的是购买企业产品或服务的顾客。最初客户关系管理（CRM）中的"C"是指"customer"，即顾客的意思。广义的客户指的是企业产品或服务的购买者、外部的影响因素，如政府和企业内部的员工、供应链环节中上下游伙伴甚至是竞争对手等，一切在企业经营环节中与企业有互动行为的单位和个人都被称为客户。

广义的客户概念大大扩展了客户的范畴，广义的客户不仅包括企业的"C（顾客）"，还包括企业内部的员工和外部合作伙伴等关系对象，也就是说，任何一个个人或组织，只要其对企业的发展是有贡献的（直接的或间接的），都可称为客户，这样建立起来的一个系统性"企业关系管理"概念，已不再局限于传统意义上的客户。

（二）关系内涵

在汉语词典中，"关系"一词有以下五种含义。

（1）事物之间的相互作用、相互影响的状态。如朋友关系是相知、有共同爱好的相互作用、相互影响的关系。

（2）人和人或人和事物之间某种性质的联系。如夫妻关系、干群关系等。

（3）有影响或重要性。如"没关系，不会出什么大乱子"。

（4）泛指原因、条件。如"由于时间关系，我不往下讲了"。

（5）牵涉。如"交通安全是关系千家万户幸福的大事"。

在英文中，"关系"一词为"relationship"，这个词的定义是"The relationship between two people or groups is the way in which they behave towards each other and feel towards each other." 翻译成中文是"两个人或两组人之间彼此的行为方式以及感觉状态"。

综上所述，关系是指人与人或人与组织之间相互的行为方式以及相互的感觉状态。关系发生在人及由人构成的组织之间，包括行为和感觉两个方面，二者缺一不可，且行为和感觉是相互的，见图1-3。

图1-3 关系理解图

按照这一定义，可以得出以下要点。

（1）关系发生在人与人之间，这样就排除了人同机器之间的关系概念。虽然你很喜欢某个事物或某只宠物，但不表明你同它有"关系"。另外，组织是由人组成的，因此组织同人的关系根本上还是人与人的关系。

（2）一个关系同时具有行为和感觉两种特性，对于仅有某种行为而没有感觉或只有感觉而没有适当行为的,应该说是"欠缺的关系"。

(3)关系是中性的,它没有说明这个关系重要与否,是好的还是坏的,这些形容词必须由你去判断。

(4)关系有一种"束缚"的特性,或者说对关系双方有约束的特性,使得想脱离关系的一方有某种程度的"逃离代价"。

企业与客户的关系是双方在一定时间内通过一系列互动事件所积累的结果,这些事件包括信息咨询、商品交易、销售回访、投诉处理、公共关系等,都对企业与客户的关系产生影响,而CRM能更好地帮助企业处理与客户的关系。

关系的形成和发展存在一定的规律,我们可以将关系演进的一般过程分为五个阶段,即注意、试探、深入、承诺和解散,如图1-4所示。

图1-4 关系的演进过程

注意(awareness)是关系发展的起始阶段,当企业或客户任何一方开始注意对方,并将对方视为可能的交换伙伴时,双方即进入关系的注意阶段。一方有意识地接近另一方,属于单边行为。在注意阶段双方不会产生互动。

当互动行为开始发生时,关系就进入第二个阶段,即试探(exploration)。企业与客户开始考察彼此的实力与偏好,这时可能发生一些测试性的交易行为。如果测试没有获得理想的效果,双方的关系可能就此终结。此时双方的关系涉入不深,所以结束关系所付出的成本(包括货币成本和心理成本等)并不高。

当交易双方在试探阶段持续获得利益,相互依赖的程度不断增强时,二者的关系就进入深入(expansion)阶段。在这一阶段会产生大量的交易,交易双方开始信任彼此,对彼此交易动机、交易能力的怀疑与冲突开始减少。信任的形成也意味着交易双方结束关系的障碍增强,无形和有形的转换成本都会因为双方关系投入的加深而逐渐降低。

承诺(commitment)可以看作彼此对各自交易动机、交易能力以及发展长期合作关系的意愿。交易双方在长期的交往中逐渐认识到对方是不可或缺的,而且真心愿意尽最大努力与对方维持长期合作关系。信任、共同的价值观和彼此的倚重都有助于承诺的达成。在这一阶段,交易行为可能是一种自动化的形式,交易双方由于非常熟悉各自的需求与要求,同时形成了稳固的信任关系,因此不需要对每次的交易行为进行严格的审查与复杂的谈判,许多日常交易活动可以依照预先设定的条件和程序直接进行下去。

不是所有的关系都会发展到信赖或承诺这个阶段,在此之前可能出现交易双方关系的解散(dissolution)。关系的解散既可以是单方面的行为,也可以是双方通过协商达成的。解散的原因是多方面的,可能是买卖双方出现信任危机,对彼此的交易诚意产生严重的质疑,交易动机不纯,或买方无法忍受卖方多次交易失误或低效率的服务,或买方对产品有了新的需求,而卖方无法满足,或卖方觉得从买方获得的直接和间接利益在急剧降低,关系的持续会给企业带来更大的损失等。因而,企业需要利用客户关系管理系统及时获取客户需求,依据客户需求优化或者更新企业产品,更好地保持与客户的关系。

综上，企业与客户的关系既是买卖关系，又是利益关系，还是伙伴关系。企业的销售和客户的购买使企业赢得利润、客户获得价值，企业与客户都从对方获得利益，只要关系不断，这种交换就可以持续下去。从关系的持久性来看，企业实施客户关系管理必须实现客户与企业的"双赢"，实现客户价值的最大化和企业收益最大化之间的平衡。

（三）管理内涵

英文中"management"一词的含义是"control and organization"，即管理是对资源的控制和有效组织，以实现特定管理单位所确定的目标。对管理一词可以有以下理解。

管理是有目的的，不是为了管理而管理。管理的本质在于主动控制目标实现的过程。对客户关系管理中的管理可归纳出以下几点。

（1）CRM中的管理指的是对客户关系的生命周期要积极介入和控制，使这种关系最大限度帮助企业实现其所确定的经营目标。注意，客户管理的目标仍然是企业的经营管理目标。一个无法帮助企业实现经营目标的客户关系管理是"无效"的管理，即使客户表现出百分之百的满意，企业也没有任何理由和兴趣去管理这种关系。

（2）CRM中的管理是指企业要积极地而不是消极地管理这种关系，没有关系时要想办法建立关系，有关系时应努力培养和发展这种关系，使客户和企业建立起良好的互利关系，并使关系长期可持续化。

（3）企业要将重点放在维持和发展最重要的客户关系上，即要有选择性地对待具有不同"潜在回报率"的客户关系，而不是面面俱到。

（4）企业都有客户关系。但是很少有企业能从战略上和具体操作上系统实践这种管理行为，对客户关系的管理总是处于一知半解的"盲目"阶段。这正是客户关系管理中需要解决的盲点。

基于以上对"客户""关系""管理"三大内涵的解释，我们可以得出结论，即客户关系管理是建立在营销思想和信息技术基础之上的先进的管理理念与策略，是专门研究如何建立、维护、挽救客户关系的科学。客户关系管理将管理的视野从企业内部延伸、扩展到企业外部，是企业管理理论的新领域，其目标是通过建立、维护、挽救客户关系以帮助企业拥有大量的、优质的、忠诚的客户。

1.1.2 客户关系管理的特点

（一）客户关系管理是一种企业战略

客户关系管理不是一种简单的概念或方案，其贯穿企业的每个部门和每个经营环节，涉及战略、过程、组织和技术等各方面的变革，是为了理解、预测和管理企业现有的或潜在的客户，使企业更好地围绕客户行为来有效管理自己的经营。

（二）信息技术是客户关系管理的使能者（Enabler）

一些新技术，如知识发现技术、数据仓库技术和数据挖掘技术等，有效促进了企业通过数据进行客户细分和模式的发掘。简言之，信息技术的引入使客户知识的积累和共享更有效,如图 1-5 所示。

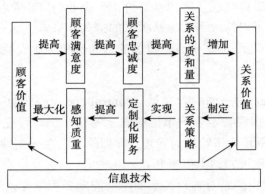

图 1-5　信息技术对客户关系管理的影响

(三) 客户关系管理针对客户价值展开

客户关系管理始于企业对客户行为和特性的深入分析,以取得对客户及其偏好、愿望和需求的完整认知,然后将这些知识应用于营销战略的制定、营销计划的编制和营销活动的发起。同样,管理客户关系意味着与客户的互动接触,因此,客户关系管理需要设计一个由许多接触点构成的网络,以建立、培养和维持与客户长期互利的接触。

(四) 客户关系管理的最终目的是实现客户和企业的"双赢"

客户关系管理的最终目的是实现客户价值最大化和企业收益最大化之间的平衡,即客户与企业的"双赢"。事实上,客户价值最大化与企业收益最大化是一对矛盾统一体,而坚持以客户为中心、为客户创造价值是所有客户关系管理战略的理论基石。

(五) 客户关系管理是有选择的,具有针对性

不同的客户对于企业而言具有不同的关系价值,企业必须将主要精力放在最有价值的客户身上。虽然那些低价值的客户在数量上占有绝对比例,但对公司的销售和利润贡献很小。客户关系管理并不主张放弃低价值的客户,而是强调仔细甄别良性客户关系和恶性客户关系,并加以区别对待,通过对关系的有效识别,发展与特定客户良性的、长期的、有利可图的关系,坚决剔除不具有培养前景的恶性客户关系。

1.1.3　客户关系管理的发展

客户关系管理起源于 20 世纪 80 年代初的"接触管理",即专门收集整理客户与企业相互联系的所有信息,借以改进企业经营管理,提高企业营销效益。"客户关系管理"这一概念的出现是为了更好地理解和应对客户需求。客户关系管理经历了以下五个发展阶段。

(一) 客户信息系统

客户信息系统(customer information system,CIS)早期是由一些大型的服务业机构自行开发和使用，如零售连锁企业、银行等。由于这些企业客户众多，需要对客户信息进行记录和管理，实际上这种系统执行的是类似于电子档案的功能。

20 世纪 80 年代初在美国出现了接触管理（contact management），接触管理使原始的客户信息系统升级至专门收集客户与公司联系的所有信息的系统，20 世纪 90 年代，其演变成电话服务中心支持资料分析的"客户关怀"（customer care）。这种系统的应用十分广泛，现在仍有一些中小企业在使用，但因其数据不能有效共享，加之一般只有客户地址、电话、邮件等基本信息，因而无法满足企业更高的要求。

（二）销售人员自动化

销售人员自动化（sales force automation，SFA）主要功能是协助业务人员经营销售管理，以提升业务人员的销售力。通过 SFA 系统，销售人员可以及时上报销售问题，销售主管可以随时掌握销售情况，有效降低管理成本并节省时间。虽然早期的 CRM 客户关系管理多集中在销售点上，但是 SFA 系统毕竟只是一个销售部门的解决方案，无法与市场系统、服务系统整合到一起，因而不能成为完整意义上的 CRM 客户关系管理系统。

（三）呼叫中心

以前具备客户服务和支持（customer service and support，CSS）功能的部门也被称为投诉处理部，一旦客户购买了产品或服务，CSS 部门就负责保持和发展客户关系。它和 SFA 系统一样，也是一种面对点的解决方案，无法实现与市场系统、销售系统的有效衔接。

20 世纪 90 年代后期，一些公司开始把 SFA 和 CSS 合并到一起，再结合计算机电话集成技术（computer telephone integration，CTI），形成了集销售和服务于一体的呼叫中心（call center）。早期的呼叫中心无论在技术上还是在管理功能上都与现在的 CRM 客户关系管理系统有很大的差距。

（四）数字化 CRM 系统

随着信息基础设施的发展和时代更迭，CRM 系统的发展经历了 C2C（Copy to China）、摸索、成长、本土化创新等阶段。在此基础上，它将营销、销售、服务三大模块以及客户管理有机组合到一起，以全方位的接触方式为客户提供无缝的完美体验。

进入数字化时代后，企业对分析信息能力的需求不断增长，希望通过聚合数据，将其转化为更好的消费者体验，这推动了跨行业 CRM 解决方案的发展。数字化 CRM 解决方案利用数据整合、数据挖掘和分析、人工智能、营销自动化、移动端应用（App）等技术手段与数字化用户运营的整合，最大化提升客户个性化体验，增加客户满意度，最终实现企业的运营效率和盈利能力的双提升。在当今时代，CRM 已发展到基于网络功能的 ECRM。例如，客户登录当当网，查看其订购的新书是否寄出，这就属 ECRM 的范畴。

数字化 CRM 系统具有以下几个特点。

（1）数据中心化。数字化 CRM 解决方案将有关客户的所有信息进行收集、整合、管理和分析，形成一个数据中心，这个数据中心可以实时跟踪客户的信息和行为，并且通过数据分析和挖掘，更好地理解客户需求和行为。

（2）自动化。数字化 CRM 解决方案可以通过智能化技术手段，实现自动化客户管理和服务。例如，客户提出需求后，数字化 CRM 解决方案可以运用人工智能（AI）技术自动分析和识别需求，并自动向客户推荐产品或服务。

（3）智能化。数字化 CRM 解决方案可以利用人工智能、机器学习等技术手段，更好地理解客户需求和行为，并且可以自动化做出相应的反应和提供服务，进行精准营销。

（4）移动化。数字化 CRM 解决方案支持移动端应用，可以随时随地为客户提供服务和管理。

（5）连接化。相比 CRM，软件运营服务（Software as a Service, SaaS）多集中于企业内部的销售管理，数字化 CRM 管理系统在连接上下游合作伙伴方面的市场需求仍然很大。同时，随着线上多渠道（抖音、淘宝、快手等电商平台）销售的发展，目前对 CRM 软件接入平台的多样性有一定要求。

（五）移动 CRM 和社交 CRM

随着互联网技术和通信技术的日新月异，移动 CRM 和社交 CRM 应运而生。移动 CRM 利用现代移动终端技术、移动通信技术、计算机技术等，以数据为核心、以连接为纽带、以客户体验为突破口，融合数据挖掘和机器学习技术，持续培育并挖掘客户价值，在移动中实现通常要在办公室里才能完成的客户关系管理任务。移动 CRM 系统具有传统 CRM 系统无法比拟的优势，可使员工摆脱时间和场所的限制，随时随地与企业业务平台进行沟通，有效提高了管理效率。

当前 CRM 环境为来自社交网络的数据所填充，拥有整合和分析大量交易和反馈数据的能力，能够更好地满足客户对分析报告的需求。所以，客户正在寻求能够同时提供数据服务和社交功能的移动 CRM 程序，厂商也开始推出专注于客户互动、社交媒体自动化和客户服务的应用程序。客户关系管理正由交易型向互动型过渡，演变为社会化客户关系管理（social customer relationship management）。中国 CRM 行业发展历程如图 1-6 所示。

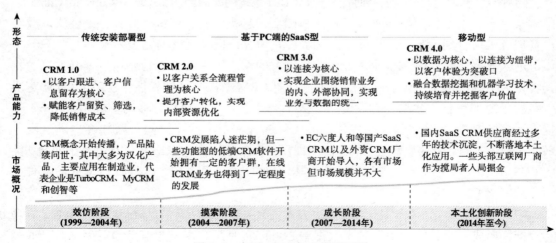

图 1-6　中国 CRM 行业发展历程

1.1.4 客户关系管理发展动力

客户关系管理是一个既古老又新鲜的话题。为何古老？因为自从人类有商务活动以来，客户关系管理就是商务活动的核心问题之一。为何新鲜？因为现代客户关系管理的产生源于三方面的动力，包括企业管理理念的更新、需求的拉动和技术的拉动。

（一）企业管理理念的更新

对企业管理理念进行研究，可清晰看到随着市场环境的演变，企业管理理念经历了五个主要发展阶段，即以产值为导向的阶段、以销售额为导向的阶段、以利润为导向的阶段、以客户为导向的阶段和以客户满意度为导向的阶段。由这五个阶段可以看出，客户满意成为当今企业管理的中心和基本观念。在这一时代背景下，客户关系管理理论不断完善。

（二）需求的拉动

随着企业营销范围的扩大，企业需要同时处理大量的客户关系。例如，大型超市、银行等可能有成千上万的客户。在这种情况下，企业便不能依赖有限的人力资源来管理各类客户，而要借助信息系统进行客户关系管理。目前很多企业的销售、市场和服务等部门难以获得所需客户的信息，企业内部有关部门的信息化程度远远不能适应业务发展的需要。企业内关于客户的信息分散在各部门，这些散落的信息使得企业无法对客户有全面的了解，各部门难以在统一的信息基础上面对客户。这就要求企业的各部门集成各项客户信息和活动，最大限度满足客户需求，让客户满意。企业为了在市场竞争中取胜，就必须以客户满意度为导向，CRM 应运而生，并逐渐成为企业管理方面的重要内容。国内外市场上 CRM 的能力更迭如图 1-7 所示。

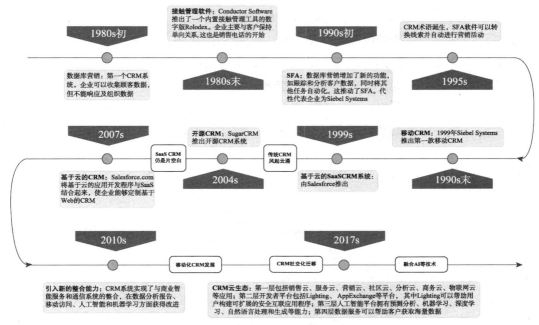

图 1-7 国内外市场上 CRM 的能力更迭

(三)技术的推动

技术对于当今企业的管理实践产生了深刻的影响。以大数据为代表的信息技术迅猛发展,企业得以借助先进的技术手段充分了解并掌握客户的信息、发现并挖掘潜在的市场机会、规避市场风险,提高客户满意度与忠诚度。

数据仓库、商业智能、数据挖掘等技术的发展为企业收集、整理、加工和利用客户信息提供了有益帮助,这些技术的成功应用可以帮助企业有效分析客户数据,积累和共享客户信息,根据不同客户的偏好和特性,实现科学决策、客户划分、获取客户信息和分析客户满意度等,从而提高客户价值。因此,为了提升客户关系管理水平,企业要关注数据处理等应用技术的发展,进而为企业的良好发展和科学决策提供可靠的数据支撑。

1.2 客户关系管理的理论基础

1.2.1 关系营销理论

广义的关系营销指企业通过识别、获得、建立、维护和增进与客户及其利益相关者的关系,通过诚信的交换和服务,与包括客户、供应商、分销商、竞争对手、银行、政府及内部各部门等建立一种长期稳定的、相互信任的、互惠互利的关系,以使各方的目标在关系营销中得以实现。狭义的关系营销是指企业与客户之间的关系营销,其本质特征是企业与顾客之间、企业之间双向的信息交流,是企业与顾客之间、企业之间以合作协同为基础的战略过程。也就是说,关系营销是关系双方以互惠互利为目标的营销活动,是利用控制反馈的方式不断完善产品和服务的管理系统。

关系营销是一个持续的进程(见图1-8),通过多种接触点和渠道与客户发生持续的互动,以建立企业和客户沟通的纽带。关系营销不是组织内的一种工具或者技术,而是组织用来与客户建立长期关系、促成客户忠诚和领先一步得到客户拥护的普遍做法。组织里的每个成员,不论职级高低,都有责任与客户建立关系。关系营销关注的重点不是获得新客户,而是保持老客户满意,在此基础上尝试扩大客户基数。

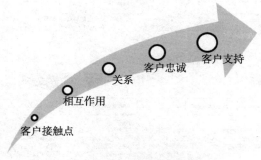

图1-8 关系营销的途径

关系营销的核心是留住客户，关键举措是寻找优质客户和潜在客户，通过人性化的关怀，使其以合作的形式与企业建立密切的关系，在与客户保持长期关系的基础上开展营销活动。关系营销提倡的是企业与客户策略，通过合作实现双赢或多赢，同时保障关联方的利益，而不是通过损害一方或多方利益来实现自身利益。

1.2.2 客户生命周期理论

客户生命周期（customer life cycle，CLC），也称客户关系生命周期，是指企业与客户从建立业务关系开始直到终止业务关系的全过程。客户生命周期是客户关系随时间变化的发展轨迹，它动态描述了客户关系在不同阶段的总体特征，是研究客户关系的有用工具。

客户关系的培育具有明显的周期性特征。目前，关于客户生命周期，学界有不同的划分方法。根据企业投入与客户产出比（客户价值）的变化，可以将客户关系划分为考察期、形成期、稳定期、退化期四个阶段，形成四阶段模型，如图1-9所示。

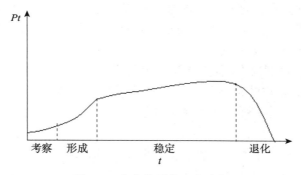

图1-9 客户关系的四个阶段

考察期阶段是客户关系的孕育阶段，企业只能获得基本的利益，客户对企业的贡献不大。

形成期阶段是客户关系的快速发展阶段，客户开始为企业做出贡献，企业从客户交易获得的收入大于投入，开始盈利。

稳定期阶段是客户关系的成熟阶段，客户愿意支付较高的价格，带给企业的利润较大，且由于客户忠诚度增加，企业将获得良好的间接收益。

退化期阶段是客户关系的衰退阶段，也是企业关系发生逆转的时期，客户对企业提供的价值不满意，交易量回落使得企业利润快速下降。

在考察期、形成期、稳定期内，客户关系逐渐增强，稳定期是供应商期望达到的理想阶段，但客户关系的发展具有不可跳跃性，客户关系必须经过考察期、形成期才能进入稳定期。

根据客户生命周期理论，企业需要根据与客户所处的不同阶段，对目标客户进行动态跟踪管理，同时制定每个阶段的营销组合策略，满足不同关系阶段客户群体的需求，以达到客户价值最大化。

前沿新知

客户参与度的高低会影响客户的忠诚度和购买意愿，因此企业可通过不同的营销行为提高客户参与度。这些营销行为可以根据客户与企业之间的关系阶段来确定。例如，在客户获取阶段，企业可以通过发放优惠券、免费试用等方式来吸引客户；在客户保持阶段，企业可以通过提供个性化服务、定期沟通等方式来维护客户关系；在客户关系发展阶段，企业可以通过提供增值服务、推荐新产品等方式来促进客户关系的发展。

因此，企业应该根据与客户的关系阶段来制定不同的营销策略，以提高客户参与度和价值。

资料来源：Kumar V, Aksoy L, Donkers B, et al. Undervalued or overvalued customers: Capturing total customer engagement value[J]. Journal of Service Research, 2010, 13(3): 297-310.

1.2.3　客户价值理论

客户价值是指在企业与客户关系的维持过程中客户对企业发展所做的贡献，包括货币和非货币两种形式。客户价值公式如图1-10所示。从不同的角度分析，客户价值可以概括为两类，具体如下。

一类是从客户的角度出发，认为客户价值是客户从企业提供的产品或服务中获取的价值，即企业提供给客户的价值，也称"企业—客户"价值。对于"企业—客户"价值，其中典型的是菲利普·科特勒所提的"客户让渡价值"，即客户总价值与客户总成本之间的差额。

另一类是从企业角度出发，是客户为企业带来的价值，即"客户—企业"价值。对于"客户—企业"价值，目前的研究主要集中于客户生命周期价值。企业在评价客户是否有价值时，不仅要参照该客户当前的价值表现，更重要的是依据其对该客户潜在价值的判断。客户当前的价值决定了企业当前的盈利水平，是企业感知客户价值的一个重要方面。客户的潜在价值关系到企业的长远利润与发展，直接影响到企业在剩余生命周期里对该客户价值的评判，是影响企业是否继续投资于该客户关系的一个重要因素。

$$顾客价值 = \frac{利益}{成本} = \frac{结果（理性利益）+ 交付（过程利益）+ 正面情绪（感性利益）}{价格 + 努力 + 负面情绪}$$

图1-10　客户价值公式

1.2.4　客户细分理论

客户细分，又称市场细分，是指营销者通过市场调研，依据消费者的需求和欲望、购买行为和购买习惯、客户生命周期和客户价值等方面的属性差异，把某一产品的市场划分为若干个消费者群，以提供有针对性的产品、服务和营销模式的市场分类过程。

经过若干年的发展，客户细分的理论和方法不断完善，并广泛应用于营销实践。菲利普·科特勒指出，客户细分是根据客户属性划分的客户集合，企业对客户信息进行充分收集和整理归类后，依据客户的某些属性差异，如需求、购买行为、购买习惯、信誉等方面的差异，将在某一客户属性层面差异较小的客户归为一个子客户群，每一个消费者群就是一个细分市场，每一个细分市场内消费者都具有高度一致的需求倾向，或者客户生命周期、客户价值相近的消费者构成一个群体，而这一划分过程就对客户进行细分的过程。

客户细分理论服务于以客户为中心的全流程企业管理，贯穿企业为客户创造价值的全过程，即服务于包含品牌定位、产品设计、产品生产、物流、市场营销、客户服务等基本环节的整个价值链。

图1-11 "90后"消费群体画像

案例拓展

华 为

华为创始人任正非多次公开表示："华为走到今天，靠的是对客户需求宗教般的信仰和敬畏，坚持把客户的诚信做到极致。"这体现的就是一种"以客户为中心"的价值观。华为也在自己的商业实践中把"为客户服务"视作通向成功的关键。

在"以客户为中心"理念的指导下，华为通过企业强大的价值创造能力，以"高绩效"的企业文化不断满足客户对低价、优质、完善服务的需求。华为的客户是高度集中的，其每年千亿级的销售额其实是由几百家客户贡献的。良好的关系营销和客户细分，正是华为实现这一成本效益的重要法宝。

华为将大客户分为四级，战略合作伙伴为S类客户，关键客户为A类客户，普通客户为 B 类客户，一般客户为 C 类客户。通过与关键客户维持良好的合作关系，华为保证了持续、稳定的盈利。此外，"以客户为中心"的理念也要求华为把工作重心转向客户。客户是土壤，项目和机会是土壤上生长出来的庄稼，与优质客户建立良好的关系进而留住优质客户才是取得成功的正确途径。

此外，良好的客户选择是华为成功的另一重要秘诀，其体现的是华为对客户价值和生命周期的精准判断。对于战略合作伙伴型客户，华为会进行深入的客户洞察，站在客户的视角去了解客户的行业，分析与规划客户的业务，判断客户未来的发展以及发展的潜力。华为在发展中持续做着客户选择，在这些客户中有新兴的，也会有衰亡的，但是不论行业中的客户如何变化，华为总能跟成功者站在一起，不断增强高价值客户黏性，不断取得成功。

即测即练

第 2 章

数字化时代下的客户关系管理

2.1 数字化时代下的客户关系管理新趋势

在以互联网为基础的数字经济时代,企业与消费者的关系发生了变化,具体如下。

2.1.1 消费者行为特征的改变

如今年轻消费者已经是数字化的客户。他们不仅实时在线活动,还是最新的智能产品的购买者和使用者,每一个面向消费者提供产品和服务的企业都希望能够赢得这一数量庞大的新兴网络消费族群的信赖。互联网的发展带来了信息的透明化,数字化促进了社会效率的提升。客户作为市场要素的主体之一,也在发生着变化。

(一)客户知识来源的极大丰富

受益于互联网带来的高效的信息传播,人们不仅接触和掌握了丰富的信息和知识,还可以应用互联网工具随时搜索和获取信息。人们变得比以前更有智慧,这打碎了市场信息不对称的格局。数字化客户的决策过程发生了变化,他们不遵循传统的线性决策逻辑,因此,企业需要理解数字化决策模式才能更好地赢得客户转化。

(二)客户间的连接愈发复杂

社交网络实现了人与人之间的数字化连接,人们通过社交网络极大拓展了关系连接,借助网络,人们可以互通信息、交流思想、相互学习,同时形成了一个又一个实时在线的社交网络族群。

(三)客户的影响力日益加强

人成了网络的一部分,可以从网络上获取信息,也可以向网络传递信息。即使是被忽视的群体,通过互联网也能产生巨大的影响力。从近几年发生的一些重要社会事件,不难看出网民具有了前所未有的影响力。

(四)客户对体验的期望不断增强

数字化客户更加注重参与体验,而客户间的连接又使得客户通过社交媒体发出的声音变得更具有影响力。因此,企业需要关注客户不断增长的体验期望,进而维护与客户的良好关系。

（五）客户在企业服务中的自主性得到了提升

随着企业在客户服务中智能化水平的提高和自动化服务交互应用的成熟，客户正在更加自主地参与到服务中，未来的服务模式也因此变得实时、简单、高效和智能。

2.1.2　消费者与企业触点增加

在泛传媒时代，媒体激增且形态多样，媒介碎片化导致客户的注意力极度分散，广告想要获取受众的注意力越来越困难，企业开始处于弱势。在此境况下，想要使品牌的传播度得到提升，不再是以企业为主的宣传就能奏效的。

随着数字化智能物联网技术的发展，消费者与企业的触点不断发生着裂变，消费者触点增加，且没有规律。碎片化的信息也造就了企业与消费者媒介触点的大量增加，如Instagram、今日头条、抖音、哔哩哔哩等手握大量用户的互联网平台，以及那些能够聚合特定用户的平台都成为企业与消费者的新触点。消费者的消费行为发生了深刻的变化，这一变化的核心在于以下三个方面。

（1）品牌去中心化，即消费者的品牌选择呈现多样化。如今消费者不再固守某些熟知的品牌，国内外大牌的吸引力也已大不如前。高举"国产平替"旗帜的国内新兴品牌通过社交电商、直播电商等渠道拓宽了同消费者的触点，即使是小品牌在市场中也有机会获得一席之地。

（2）传播去中心化，即品牌宣传的传播通路变得越来越多，不再以某个传播路径为主。当下的社交媒体平台吸引了大量用户，几乎涵盖了社会上的每一名成员，而单一渠道能触达的用户数量是有限的，因而许多企业建立了媒体传播矩阵，进而增加同消费者的触点。

（3）消费去中心化，即消费者的购买行为和购买路径不断变化，不再固守某个平台。社交电商和直播电商的发展使购物场景发生了重大变化，抖音、小红书等平台对电商业务的拓展尝试，令淘宝、京东这样的传统电商平台的用户被进一步分流。如此一来，消费行为的发生更取决于消费者，其消费行为变得更加不可确知。这也使得消费者与企业之间的直接沟通渠道越来越多元化，"以消费者为中心"已从单纯的企业服务理念转变为业务开展的重要方式。相较过去聚焦于老客经营和管理的模式，现在企业通过拓宽与消费者的互动渠道，构建起互动性强、渠道广泛、资源互通的整合型营销传播方式。

在销售模式日益多元、快速更迭的"新零售"时代，消费者更加追求方便快捷的高品质生活和个性化的购物与服务体验。基于此，品牌方并未局限于自身当前的优势渠道，而是借助数字化技术及平台设施，充分借力外部资源，逐渐打破渠道、供应链、平台、地域的边界，全渠道、多触点捕捉潜在客户、经营老客户。企业的网站、实体店、销售终端与各类社交媒体、移动设备、智能服务设备紧密联系在一起，以客户触点的增加，打造全方位的客户触达力量。

案例速递

丝 芙 兰

在电商冲击下,部分美妆及母婴品牌线下门店的客流急剧减少,丝芙兰就通过应用程序,帮助消费者找到他们附近的丝芙兰商店位置,并借力支付宝、大众点评等第三方平台,实现基于消费者位置的电子优惠券发放、体验活动邀约等服务。此外,丝芙兰将线下门店的功能界定为"线下体验+零售"。以社交媒体平台为中心,通过多触点传播带来线下流量,以流量促进消费者的线下体验,进而引导消费者购买商品。

2.1.3 消费者影响力的提升

在客户关系管理中,客户购买企业的产品或服务并不是客户关系管理的结束。消费者的影响力日渐增强,他们对企业产品或服务的评价,对于企业而言愈加重要。互联网时代,社交媒体的发展让越来越多的普通用户拥有了话语权,如淘宝评价体系、小红书"种草"清单等。越来越多渠道的出现,让用户不再被动接受广告和盲目消费,相反,他们正积极地影响着一个品牌的发展。

相比过去被动坐在屏幕前的时代,今天的消费者更希望参与到企业的销售中,即将自身的评论反馈和分享推广作为消费体验的一部分,而非简单地被触达。即使聊天机器人、语音助手、社交媒体和其他数字技术创新的出现越来越多,客户生成的内容也为购物之旅提供了动力。

此外,消费者不只是产品的购买者,也更多参与到产品的生产创造中。企业基于互联网平台进行平台赋权,为消费者创造了更多参与机会,凭借独特的数字信息技术和资源整合能力,提供了客户完成价值共创所需要的条件。消费者通过数字化手段参与到产品的设计、生产、交易及售后服务的某些环节,企业通过平台与客户的价值共创,提升产品和服务品质,从而更好地满足市场需求,借助消费者的影响力,提升其在消费群体中的口碑。

消费者的影响力表达主要有以下三种形式。

分享信息。消费者将体验效果较好的产品和服务通过在线评价、社交网络等途径介绍给其他客户。平台赋权使消费者能够从社区平台的分享服务中感受到自身价值,并更为珍惜自己得到的服务与商品,从而获得积极的体验,使其愿意主动交流和分享信息。

人际互动。心理所有权被认为是消费者参与互动的重要动机,消费者能够在平台的人际互动中获得群体归属感和认同感,使客户更有动力参与人际互动。企业借助消费者的影响力和虚拟社群的人际互动提升了知名度,进而促进更多的消费者向平台聚集。

责任行为。消费者影响力的提升使消费者在与企业的交流中获得了更大的选择权、知情权,增强了其归属感和责任感。消费者更愿意参与在线评价,平台由此生成更多的客户内容,形成网络口碑,从而促进企业不断提升服务品质。

> **案例速递**

蔚　来

在消费者影响力日益提升的当下,蔚来有针对性地打造了 Nio house、Nio Day 和 EP Club。Nio house 主要在中国一、二线城市开设,一楼一般是展示车辆的空间,二楼是专属于蔚来车主的城市客厅,由图书馆、咖啡吧、儿童游乐区等组成,为蔚来车主提供业余休闲空间。Nio Day 是一年一度蔚来最重要的产品发布会,活动的导演组全部由车主组成,全国的蔚来车主欢聚一堂,增强了蔚来车主的认同感和凝聚力。EP Club 是蔚来汽车的顶级俱乐部,车主可通过购买纯电超跑 EP9 或在全年内为蔚来贡献最多车辆订单进入该俱乐部,成员可参与一年四场专属出游活动,与蔚来汽车高管当面交流互动,拉近了管理者与车主之间的距离。

综上,数字化时代下的企业客户关系管理有了全新的发展趋势,这使其区别于传统的企业—客户沟通模式。具体而言,数字化时代下的企业客户关系管理具有以下四个方面的发展趋势。

(一)决策的数据驱动趋势

数字化时代 CRM 的核心是数据。企业正在采集、存储和分析大量客户数据,以更好地了解客户需求和行为。数据驱动的 CRM 使企业做出更明智的决策,提高客户满意度和忠诚度。如数据仓库、联机分析处理、数据挖掘、知识发现和其他互补技术等,助力营销人员从大量繁杂的客户数据中找出有用的信息,分析客户特征和偏好,预测客户需求和行为,从而积累丰富的客户知识,进行有针对性的客户营销,提高营销效率和成功率。

(二)体验的个性化趋势

客户期望个性化的互动和体验。CRM 系统能够根据客户的历史数据和行为提供个性化的产品建议、营销信息和支持服务。这种个性化服务有助于增加销售、提高客户忠诚度并减少客户流失。如企业可以通过对客户数据的分析,更好地理解客户特性。根据客户特性,开展有针对性的营销活动,这样不仅可以节约营销费用,还能更好地实现营销目的。

(三)互动的多渠道趋势

客户可以通过多种渠道与企业展开互动,包括但不限于社交媒体、电子邮件、电话、短信和应用程序。为了确保一致的客户体验,企业需要在 CRM 系统中集成这些渠道,以便实现无缝跨渠道互动。其中,社交媒体已成为企业与客户互动的重要平台。企业需要在社交媒体上积极行动,回应客户的问题和反馈,以建立更强的品牌声誉和客户关系。

(四)自动化、智能化趋势

自动化和人工智能在 CRM 中发挥着越来越重要的作用。自动化工具可以处理重复性任务，人工智能可以分析数据并提供预测性洞察。这有助于提高效率，使客户关系管理更加智能化。

2.1.4 管理工具的数字化

数字经济时代，社交媒体、大数据、人工智能以及区块链等技术蓬勃发展，企业对客户管理的行为模式产生了相应的变化。数据是数字化时代客户关系管理和营销应用最重要的资源之一，企业只有积极运用以互联网、大数据技术为基础的数字化管理工具，并基于数据对客户关系管理进行创新性变革，才能获得更多的忠诚客户及长久的盈利。

为了更好地满足这一需要，企业要掌握充分的数据，以更好地理解目标客户、准确预测客户的行为偏好、制定有效的营销策略、精准传递产品和服务信息、获得客户反馈、优化再营销策略，数据是将以上行为贯穿起来的关键资源。

不断丰富的数据、持续增长的连接和日益强大的计算能力使客户关系管理工具的数字化、智能化进程不断深化，越来越多的新技术、新应用为商业发展带来了变革的驱动力。其中，包括云计算、区块链和人工智能技术在内的创新技术应用促进了企业在客户关系管理方面的创新，并驱动着企业营销、服务和体验的变革。

在智能分析领域，随着人工智能技术的兴起，基于机器学习算法的智能分析技术能够为企业提供更有价值的服务。如在基于社群的客户关系管理中，企业可以通过机器学习的方式为企业决策者提供基于数据的市场分析预测、客户偏好统计等，并将其用于更为广泛的营销工作。

在智慧服务领域，得益于全面和实时的数据、丰富的内容信息和更加智能的交互技术，越来越多的服务场景正在转向数字化。在未来，数字化互动和电话联系中心的人工服务的智能机器人响应水平将会进一步提升，企业的绝大部分客户业务服务可通过数字化渠道办理。

在智能体验领域，数字化技术不断产生新的客户交互场景，促进新的产品和服务形态的出现及发展，这带来了创新的客户体验。尤其在数字连接技术的发展和智能穿戴设备的广泛应用下，企业可以通过更丰富的用户数据让更多的体验场景融入客户的生活。

在智慧营销领域，数字技术的应用将带来新的营销思维，促进营销方法和营销工具的升级。除了丰富的客户行为数据为企业带来更准确的需求洞察外，企业也将更加关注在为客户创造价值的基础上实现商业价值。

2.2 数字化客户管理的 4R 模型

4R 模型是对应 4P 模型所提出的数字化营销模型，由四个关键因素组成，分别为 Recognize（识别）、Reach（触达）、Relationship（关系）和 Return（回报）。4R 模型以关系营销为核心，重在建立客户忠诚。4R 模型既从企业的利益出发，又兼顾消费者的需求，是一个更为实际、有效的营销制胜术。

2.2.1　Recognize（识别）

Recognize（识别）是第一步。前数字化时代我们主要谈的是目标消费者的整体分析，大多通过样本推测与定性研究来完成，而数字化时代最大的变化在于可以通过大数据追踪消费者的网络行为，如对 Cookie 的追踪，SDK 对移动数字行为的追踪，支付数据对购物偏好的追踪，这些行为追踪的打通可以形成客户画像，这些技术手段与营销思维的融合是数字时代最大的变化。通过识别客户画像，企业可以调整自身的营销策略，更好地建立并发展与客户的长期关系，这也是企业经营的重要内容。

在受众用户数据里，每一个访问用户的指标都代表一个群体，可以说明信息传播到了一个更广泛的领域，可能是原先没有涉猎过的。销售转化是最终的呈现结果，但企业可以通过销量与访问量、页面停留时长、用户光标停放的位置等更具体地掌握企业的受众群体在体验产品过程中的表现。例如，京东通过消费者画像，为其用户列出了 300 多个标签特征；海尔集团的消费者画像则分为 7 个层级、143 个维度、5326 个节点用户数据标签体系。

2.2.2　Reach（触达）

Reach（触达）是第二步。明确用户需求以后，如何基于消费者画像，让潜在用户了解到产品信息，并且让他们相信企业提供的产品可以满足他们的需求，实施触达是企业营销数据化转型的基础，也是绝大多数参与数字营销的企业要实施的一步。在相互影响的市场中，对于企业来说，最现实的问题不在于如何控制、制订和实施计划，而在于如何站在客户的角度，及时倾听并从推测性商业模式转变为高度回应需求的商业模式，更好地实现客户触达。

触达消费者的手段在数字时代发生了变化，如增强现实（AR）、虚拟现实（VR）、社交媒体、应用软件（App）、搜索、智能推荐、线上到线下（O2O）、数字信息处理技术（DSP）等各种触达手段，让技术、数据与客户融合，这是前数字时代所不具备的。在数字时代，企业不仅需要具备建立品牌的能力，也要有线下进行产品展示、终端拦截的能力，深度融合线上线下渠道，不仅要触达用户的认知，更要触动用户的心灵。如今B2B（批发电子商务）企业可以通过官网、社交媒体、线下推广等多种渠道触达客户购买场景。大量的客户信息分散在不同的平台，如果不能将这些信息有效整合，将难以进行之后的跟进。SCRM（社会关系管理）营销自动化软件可以将这些信息汇总到统一的线索池，建立全渠道获客矩阵，实现全渠道用户信息统一管理，这些不同平台上的所有互动都可以通过营销自动化软件自动管理，线索培育成熟以后就可以自动判别为商机输出。

2.2.3　Relationship（关系）

Relationship（关系）是第三步。Relationship（关系）应该作为 Reach（触达）的后续步骤，只做完 Recognize（识别）和 Reach（触达），并不能保证数字营销的有效性，因为以上两个"R"只解决了瞄准、触达的问题,没有解决如何转化客户资产。关系是持续交易的基础,让品牌和产品可以持续地留住客户。在企业与客户关系已经发生了重要变化的市场环境中,抢占市场的关键已转变为与客户建立长期而稳固的关系。与此相适应产生了五个转向:①从一次性交易转向强调建立长期友好合作关系;②从着眼于短期利益转向重视长期利益;③从客户被动适应企业单一销售转向客户主动参与生产过程;④从相互的利益冲突转向共同的和谐发展;⑤从管理营销组合转向管理企业与客户的互动关系。

基本上所有的营销工作都是为了要与用户建立持续的、互动的、良性的关系,而这种关系能带来更高的营销收益和效率。数字化时代,关系的本质包括以下三个。

第一个是赋能连接。品牌要和客户共同完成某个目标。比如,维基百科就是汇集了大家的知识而形成的网络百科全书。

第二个是分享势能。社群分享经济下,每个人都需要赞赏和认同,企业需要引导用户进行分享。比如,知乎、抖音都是以内容分享为主的平台。

第三个是融入创新。品牌需要考虑客户使用产品的场景中是否可以加入其他附加功能,让客户在购买产品之后可以和品牌产生互动。如对于衣物的"衣联网"关系,通过洗衣机识别所洗衣物的品质,使消费者完成对高档衣料更高品质的清洗和管理。

其中关键的一点在于企业的数字营销"是否建立了持续交易的基础"。很多社群的建立与发展就是企业与消费者关系建立的途径,其可以保证企业在"去中介化"的情境中与客户直接产生深度联系与互动。例如,小米社区这样活跃的品牌社群,客户深度介入小米的产品研发过程,就属于企业与客户共创的方式。在传播上,认同小米的客户会自发进行二次传播,社交化传播及沟通效率非常高。企业可以通过与消费者建立紧密的联系,与消费者进行互动,根据互动数据分析消费者对产品的需求是否进入更深的阶段,从客户产生需求,培育客户需求,初步解决问题,最后完成销售。

案例速递

中 国 银 行

(一)客户识别

在大数据的支持下,中国银行可以根据数据库中详细记录的客户特征对客户进行分类,避免传统、简单地按照客户资产规模进行客户识别。

(二)客户触达

随着业务的开展,中国银行在使用这些数据的时候进行了全面的数据质量管理规划,在进行数据收集和整理时及时准确地筛选出客户的自然情况、信用情况、行为爱好等适合银行业务经营和市场推广的数据资料,辅之进一步的数据挖掘,分析客户的实际需求,进而实现有效的客户触达。

(三)客户关系

在日常的客户关系管理中,中国银行通过手机端App弹窗推送、微信公众号推送、客户经理电话问询、生日祝福等方式，与客户开展日常关系维护。此外，中国银行通过客户关系管理系统对客户信息数据进行分析，积极建立客户流失预警机制，及时发现客户流失情况并跟进和处理，积极维护中国银行和客户的关系。

中国银行在数字化客户关系管理实践中是如何围绕4R模型进行战略制定及实施的？

2.2.4　Return（回报）

Return（回报）是第四步，也是最后一步。任何交易与合作关系的巩固和发展都是经济利益问题。因此，一定的合理回报既是正确处理营销活动的出发点，也是营销的落脚点。Return（回报）解决了"营销不仅是一种投资，也是可以得到直接回报"的问题。很多企业建立了社群，吸收了很多品牌粉丝，如何变现是此阶段的核心问题。企业一般可通过以下五种形式获得交易回报。

一是社群资格商品化，即收取会员费。

二是社群价值产品化，如社群中聚集了相似兴趣的人，可以通过相关实体产品的销售来获得回报。

三是社群关注媒体化，如企业可以通过在社群中发布产品信息，引导客户购买。

四是社群成员渠道化，包括传播渠道、招聘渠道、销售渠道、客户的产品开发和创意渠道。

五是社群信任市场化。对于追随者来说，行业关键意见领袖（KOL）对产品的评价具有很强的说服力。知识付费的今天，只要内容足够有价值，就可以获得很好的市场回报。如"罗辑思维"付费会员模式，体现了用户对其价值观的认同。

以上4个"R"形成一个操作循环，在4R模型的基础上，企业建立营销组织系统、ROI追踪系统、大数据的数据源。

4R营销的回报使企业可以兼顾成本和双赢两方面。为了追求利润，企业必然实施低成本战略，充分考虑客户愿意支付的成本，实现成本的最小化，并在此基础上获得更多的客户份额，形成规模效益。这样一来，企业为客户提供的产品和追求回报就会最终融合，相互促进，达到双赢的目的。图2-1所示即为4R营销的操作循环过程。

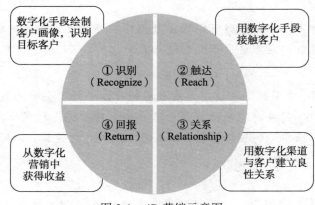

图2-1　4R营销示意图

在市场日趋激烈的竞争形势下,4R模型以竞争为导向,在新的层次上提出了新的营销思路,即如何建立客户关系、长期拥有客户、保证长期利益的具体操作方式。4R模型着眼于企业与客户建立互动与双赢的关系,不仅积极满足客户需求,而且主动创造需求,通过识别(Recognize)、触达(Reach)、关系(Relationship)、回报(Return)与客户建立独特的关系,将企业与客户联系在一起,形成独特的竞争优势。

案例拓展

屈 臣 氏

屈臣氏是亚洲地区最具规模的个人护理用品连锁店,是目前全球最大的保健及美容产品零售商和香水及化妆品零售商之一。屈臣氏在"个人立体养护和护理用品"领域,不仅聚集了众多世界顶级品牌,还有600余种自有品牌。

屈臣氏发现在日益同质化竞争的零售行业,如何锁定目标客户群是至关重要的。屈臣氏纵向截取目标消费群中的一部分优质客户,横向做精、做细、做全目标客户市场,倡导"健康、美态、欢乐"经营理念,锁定18~35岁年轻女性消费群体,专注于个人护理与保健品的经营。屈臣氏认为这个年龄段的女性消费者是最富有挑战精神的,她们喜欢用最好的产品,寻求新奇体验,追求时尚,愿意在朋友面前展示自我,她们更愿意用金钱为自己带来大的变革,愿意进行各种新的尝试。

屈臣氏深度研究目标消费群体的心理与消费趋势,自有品牌产品从品质到包装全方位考虑客户需求,降低了产品开发成本,也创造了价格优势。靠自有品牌产品掌握了雄厚的上游生产资源,屈臣氏就可以将终端消费市场的信息第一时间反馈给上游生产企业,进而不断调整商品。从商品的原料选择到包装、容量直至定价,每个环节几乎都是从消费者的需求出发,因而所提供的货品就像为目标客户量身定制一般。哪怕是一瓶蒸馏水,无论是造型还是颜色,都可以看出屈臣氏与其他产品的不同。自有品牌在屈臣氏店内是一个独特的类别,消费者光顾屈臣氏不但选购其他品牌产品,也购买屈臣氏自有品牌产品。自有品牌产品每次推出都以消费者的需求为导向和根本出发点,带给消费者新鲜的理念。

通过自有品牌及社交媒体,屈臣氏时刻都在直接与消费者打交道,通过客户触点,及时、准确地了解消费者对商品的各种需求,及时分析掌握各类商品的适销状况。

屈臣氏在客户关系管理实践中运用了哪些理论?

即测即练

第 3 章

客户关系的基础

3.1 客户满意

客户满意,即客户购买后实际感受到的绩效与期望的差异,是客户的一种主观感觉状态,是客户对企业产品和服务满足他们需要程度的体验和综合评估。

3.1.1 影响客户满意度的因素

相关研究表明,影响客户满意度的因素主要有三个:企业因素、客户因素和环境因素。

(一)企业因素

企业因素可进一步划分为产品相关和服务相关。

产品相关:品牌、性能、质量、价格、功用、便利等。

产品是企业提供给客户最基本的东西。在激烈的市场竞争中,企业必须把产品做好,使客户对产品满意。

服务相关:质量、便利、流程、价格等。

良好的服务能够提高产品的价值。在产品质量相差无几时,更多支持性和辅助性的服务能帮助企业将其与竞争对手区别开来,有效提高客户满意度。

(二)客户因素

客户因素包括客户属性、个人偏好等。

在交易过程中,除了企业自身因素,客户自身的一些属性也会影响其对满意度的感知。

(三)环境因素

环境因素包括宏观经济、技术、竞争厂家、供求关系、渠道等。

在这三方面因素的共同作用下,企业和客户建立关系,同时客户可以形成对企业所提供产品和服务满意度的感知。

3.1.2 客户满意度的测量

客户满意度指数模型

1. 瑞典：SCSB

瑞典于 1989 年建立了全国性客户满意指数，即瑞典客户满意晴雨表指数（Sweden customer satisfaction barometer，SCSB），模型有感知绩效和客户期望两个前因变量，客户满意为目标变量，客户投诉和客户忠诚度是结果变量，如图 3-1 所示。

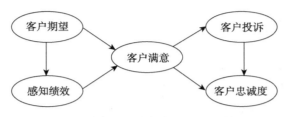

图 3-1　瑞典客户满意度（SCSB）模型

2. 欧洲：ECSI

欧洲客户满意指数即 ECSI（European customer satisfaction index），该模型涵盖了客户期望、感知质量、感知价值、企业形象、客户满意和客户忠诚等变量，如图 3-2 所示。

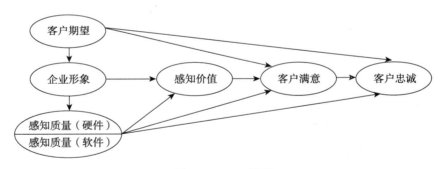

图 3-2　ECSI 模型

3. 美国：ACSI

美国密歇根大学商学院、国家质量研究中心在瑞典客户满意晴雨表指数的基础上创建了美国客户满意度指数（American customer satisfaction index，ACSI）。ACSI 模型（见图3-3）有六个变量，其中客户满意度是目标变量，预期质量、感知质量和感知价值是客户满意的前因变量，客户抱怨和客户忠诚度是结果变量。ACSI 可以直接回答两个问题：客户对美国市场的产品和服务质量的总体满意度是在提高还是降低？客户对具体经济部门、具体行业或者具体企业的满意度是在提高还是降低？

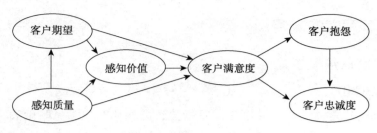

图 3-3　ASCI 模型

客户满意度首要决定性因素是感知质量或者感知绩效，即接受服务的客户群体对近期消费经历的评价，这对总体客户满意度有直接的正向影响。第二个决定性因素是感知价值，或者称为与价格相关的产品质量的感知水平，与感知质量相同，感知价值与客户满意度之间存在正相关关系。第三个决定性因素是客户期望，客户期望体现了两方面的内容：一方面是对企业产品先前的消费经历，包括来自如广告和口碑的非经验性信息；另一方面是对企业未来能够提供的产品质量的预测。因而，客户期望既是回顾性的，又是前瞻性的。由于客户对未来产品质量的期望影响着整体满意度，因此客户期望对于企业和客户群体的未来关系至关重要，期望的预测作用同样表明客户期望对总体客户满意度有正向影响。

4. 中国客户满意度指数（CCSI）

中国于1997年开始研究建立客户满意度指数（China customer satisfaction index，CCSI）。CCSI借鉴了美国ACSI和欧洲ECSI，与ESCI不同的是，CCSI将公司形象指标换成了品牌形象。许多中国消费者在消费过程中产生不满情绪，会直接停止购买行为而不会向企业抱怨，所以中国客户满意度指数模型删除了客户抱怨指标。中国客户满意度指数包括客户期望、感知质量、品牌形象、感知价值、客户满意度和客户忠诚度六个变量，如图3-4所示。

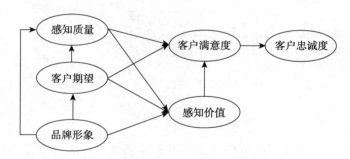

图 3-4　CCSI 模型

5. 客户满意的双因素模型

客户满意的双因素模型是赫兹伯格的双因素理论在客户满意度上的运用。根据该理论，影响客户满意度的因素可分为两类：一类是保健因素，另一类是激励因素。保健因素是客户的期望没有被满足的话,客户就不满意;激励因素是企业提供给客户后能让客户感到愉悦和满意的因素。

这两类因素对客户满意度的影响是不同的。保健因素是避免客户不满意的因素,激励因素是使客户满意度提高的因素。企业在保健因素上不论做得如何出色,客户只是没有不满意而已,并不会有很高的满意度。没有激励因素,客户也不会对企业产生怨恨,只会感到有些遗憾而已,而这并不会导致客户不满意。

6. 客户满意的KANO模型

受双因素理论的启发,KANO模型被开发出来,其将满意与不满意标准引入客户关系管理领域。KANO模型(如图3-5所示)定义了三个层次的客户需求:基本型需求、期望型需求和兴奋型需求。这三种需求根据绩效指标分为基本型需求、绩效型需求和激励型需求。

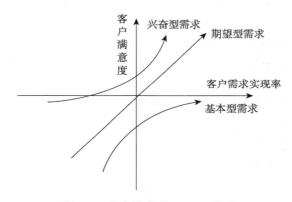

图3-5 客户满意的KANO模型

(1)基本型需求。基本型需求是客户对企业提供的产品或服务的基本要求。这是客户认为产品或服务"必须有"的属性或功能。当这些基本要求得不到满足时,客户会很不满意;当这些基本要求能得到满足时,客户也不会因此表现出满意。

例如,客户购买桶装水,希望水是纯净的、水桶是洁净的且能送到家门口等。对于客户而言,这些需求是理所当然必须满足的。

(2)期望型需求。期望型需求体现的是更舒适、更快、更好的因素,是客户的满意状况与需求的满足程度成比例关系的需求。企业提供的产品或服务水平超出客户期望越多,客户的满意状况就越好,反之亦然。如果这些需求没有被满足,客户就会感到失望;如果这些需求得到合理的满足,客户不会有什么感觉;如果这些需求被满足得很好,就会增加客户的满意度。

例如,客户通过电话订购桶装水,而桶装水通常是六个小时后送到的,如果时间拖延太久,客户就会抱怨;如果时间不快不慢,客户则不会有什么反应;如果在很短的时间内送达,客户就会高兴。

（3）兴奋型需求。兴奋型需求是指不会被客户过分期望的需求。因为这类需求是期待之外的，所以即使这类需求不能被满足，也不会对客户产生任何消极影响；但如果能满足这类需求，如为长期客户定期免费清洗饮水机，为行动不便的客户安装水桶等，就会产生积极效果，提高客户满意度。兴奋型需求一旦得到满足，客户会表现出满意的态度。对于兴奋型需求，随着满足客户期望程度的增加，客户满意度会急剧上升；即使在期望得不到满足时，客户也不会表现出明显的不满意。这就要求企业向客户提供一些完全出乎意料的产品属性或服务项目，为客户带来惊喜。

案例速递

泡 泡 玛 特

泡泡玛特是一个集潮流商品零售、新媒体娱乐化平台和大型展会举办于一体的综合运营服务集团，其客户群体在18~35岁之间，平均年龄27岁，75%的用户为女性，都市白领、"Z世代"构成了泡泡玛特的消费主力。

创造情感与精神需求是现在年轻人的核心需求之一，而泡泡玛特凭借着优良的设计，以及对目标客户圈层需求偏好的精准把控，为客户提供了情绪价值，进而提升了客户满意度。

例如，泡泡玛特在社交媒体平台运营的品牌账号，通过输出情景短视频、产品介绍，分享开箱的猎奇感、抽中隐藏款的惊喜感、集齐全套产品的成就感等，为客户带来"让人上头"的沉浸式体验，令客户难以自拔。即使是在这种"让人上头"的情绪退却之后，泡泡玛特依然能凭借着优秀的产品外观设计和品牌联名的稀缺性让客户具备获得感，进而维持客户满意度。

3.1.3 测量客户满意的作用

在进行客户满意度测评之前，企业管理人员应明确本次客户满意度调研希望实现的目的。调研的目的不同，则调研的形式、问卷设计、数据分析方法等都有可能不同。无论如何，企业进行客户满意度测评有以下益处。

（一）帮助企业调整经营战略，提高经营绩效

大多数客户在一次不愉快的经历后，在没有沟通或反馈的情况下就抛弃了企业。监测客户满意度为企业了解客户，以及了解他们对企业产品或服务的看法提供了渠道。这样企业可以找出可能缺失的东西，并在客户离开之前进行补救、挽回。

通过客户满意度指数测评，企业可尽快适应从"卖方"市场向"买方"市场的转变，意识到客户处于主导地位，明确"以客户为焦点"的经营战略，了解客户的需求，进而提高客户满意度，在增强客户忠诚度的过程中显著提高经营绩效。

（二）塑造新型企业文化，提升员工整体素质

外部客户满意度测评，能使企业了解客户对产品的需求和期望，了解竞争对手与本企业所处的地位，感受到客户对产品或服务的不满和抱怨，使员工更好地能融入企业，增强责任感。内部客户满意度测评有助于企业管理层了解员工的需求和期望，建立科学完善的激励机制和管理机制，最大限度地发挥员工的积极性和创造性。

（三）促进产品创新，利于产品或服务的持续改进

对于企业来说，进行投资、制定新的战略、推出新的产品功能，并不能满足客户的所有需求，这可能是非常令人沮丧的。了解客户的需求，帮助企业避免无效投资，这样企业可以专注于客户想要解决的问题。

测量客户满意度有助于消除上述风险，在对商业模式或产品功能进行调整之前，企业可以了解客户对自家产品或服务的期望。客户满意度测评可以使企业了解产品或服务存在的急需解决的问题，并识别客户隐含、潜在的需求，利于产品创新和持续改进。

（四）增强企业竞争力

客户满意度调查有助于指出企业业务中需要完善的地方，提高企业服务质量，更好地留住客户。这无疑将增加企业的利润。

高质量的客户满意度调查也可以推动企业改进业务方法和客户服务。这样的持续反馈将帮助企业持续改善自身的经营战略、企业文化和员工队伍，并持续推动企业创新机制的良好运行，显著增强企业的适应能力和应变能力，提高市场经济体制下的竞争能力。

前沿新知

研究发现，客户满意度与企业未来的销售成本有显著的负相关关系，即客户满意度越高，企业未来的销售成本则越低。这种影响的强弱取决于公司的战略和运营环境。对于资本密集度及财务杠杆较高的公司，客户满意度对未来销售成本的负向影响较弱；对于多元化与在高增长和劳动密集型行业运营的公司，这种影响较强。

此外，研究还发现，客户满意度越高，企业未来的说服成本和便利成本越低，但相比于对说服成本的影响，客户满意度对便利成本的影响较小。因此，即使客户满意度高，如果公司没有提供足够的便利，也可能限制客户的实际再购买行为。

资料来源：Lim L G, Tuli K R, Grewal R. Customer satisfaction and its impact on the future costs of selling[J]. Journal of Marketing, 2020, 84(4): 23-44.

3.2 客户认同

3.2.1 客户认同的定义

客户认同可以作为客户产生满意度的一个心理过程的解释。客户认同是消费者对企业品牌形象的正向感知，是客户与企业建立长久而坚固关系的心理基础。对于个人来说，客户认同具有自我定义和情感上的双重意义。当企业能够为客户提供这样的双重满足时，

客户会对企业产生强烈的认同。客户会与产生认同的服务企业有强烈的情感联系，他们会在自我认知和对企业的认知之间寻求一致。在这一认同过程中，客户对企业的态度通常是积极的、有好感的，进而对企业提供的产品和服务也持积极的态度。

3.2.2 客户认同的产生

对客户认同的研究来源于对组织认同和社会认同的研究，学者在营销领域提出了客户认同的概念，因为在广义上客户是组织完成价值过程的成员，因此客户也可以看作组织的"成员"，虽然没有正式的成员身份，但还是会产生与组织认同相似的情感，这种情感来源于企业（包括品牌、产品、服务以及声誉等在内）的影响力，这能引起客户与企业的共鸣。

由于组织认同会对组织产生正向的影响，在营销学领域学者们认为客户对企业的认同同样会激发客户的利他性行为，因此客户认同的产生作用机制就成了学界关注的重点，而企业声誉和信任是客户对企业产生认同的重要前因。

3.2.3 客户认同的作用

客户认同理论可以用于解释客户自我感知和对企业的期望之间的一致。相关研究发现，即使企业提供的产品和服务没能达到消费者的预期，这些积极情感也会在一定程度上削弱甚至消除消费者的不满情绪。对企业有较高客户认同的客户会在一定程度上忽略企业的负面形象和负面感知，对企业的忠诚度较高。由于这些客户对企业的认同度较高，他们对企业的服务行为产生的不满情绪较少。

（一）客户认同的短期影响

客户对企业的认同与客户忠诚度、客户支付意愿呈正相关关系，使客户在心理上对企业或品牌产生依赖和关心，促使客户对该品牌产生稳定且持久的偏好，并主动加强自身与企业的联系，产生一种身份认同感，从而产生更高的忠诚度。

此外，客户认同与客户支付意愿的正向关系也得到了研究实证的支持，其表明客户满意度和客户认同都与客户忠诚度和支付意愿有积极的短期关系，即客户认同对客户忠诚和客户支付意愿有正向的短期影响。

（二）客户认同的长期影响

与客户满意度相比，客户认同要复杂得多，其隐含着更高层次的自我参考意义。虽然客户满意度可以在每次服务接触中产生，但客户认同并不一定需要客户对公司的产品或服务具有怎样的体验。相反，客户只需要对一个有吸引力的、独特的、突出的公司身份产生认同。

客户认同可以通过激发有价值的客户行为，对企业产生积极影响，因为作为群体的一部分其所获得的利益会让客户产生一种道德责任，使他们帮助群体中的其他成员关注与企业的关系。客户认同度高的公司也可以通过客户对现有产品的忠诚度、尝试新产品的意愿、传播积极口碑的意愿，以及对与公司相关的负面信息的适应能力，获得更强的生存能力。

案例速递

瑞 幸 咖 啡

瑞幸咖啡是2017年创立于中国的一个咖啡品牌,致力于推动精品咖啡商业化。瑞幸咖啡以极强的势头"野蛮生长",将主要资金投放到材料和对消费者的回馈上,鼓励大家喝咖啡。瑞幸获得了庞大的消费群体,这与其打造的牢固的客户认同密不可分。

一是采用高密度、广覆盖的方式设店,并采用极大的优惠力度招揽客户。瑞幸咖啡曾推出如"App邀请新客户,新客户和老客户各得一杯咖啡""大额优惠券"等福利活动,满足了客户的求廉心理和求实心理。瑞幸咖啡将两者联系起来,以优惠的价格和优质的咖啡吸引更多的客户选择瑞幸,进而强化客户的群体认同。

二是与高端白酒品牌茅台开展联名活动,推出了新品"酱香拿铁"。这一营销事件巧妙利用了大众的求名心理与从众心理,使这次联名活动成了一次现象级营销事件。

在这些推广营销中,瑞幸咖啡从客户的求廉心理、从众心理与求实心理出发,促进了客户认同的形成。

3.2.4 客户满意与客户认同的区别

客户满意与客户认同的区别如表3-1所示。

表3-1 客户满意与客户认同的区别

	客 户 满 意	客 户 认 同	客户满意与客户认同的比较[1]
定义	客户在消费后对产品或服务的评价,由先前的消费期望与实际表现之间的感知差异决定	对组织的同一性或归属感的感知,即个人根据组织来定义自己	×
意义	客户满意度管理已成为大多数公司的战略要求	企业正在意识到,为了保持竞争力,它们必须产生管理认同	√
理论基础	在不同行业的众多公司中,客户满意度已经成为以客户为导向的业务实践的重要基石	身份是人类的核心概念,它驱动人的观念和行为	×
核心理论根源	期望确认范式	社会认同学说(Tajfei 和 Turner,1985)	×
客户方面的参考依据	客户期望	客户身份	×
企业方面的参考依据	产品/服务的表现	企业身份	×
生成类型	热情的	活跃的、有选择性的、意志坚定的	×
产生的过程	功能比较(期待与表现)	关系比较(客户身份与企业身份)	×

续表

	客户满意	客户认同	客户满意与客户认同的比较[1]
触发因素	表现达到或超过预期	对企业的认同有助于满足一个或多个自我定义的需求（例如，自我延续、自我独特性、自我提升）	×
发展基础			
与实际表现挂钩	强相关	中等	×
时间观点	过去导向	未来导向	×
自我指涉性	弱	强	×

[1] √＝相似；×＝不同。

被大众广泛接受的客户满意概念是"客户在消费后对产品或服务的评价"，客户满意往往产生于客户对企业产品或服务的感知达到或超出客户的心理预期。因此，客户对企业产品或服务的总体满意度，是由客户对企业产品或服务的心理预期和对企业产品或服务的实际表现感知的比较结果来决定的。

与社会认同理论的研究一致，我们将客户认同定义为客户"对组织的统一性或归属感的感知，在这种感知中，个人根据组织定义自己"。根据这个定义，客户认同被描述为一种"主动的、有选择性的、有意志的行为"，其中，客户的动机是满足一个或多个自我定义的需求。

客户认同可以满足客户核心的自我定义需求，具体如下。

（1）自我持续的需求，即客户随着时间和情景的变化，对保持稳定和一致的自我意识的需求。

（2）自我独特性，这是客户在社会情景中将自己与他人区分开来的需求。

（3）自我提升，描述了客户维护和肯定积极自我观点的需要。

因此，如果一家企业传播自己的价值观，客户可能对此产生认同，从而满足他们对自我持续的需求。此外，客户可能对那些被认为享有极高声望的企业产生认同感。因为这样可以通过肯定积极的自我观点和增强自我价值感来帮助他们将自己与他人区分开来。通过这种方式，客户可以满足自我独特性和自我提升的需求。

虽然客户满意与客户认同都被认为是重要的关系概念，但它们的理论基础并不相同。具体来说，客户满意是基于确认/不确认范式，并被描述为客户期望与客户对企业产品或服务感知的反应性比较的结果。相较之下，客户认同根植于社会身份理论，被描述为一种积极的、有选择性的、主动的心理过程。在此过程中，客户将自己的个性与企业特性进行比较，并在企业能满足自己一种或多种自我定义需求的情况下认同企业。因此，客户认同产生了一种深刻而有意义的关系，在这种关系里，客户在一定程度上根据企业形象来定义自己。

3.3 客户忠诚

3.3.1 客户忠诚的定义与类型

（一）客户忠诚的定义

客户忠诚是指客户出于对企业或品牌的偏好而经常性重复购买的程度。客户忠诚可以细分为行为忠诚、意识忠诚和情感忠诚。行为忠诚认为衡量忠诚的尺度是行为而不是情感，以客户实际表现出来的对企业产品和服务的重复购买行为衡量客户忠诚；意识忠诚是客户在未来可能的购买意向，与客户潜在价值息息相关；情感忠诚则认为态度取向代表客户忠诚，表现为客户对企业理念、行为和视觉形象的高度认同和满意，包括客户积极向周围人士推荐企业的产品和服务的行为。由情感忠诚、行为忠诚和意识忠诚组成的客户忠诚营销理论着重于对客户行为趋向的评价。

总体来说，客户忠诚是指客户长期购买自己偏爱的产品或服务的强烈意愿，以及客户实际的重复购买行为。忠诚的客户不会因为外部环境的影响或竞争对手的营销措施而背叛企业。

（二）客户忠诚的类型

一般来讲，客户忠诚度可以分为以下几种。

垄断忠诚：客户只能选择唯一服务提供商提供的服务，现在这种情况一般出现在提供基础生活设施设备的行业。

利益或价格忠诚：有些客户属于价格敏感型，对品牌或产品的功能没有偏爱，只愿意选低价或优惠力度大的产品。这类客户的忠诚极其不稳定，只要竞争对手推出更低价格或有赠品，他们就会转移。

惰性忠诚：有些客户出于方便或惰性，会长期保持一种忠诚。对企业而言，这类客户是低忠诚但高重复购买群体。

激励忠诚：受企业的忠诚奖励吸引的群体，但不是长期的，容易转向有更多激励策略的企业。

超值忠诚：典型的情感或品牌忠诚。这类客户属于高忠诚、高重复购买群体。

（三）客户忠诚管理的概念

客户忠诚营销理论可表述为：企业应以满足客户的需求和期望为目标，有效消除和预防客户的抱怨和投诉，不断提高客户满意度，促进客户的忠诚，在企业与客户之间建立起一种相互信任、相互依赖的"质量价值链"。

作为客户关系管理的细分，客户忠诚管理是通过回馈客户的方法建立长久的关系，进而增加企业收益的一种有效方法。客户忠诚管理是指为确保客户满意和信任，以更多购买企业产品或服务而实施的一个或一组方案。因而客户忠诚管理可以有效减少甚至避免竞争激烈带来的客户流失。

（四）客户忠诚管理的特点

客户忠诚管理秉持人本思想，通过客户洞察，在维系客户忠诚的同时，尽可能为有价值的忠诚客户提供方便与利益，追求更有效地满足他们的需要，让客户始终保持满意的体验。通过客户忠诚管理，企业与客户间能形成满足客户需求的良性循环。

客户忠诚管理与客户价值、客户生命周期理论联系紧密。企业应该把客户看作资产，力求留住客户、延长客户生命周期并挖掘客户的潜在价值，以期有效提升客户忠诚度，增强客户对品牌的满意与偏爱，使客户重复购买的行为和购买意愿不断增加，客户的当前价值和潜在价值得到提升，为企业创造更大的收益。

客户忠诚管理追求长期效益而非短期利益。客户忠诚管理的目的是留住客户，使客户长期购买产品和服务。客户忠诚管理针对的不是偶然购买的客户，而是"老客""熟客"，他们是企业口碑效应建立的重要因素，提高这些客户的客户维系率是客户忠诚管理的重要目标。

3.3.2 客户忠诚的作用

客户忠诚对企业的影响主要表现在以下几个方面。

（一）降低争取新客户的成本

大多数行业需要利用外部营销手段来争取新的客户，而忠诚的老客户往往会通过口碑推荐，给企业带来新客户。此外，实践证明，争取新客户的成本非常高，维系老客户的成本则呈下降趋势。在客户和服务提供者相互了解后，服务过程会变得更加顺利，服务速度也会提高，而且服务失误率随之降低。由此，为每位客户提供服务的成本会降低。

（二）提高基本利润

在许多行业，老客户比新客户更愿意以较高价格来接受企业的服务，也就是溢价，由此企业基本利润得到提高。此外，忠诚客户出于信任和偏好，回购次数多，还可能增加购买量或购买频率，有利于提高企业销售额和利润。

（三）降低企业的经营风险并提高运营效率

相对固定的客户群体和稳定的客户关系，可使企业不再疲于应付客户数量的波动造成的需求变化，有利于企业排除一些不确定因素的干扰，集中资源去为这些稳定客户提高产品质量和完善服务体系，以降低经营风险。同时，企业能够为老客户提供满意的服务，也意味着企业具有更高的工作效率和更低的失误率。

忠诚客户还会增强企业员工和投资者的自豪感，提升其对企业的满意度，进而提高员工和股东的稳定率；反过来，忠诚的员工可以更好地为客户提供产品和服务，忠实的股东也不会为了短期利益而做出损害企业长远价值的行为，从而加强客户忠诚，形成良性循环，最终实现总成本的收缩和生产力的提高。

案例速递

山姆会员店

山姆会员店是沃尔玛旗下的仓储会员店，其只向山姆会员提供服务，非会员则不可进入。由于山姆会员店仅面向付费会员，且为会员客户提供了一系列增值服务，因而山姆会员店的付费会员有着高忠诚度。以卓越会员为例，山姆会员店为卓越会员客户提供了差异化的商品和服务，在现有个人会员基础权益上，增加了积分返券、高端齿科服务、生活服务、网购免邮等权益。

此外，山姆会员店的积分方式与其他零售店的积分方式不同，山姆会员只有卓越卡消费可记录积分，其大致的积分返利规则为：每消费1元返2积分，1000分可兑换10元消费券，消费券的发放是为了提高客单价并促进二次消费。

山姆会员店通过差异化的商品、服务和独特的积分制度培养了客户的购买习惯。据统计，85%的卓越会员来自普通会员的升级，这也进一步说明山姆会员店对客户忠诚的培养卓有成效。

3.3.3 客户忠诚的测量

（一）时间维度

客户忠诚具有时间特征，体现为客户在一段时间内不断关注、购买产品或服务。如果客户与企业只有一次交易记录，自然不能认为该客户的忠诚度很高。因此，客户与企业交易关系的持续时间是测量客户忠诚的指标之一。

（二）行为特征

客户重复购买率。客户重复购买率是指客户在一段时间内购买企业产品或者服务的次数。在确定的时间内，客户购买产品或服务的次数越多，说明客户偏爱该产品或服务。

客户挑选时间的长短。如果客户信任企业的产品，那么他们挑选产品的时间就会缩短，会快速决定购买产品。因此客户挑选时间的长短也可以用于测量客户忠诚。

购买费用。对企业而言，在客户用于某一产品预算不变的情况下，购买本企业产品的金额增加，则表明客户对本产品的信任程度提高，忠诚度增加；如果客户扩大产品预算用于购买本产品，也表明客户忠诚度提高。

客户对价格的敏感程度。价格是影响客户购买产品或者服务的重要因素，但不意味着客户对各种产品的价格变动有同样的态度和反应。对于喜欢的产品，客户对其价格变动的承受能力较强，对价格的敏感程度较低。

（三）情感特征

客户对企业的信赖。客户对企业的依赖会让客户主动向周围的人推荐企业的产品和品牌，提升企业的口碑和影响力。

客户对产品质量问题的态度。任何企业都会出现质量问题，当问题出现时，如果客户对企业的忠诚度较高，那么客户会采取相对宽容的协调解决的态度。

客户对待竞争品牌的态度。一般而言，当客户对企业的忠诚度较高时，自然会减少对竞争品牌的关注，而把更多的时间和精力用于关注本企业的产品。

案例拓展

可口可乐

可口可乐诞生于1886年。作为史上最伟大的品牌之一，可口可乐拥有一群非常忠诚的老用户。在每天都有新产品进入的饮料市场，可口可乐是如何做到百年屹立不倒的呢？

口感清爽的可口可乐一直是夏季畅销产品，但到了冬季，销量就会走下坡路。为此，可口可乐决定和在欧美家喻户晓的圣诞老人"搞一波事情"。在此之前，圣诞节的主色调是"绿+白"的配色，且圣诞老人的样貌各不相同。正是可口可乐将可乐和圣诞老人结合在一起，打入圣诞节日场景，圣诞老人才变成了如今红衣服白胡子的模样。

通过对原有的世界级IP进行形象重构，可口可乐以较低的成本获取了较高的传播度和信任感，并在客户满意的基础上构筑起了强有力的客户认同，和圣诞节等节日场景的精准关联，夯实了品牌"传递快乐"的价值观，将可口可乐的"红"传播到世界各地，拉高了自身竞争壁垒，完成了对客户忠诚的构筑。

此外，可口可乐是一个非常好的KOL，擅长迎合时代的情绪，跟随大众文化的变迁，发出自己的声音。如通过洞察客户的情感需求，在包装上做文章，发起各类限量主题罐营销，在包装上印上各种各样的暖心文案。与其他厂商的"姓名瓶""昵称瓶"不同的是，可口可乐在罐身处留出了一块空白，客户在可口可乐官网就可以进行文案定制，花4.25美元就能把自己的专属可乐带回家。

这些策略其实和可乐口味、销量没有直接的关系，完全是从"情感"出发，构筑客户对于品牌的认同，进而实现持续、稳定的客户忠诚。

即测即练

第 4 章

客户参与价值

客户对企业的价值远不止直接交易，也会通过口碑传播、产品的新创意等方式表现出来。客户与企业、潜在客户和其他客户之间的积极互动，无论是交易性质还是非交易性质的，都可以定义为"客户参与（customer engagement）"。客户参与实际上是建立在企业与客户之间的一种深层次、有意义的联系，而且这种联系会长期存在，因而这也是一种具有战略性的客户服务方式。客户参与也被视为一种客户互动和参与的方式，企业在此过程中会相应获得价值。

社交媒体的发展为促进企业与客户之间的互动和客户导向的个性化营销提供了机会，发达的社交媒体为客户提供了与他人分享观点、偏好或经验的场所，也为企业提供了利用品牌口碑进行商业营销的机会。此外，社交网站的发展也使客户扩大了与他人联系的范围，客户的意见变得格外重要。因而仅根据客户与企业的交易来评估客户价值可能是不够的。

客户参与价值（customer engagement value，CEV）可被分为四个组成部分：第一部分是客户终身价值（客户的购买行为），第二部分是客户推荐价值（与激励性的客户推荐有关），第三部分是客户影响者价值（包括客户影响其他客户的行为，即通过现有客户和潜在客户的口碑增加以获取、保留市场份额），第四部分是客户知识价值（客户反馈为企业增加的价值）。由此，客户参与价值提供了一个全面的框架，最终可以帮助企业制定出更有效的营销战略，提高客户的长期贡献价值。

4.1 客户终身价值

4.1.1 客户终身价值的内涵

客户终身价值（customer lifetime value）指的是每个购买者在未来可能为企业带来的收益总和，本质上是企业与客户的长期关系中，基于交易关系给企业带来的净现值（net value）。可以说，客户终身价值是一个总括性指标，它考虑了客户在企业的整个生命周期内交易的总财务贡献。因此，客户终身价值能够反映企业未来的盈利能力。客户终身价值由以下两部分构成。

（一）历史价值

历史价值是指到目前为止已经实现的客户价值。

由于客户与企业的关系会保持一段时间，在此过程中，客户对企业的价值除了体现在利润的增加、成本的节约，还有一个重要贡献，就是客户的历史影响价值。

（二）潜在价值

潜在价值是指如果客户得以留存，企业通过有效的交叉销售可以调动客户购买的积极性，客户将在未来增量购买，从而可能增加的客户价值。

企业可能无法准确量化这类客户价值，但在衡量潜在客户价值的时候，可以考虑两个主要因素：企业与客户可能的持续交易时间和客户在交易期内未来每年可能为企业提供的利润。理论上，客户终身价值被认为包括客户创造价值的所有方面，但在实践以及学术文献中，反复确认了客户终身价值只与实际购买行为有关。

由此，我们可以将客户终身价值视为一种以口碑（word of mouth）的形式在研究和管理中建立起来的价值形式。此外，客户终身价值不仅包括对品牌或产品的正面或负面评价，还包括客户共享信息和知识，协助并与现有或潜在客户进行互动。对于接受者来说，这可以降低学习成本、交易成本和风险等，并提高产品的感知属性。

当下，企业可以便捷地衡量客户终身价值，因为客户与企业的许多交互活动已经转移到数字领域。当前，企业已经可以自动区分客户对品牌或产品的负面和正面评论，因而也可以衡量这些评论的影响力。许多企业都在结合自身提供的产品、服务的功能特点，利用互联网来促进客户在其社交媒体账号或在线店铺的积极交互。

虽然客户在品牌的社交媒体账号下发表评论已经成为一种常态，但提升客户体验的新方法在不断出现。例如，淘宝在产品页面加入"已购客户问答"元素，突出显示潜在买家提出的问题和已购客户的答案。淘宝还对回答问题的已购客户进行等级划分，进而培养积极的评论文化。

案例速递

拼 多 多

国人对于拼多多的印象大抵逃不过"低端低价"和"山寨"两个词。拼多多上市后，依然没有完全摆脱这些诟病，但很多品牌商家仍然选择入驻拼多多。一方面，这符合在商家经营过程中对"更低成本和更高效率"的追求；另一方面，体现的是拼多多过去通过"低价"聚拢的庞大客户群体正成为拼多多重要的品牌资产。

当下拼多多并没有继续以"低价"为自身的核心竞争力，而是通过投入更多的营销费用强化自身的品牌形象，精耕自身庞大的客户群体，增强客户的消费信心，发掘下沉市场的消费潜力。而依托于客户微信的社交体系，能够进一步帮助拼多多实现以社交关系为依托的"精准营销"。

如今，在其他电商平台的用户增长已经接近天花板的时候，拼多多却能与大小客户、新老商家共生共长，实现商品交易总额（GMV）的一路上涨。这与拼多多对于客户终身价值的关注是分不开的。

4.1.2 客户终身价值模型

影响客户终身价值的因素包括所有来自客户初始购买的收益流、所有与客户购买有关的直接可变成本、客户购买的频率、客户购买的时间长度、客户购买其他产品的喜好及其收益流和客户推荐给朋友、同事及其他人的可能等。

一方面,客户终身价值可以由客户随时间变化的价值及客户创造的利润来衡量,其中影响因素有净现值、贴现率、客户成本;另一方面,考虑到企业的客户处于不断流失和获得流动的过程中,因此客户终身价值也可以由客户的生命周期长度来衡量。

企业通过对客户群体的生命周期价值进行计算,从而确定客户的终身价值更为现实、合理。这其中的影响因素包括客户流失率、保持率、转移率。在建立客户终身价值模型的过程中,需要关注的指标如下(见图 4-1)。

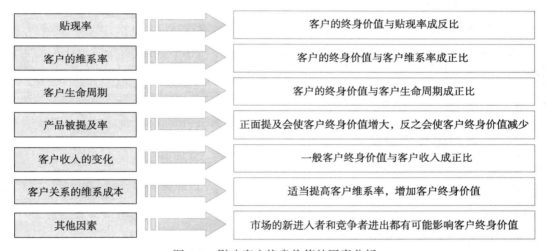

图 4-1　影响客户终身价值的因素分析

(一)贴现率

客户的终生价值与贴现率成反比,客户终生价值的简单计算公式如下。

$$CLV = \sum_{i=0}^{n}[(1+r)^{-i}R_i]$$

R_i 表示第 i 年从客户那里获得的收入,r 表示贴现率,n 表示客户对企业忠诚的年数。

(二)客户的维系率

客户的维系率是指客户经过一个购买周期后仍被维系住的概率,客户的终生价值与客户维系率成正比。

(三)客户生命周期

客户生命周期是指从企业与客户建立业务关系到完全终止业务关系的全过程,客户的终身价值与客户生命周期成正比。

（四）产品被提及率

如果产品被客户正面提及，则产生正的推荐收益，会使客户终生价值增大；如果产品被客户负面提及，推荐收益是负值，会使客户终生价值减少。

（五）客户收入的变化

当客户的收入增加时，一般用于消费的开支会增加，这会对客户终身价值产生影响。一般情况下，客户的终身价值与客户收入成正比。

（六）客户关系的维系成本

客户关系的维系成本是指为了维系客户关系所付出的成本。这一成本不是每次特定交易相关的直接成本。这一成本能促使客户数保持在一定的范围内，并且促使客户的购买持续期在一定的时期之上。

（七）其他因素

影响客户终身价值的还有一些其他因素，如市场的新进入者和竞争者退出都有可能影响客户终身价值。

4.1.3 客户终身价值的评估

（一）客户终身价值的三维结构

1. 客户维持时间维度

企业通过维持与客户的长期关系，能够保持较高的客户维系率，从而获得较高的客户生涯价值。

2. 客户份额维度

客户份额（customer share）维度是指一家企业所提供的产品或服务占某个客户总消费支出的百分比。要获得最大的客户生涯价值，不仅需要有高的客户维系率，更要有高的客户份额。客户份额是衡量客户生涯价值的重要指标。

3. 客户范围维度

企业总的客户生涯价值与企业的客户范围直接相关。从客户范围维度出发，要求企业必须清楚现有客户是谁，同时注意开拓潜在客户。

（二）衡量客户终身价值的方法

1. DWYER方法

该方法将整个客户群分为两大类：永久流失型和暂时流失型。

（1）永久流失型

客户要么把业务全部交给供应商，要么完全流失，将业务全部交给另一供应商。原因有二：业务无法分割，只能交给一个供应商；业务转移成本很高，一旦将业务交给某供应商，很难转向其他供应商。这种客户一旦流失，便很难再回来。

（2）暂时流失型

客户将业务同时交给多个供应商，每个供应商得到的只是客户总业务量的一部分。这类客户的业务转移成本低，可以在多个供应商之间转移业务份额，有时可能将某供应商的份额削减到零，但对该供应商来说不一定意味着已经失去这个客户，也许客户只是暂时中断购买，之后，有可能突然恢复购买，甚至给予该供应商更多的业务份额。

DWYER方法也有一定的缺陷：只能预测一组客户的终生价值或每个客户的平均终身价值，而无法具体评估某个客户对公司的终身价值。

2. 客户事件预测法

客户事件预测法主要针对每位客户，预测一系列事件发生的时间，并向每个事件分摊收益和成本，从而为每位客户建立一个详细的利润和费用预测表。客户事件预测可以说是为每位客户建立了一个盈亏账户，客户事件档案越详细，与事件相关的收益和成本分摊就越精确，预测的准确度就越高。但是客户未来事件预测的精准度并不能完全保证，主要有两个原因，具体如下。

其一，预测依据的基础数据不确定性很大。客户、企业预计的资源投入和客户保持策略，以及环境等都具有不确定性。

其二，预测的过程不确定性很大。整个预测过程是一个启发式的推理过程，涉及大量的判断，需要预测人员具有丰富的经验，所以预测过程和预测结果因人而异。其中包括考虑净现值、客户流失、折现率、客户成本、客户保持率、客户转移概率的客户终身价值模型。

3. CLV模型（客户终身价值计量模型）

在客户终身价值计量模型的演变过程中出现了许多CLV计量模型，在此我们介绍几个具有代表性的模型。

（1）经典的CLV模型。该模型是建立在客户与企业关系保持不变的前提下，但是在现实中这种假设条件几乎不存在。

$$CLV = \sum_{i=0}^{m} \frac{v_i}{(1+r)^i}$$

其中，m表示客户生命周期长度或者存在的期数（以月、季度或年为单位），v_i（$v_i = R_i - C_i$表示客户在第i交易期内给企业带来的利润，R_i表示单个客户带来的收益，C_i表示单个客户的当前成本），r表示行业基准收益率。

（2）考虑客户保留率的CLV模型。该模型是建立在客户长期利润率、保留率不变，客户终身价值在时间上可以无限延长。利用该模型，我们可以量化客户终身价值。

$$CLV = v \times 1/(1+i-r)$$

其中，v表示每期（月、季度或年）每位客户带来的利润（销售收入－变动成本－保留客户必要的其他现金费用支出），r表示客户保留率，i表示折现未来现金流的贴现率。

（3）CLV 模型的进一步改进。对客户边际利润做准确的计量，加上客户给企业带来的第一笔资金流入（即初始利润），得到：

$$CLV = v + v \times r / (1 + i - r)$$

需要注意的是，这三个模型都基于客户购买价值，只考虑消费者从企业直接购买产品或服务所贡献的利润总和，忽略了客户推介价值，即客户向他人宣传本企业产品而间接导致企业销售增长、收益增加所创造的价值。由于客户通过传播自己的消费体验和满意度，会直接影响企业现有客户以及潜在客户的购买，为了更好地测算客户终身价值，需要将客户推介价值纳入考虑范畴。

（三）RFM 模型的客户价值评估

1. RFM 模型的含义

RFM 模型是衡量客户价值和客户创利能力的重要工具和手段。大多数研究者对于线上客户终身价值的计算，是从客户购买行为的角度出发，采用 RFM 模型来进行分析。该模型通过客户的近期购买行为、购买的总体频率以及消费金额三项指标来描述客户价值状况。

R（recency）：客户最近一次消费时间的间隔。R 值越大，表示客户消费发生的日期越远，反之则表示客户消费发生的日期越近。

F（frequency）：客户在最近一段时间内消费的频率。F 值越大，表示客户消费越频繁，反之则表示客户消费不够活跃。

M（monetary）：客户在最近一段时间内消费的金额。M 值越大，表示客户价值越高，反之则表示客户价值越低。

以上三个指标会按维度进行细分。

重要价值客户：最近消费日期近，消费频次和消费金额都很高，必须是贵宾（VIP）。

重要保持客户：最近消费日期较远，但消费频次和金额都很高，说明这是一段时间没来的忠诚客户，企业要主动和他保持联系。

重要发展客户：最近消费日期较近、消费金额高，但频次不高、忠诚度不高，很有潜力的用户，必须重点发展。

重要挽留客户：最近消费日期较远、消费频次不高，但消费金额高，可能是将要流失或者已经流失的用户，应当积极挽留。

2. RFM 模型的客户价值分类步骤

（1）指标计算：根据三个指标的分段和各分段的分值，计算每位客户的分数。

（2）构建 RFM 模型：将每位客户的分数与平均值进行比较。

（3）客户细分。由表 4-1 可知，消费金额"M"在 RFM 模型中处于支柱地位，当"R""F""M"都处于平均值以上的时候，此客户为重要价值客户；当"R""F"处于平均值以下，但是"M"处于平均值以上的时候，此客户为重要挽留客户。

表 4-1 客户类型细分

R	F	M	客户类型
↑	↑	↑	重要价值客户
↑	↓	↑	重要发展客户
↓	↑	↑	重要保持客户
↓	↓	↑	重要挽留客户
↑	↑	↓	一般价值客户
↑	↓	↓	一般发展客户
↓	↑	↓	一般保持客户
↓	↓	↓	一般挽留客户

注:"↑"表示大于均值,"↓"表示小于均值。

我们可以通过表 4-2 进一步理解 RFM 模型。

表 4-2 八个层级用户的对应场景

客户类型	R	F	M	对应场景
重要价值用户	高	高	高	优质客户,可推荐高价值产品,新品优先适用,重视他们的评价
重要保持用户	低	高	高	重要唤回,加强沟通,可通过鼓励复购、新品推荐吸引客户注意,防止客户流失
重要发展用户	高	低	高	潜在优质客户,可推荐购买品牌其他产品
重要挽留用户	低	低	高	重点挽留的客户,可提供限时折扣、鼓励复购,重新激活这部分客户
一般价值用户	高	高	低	客户购买意愿强,但是贡献度低,可通过免费派发小样挖掘客户的消费潜力
一般保持用户	低	高	低	交易次数多,但是交易金额低,一般维持即可
一般发展用户	高	低	低	最近有交易的新客户,可采取派发小样、新客欢迎、回购专属礼等措施吸引客户回购
一般挽留用户	低	低	低	RFM 均低,相当于流失,可采取推荐相关产品、专属折扣等措施吸引客户的关注

3. 基于购买行为的客户终身价值计算模型

由于各变量对客户终身价值的影响存在差异,因此利用熵值法确定变量权重后基于客户购买行为的客户终身价值计算模型如下。

$$\text{RFM (Buy)} = 0.01 \times R' + 0.485 \times F' + 0.499 \times M'$$

R' 为最近评论时间,表示顾客最近一次的购买时间和分析时间点间隔的天数;F' 为购买频率,表示一段时间内顾客购买产品或服务的次数;M' 为购买总金额,表示一段时间内用户购买的总金额。该计算模型未考虑在线客户的评论行为,对于电商企业而言,客户的在线评论会影响客户的决策以及企业的销售量,这给企业带来间接的价值,因此现有研究也将这种评论行为引入 RFM 模型测量客户终身价值,建立了基于客户在线评论行为的客户终身价值模型 RFMP。

4. 基于客户在线评论行为的客户终身价值模型 RFMP

其中 R 为最近评论时间，表示客户最近一次的评论时间和分析时间点间隔的天数，若该值较小，则表明消费者在短期内刚有过评论行为。

F 为评论频率，表示一段时间内客户评论产品或服务的次数。一般来说，客户评论频率越高，表示客户越忠诚，其产生的价值就越大。

M 为评论的总贡献值，企业对于单个用户单次评论均会进行贡献值打分，因此 M 表示一段时间内用户发表的评论内容所获得的贡献值大小。

P 为评论正向占比，表示一段时间内用户发表的正向评论数占该用户发表评论数的百分比。

由于各变量对客户终身价值的影响存在差异，因此利用熵值法确定变量权重后基于用户在线评论行为的客户终身价值计算模型如下：

$$RFM (Comment) = 0.054 \times R + 0.418 \times F + 0.436 \times M + 0.092 \times P$$

最终基于 RFM（Buy）和 RFM（Comment）的客户终身价值计算模型如下：

$$RFM = 0.53 \times RFM (Buy) + 0.48 \times RFM (Comment)$$

因而，运用方法时，计算客户终身价值必须考虑客户细分、心理特征、折扣率、获取成本（CAC）、留存成本、流失率、每客户收入、每客户交易、商业指标、品牌健康指标、渗透频率和宣传一系列因素。且要注意，客户终身价值必须随着时间的推移不断重新定义，以反映持续变化的市场、产品和买家。

此外，企业之间存在着差异，企业应根据自身情况制定指标，没有标准的公式。不论是什么模型，客户终身价值都会受所使用数据以及数据解释的影响，难以用一个公式准确计量客户终身价值；企业可能发现很难收集和汇总所需要的数据，从而难以做出精准的预测。因此对于管理人员来说，计量模型的结果不会是最准确的数据，而应结合计量数据，根据需要对消费者行为、市场变化等因素不断进行修正与调整。

5. RFM 模型的作用

RFM 模型可以对客户终身价值做一个合理的预估，基于一个理想的客户特征来衡量现实中客户价值的高低。通过此类分析，定位最有可能成为品牌忠诚客户的群体，让我们把主要精力放在最有价值的用户身上。

（1）描绘客户的价值。RFM 模型动态显示了一个客户的全部轮廓，这为企业描绘客户价值提供了参考。根据客户关系生命周期理论，一个客户在客户关系生命周期中对企业的贡献称为客户终身价值，客户终身价值由历史价值、当前价值和增值潜力组成。

如果企业与该客户打交道的时间足够长，也能够较为精确地判断该客户的长期价值（甚至是终身价值），通过改善 R、F、M 三项指标的状况，为营销决策提供支持。

（2）找到符合客户预期的产品，花对钱。不同价值层次的客户，需要企业提供的产品是不同的。价值层次越高的客户，需求层次也越高。例如，重要价值客户的需求层次可能是自我实现需求，一般发展客户的需求层次可能是生理需求或安全需求。

企业需要根据 RFM 模型分析得出的结果，针对不同价值客户的需求及预期，调整给予不同产品的政策支持，进而满足客户期望，提升客户关系，减少客户流失。

（3）增加客户生命周期。企业通过 RFM 模型分析，可以找出消费频率低的重要发展客户，进而针对这类客户设计特殊的影响方案以增加客户生命周期，提高消费频率。

（4）针对不同发展潜力的客户进行促销，培养忠实的、有价值的客户。有些人会用客户绝对贡献金额来分析客户是否流失，但是绝对金额有时会曲解客户行为。因为每款商品的价格可能不同，对不同产品有不同的促销折扣，所以采用分级（如 R、F、M 都各分为五级）来比较消费者的级别区间变动情况，则可以显现出更显著的相对行为。

企业可以根据 R、F 两项指标的变化，推测客户消费的变动状况，进而得出不同客户的发展潜力，针对不同发展潜力的客户推出不同的促销活动，培育忠实客户。

基于此，企业也可以从 M（消费金额）的角度来分析。此时，企业可以将重点放在贡献度高、流失机会也高的客户上，通过重点拜访或联系，以最有效的方式挽回更多的商机。

6. RFM 模型的适用范围

RFM 模型适用于旅行保险、快递运输、餐饮、娱乐、通信服务商、信用卡、证券等企业的客户价值评估。上述行业中，最大特点是客户数据的可获得性。在商业运作中，企业采集了客户的各种行为数据，因而可以更好地利用 RFM 模型为客户"贴标签"，并进行客户分层。

此外，企业需要注意，RFM 模型其实是滞后性的分析模型，只有当客户有了购买行为后，企业才能运用 RFM 模型进行分析，且模型的前提假设是客户的前后行为无差异。因而，并不是所有企业都适合运用 RFM 模型进行分析。

对于耐用消费品而言，RFM 模型并不是一个行之有效的模型。以对冰箱的购买为例，客户购买一台冰箱后，可能十几年都不会再购买冰箱，这种消费行为是无法用 RFM 模型进行分析的。

4.2　客户推荐价值

4.2.1　客户推荐价值的内涵

客户推荐行为的产生，一般与企业发起的激励性推荐新客计划有关，这类推荐行为往往源于外在动机，与客户推荐价值相对应。客户推荐价值又来自现有客户将其社交网络（线上和线下）中的潜在客户转化为实际客户，并因此获得奖励。简言之，推荐奖励能够促进客户的推荐行为，而客户的推荐行为能够为企业提供价值。

我们可以通过另一概念——净推荐值来更好地理解客户推荐价值。

净推荐值是一种计量某个客户向其他人推荐某个企业或服务可能性的指数,也是一个关注企业良性收益与真实增长情况的客户忠诚度概念。

企业往往会请客户回答如"您在多大程度上愿意向您的朋友(亲人、同事……)推荐××公司/产品?(0~10分,10分表示非常愿意,0分表示非常不愿意)"这样的问题,并根据客户的推荐意愿,将客户分为三类:推荐者、被动者、贬损者,推荐者与贬损者是对企业产品口碑有影响的客户,这两部分客户在客户总数中所占百分比之差,就是净推荐值(见图4-2)。

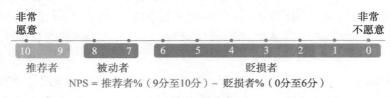

图4-2 净推荐值示例图

推荐者:具有狂热忠诚度,铁杆粉丝,反复光顾,向朋友推荐。
被动者:总体满意,但不忠诚,容易转向竞争对手。
贬损者:使用不满意,不忠诚,不断抱怨或投诉。

净推荐值(NPS)=(推荐者数/总样本数)×100% −(贬损者数/总样本数)×100%

净推荐值向客户询问的是意愿而不是情感,这对客户来说更容易回答,因而该指标更为直观、准确。由于该指标的数值来源于现有客户和现有客户扩散的准客户比例,因此该指标不仅能够直接反映客户对企业的忠诚度和购买意愿,而且在一定程度上可以看到企业当前和未来一段时间的发展趋势和持续盈利能力。同时,净推荐值也是流行的客户忠诚度分析指标,专注于分析客户口碑如何影响企业成长。

相比单纯的满意度分析,推荐意愿更能代表客户对于产品的满意度,并能预测产品的发展趋势。因此,净推荐值在公司业务预测、价值评估和内部考核方面都可以得到很好的应用。如今,净推荐值已经发展成客户体验管理指标体系。随着全球各地公司的实践,目前净推荐值已然成为衡量客户满意度的流行指标。企业可以通过密切跟踪净推荐值,诊断公司的用户推荐情况,高效实现企业营销目标。

在许多方面,愿意向其他人推荐企业产品或服务的客户,可以被视为从销售中赚取佣金的非雇员销售人员,这也是一种有效地吸引新客户的方式。例如,拼多多就曾推出以"转发到朋友圈帮忙砍一刀"为吸引点的客户推荐计划,极大促进了拼多多平台注册人数的增长。

客户推荐计划不仅能帮助企业奖励现有客户并巩固客户群,还能利用推荐计划鼓励客户向他人推荐企业产品或服务,进而拓展企业的客户群体。因此,企业在促进客户群价值最大化的一个重要方法是确定每个客户的价值有多少,是由企业发起的激励性新客推荐计划产生的。

在理想情况下,想要了解客户全部价值的企业会将该客户的推荐价值纳入客户价值衡量标准,因此客户参与价值包括了对客户成功推荐的平均数量的估算。企业可以将推荐指标概念化，并将其作为对客户价值贡献的不同指标，进而最大限度地发挥客户的推荐价值。

因此，在客户参与价值等式的计算中需要包括潜在客户转化为新获客户的概率，以及每种转介绍成功后的获客成本。此外，对于企业而言，还需要重点关注潜在客户成为企业客户的可能性（无论是否有转介绍），以及多次转介绍对同一潜在客户的部分影响。

4.2.2 客户推荐价值模型

如果企业在衡量客户终身价值时只关注收入和利润，那么就排除了他们最有价值的客户——品牌拥护者。这一类消费者可以视为新的、无偿的销售队伍，可通过社交媒体和在线产品评论网站影响他人的购买决定。

客户推荐价值反映了客户推荐计划如何通过具有成本效益的方式获取优质潜在客户，从而提高客户群的盈利能力。研究表明，与更多潜在客户建立联系并与这些潜在客户进行更多互动的客户可以成为转介绍项目的良好目标。

因此，对联系数量及其互动程度的衡量可为客户推荐价值模型的计算提供有价值的信息。由于客户终身价值最高的客户并不一定是客户推荐价值最高的客户，我们要从多个维度对客户推荐价值进行评估。

影响客户推荐价值的主要因素有好感度（C）、影响范围（R）和成功影响的可能性（R）。若好感度偏向1，则强调该类客户对企业满意度较高，倾向于为企业做正面宣传。影响范围指客户能够在多大规模的社交圈子中传播自己对产品的消费体验与满意程度。成功影响的可能性指客户有多大可能成功地改变其影响范围内成员对该企业的看法与实际行动，并且其行为与客户自身传播信息的意图是一致的。

客户推介价值=购买价值×好感度×影响范围×成功影响可能性，即：

$$CRV = \left(v + v \cdot \frac{r}{1+i-r}\right) \times F \times R \times P$$

再加上对客户自身购买价值的计量，可得到客户终身价值计量模型：

$$CLV = \left(v + v \cdot \frac{r}{1+i-r}\right) + (1 + F \times R \times P)$$

该模型既考虑到了客户与企业发生互动时产生的实际购买价值，也关注到由于推荐新客户带来的推介价值，可减少企业单纯从基本财务价值判断客户价值的大小，而造成对某些实际价值也很大的客户群体的忽视。对于企业来说，影响客户推介价值的主要因素不像CLV模型一般可轻易获得。一般而言，企业只能按照不同消费者的收入、社会阶级、购买情况等因素对客户进行区别，得到细分人群中相关因素的大致水平。

4.3 客户影响者价值

4.3.1 客户影响者价值的内涵

客户影响者价值是指客户通过自己的行为去影响现有客户和潜在客户。与之相对应的就是客户影响者行为,其是指客户对其他已获得客户以及潜在客户的影响。换言之,它就是我们常说的口碑,即客户在使用产品和服务或实现了期望的商业结果之后,除了续签和增购,也愿意把产品推荐给朋友、同行,甚至陌生人等。

在当下,客户购买产品和服务的方式发生了巨大的变化。在获客成本日益增加的当下,口碑营销对于企业尤为重要。因此,如何发挥客户影响者价值,在企业的运营中就显得至关重要,因为其能够降低企业的获客成本,并为企业未来的收入提供保证。

企业需要做的就是通过一切办法,先将客户培养成品牌热衷者,然后组织并动员起来这些人,进而构建自身的口碑营销体系,获取更多高质量客户。例如,向新客户展示如何最大限度地发挥产品的效用。再如,在口碑营销活动中有影响力的客户说服并将潜在客户转化为客户;客户通过建议传递,提高买家的满意度以降低流失率。

客户影响者价值不仅要考虑客户对客户的影响,还需要考虑客户对企业的影响。具体而言,企业为了发现客户潜在的需要而主动与客户合作,共同创造价值。如将客户的建议纳入企业的生产过程中,在未来可为企业带来利润。

案例速递

理 想 汽 车

近年来,汽车新势力理想在营销过程中并没有选择与传统的汽车领域"大V"展开合作,而是另辟蹊径通过抖音、哔哩哔哩、微博等社交媒体平台,积极与中小KOL展开合作,通过赞助KOL自驾去往西藏、川西,甚至是非洲等地的旅途,让KOL在旅行过程中展现理想汽车的特点和性能,体现理想汽车带给大众的真实的安全感和如家般的归属感。

在这一过程中,理想将品牌的营销场域进行了延伸,突破了以往常见的汽车营销场景,通过对KOL个人"理想"的赞助,贴合了理想作为一个汽车品牌对自身品牌形象的树立。中小KOL与目标客户群的距离更近,因此这样的合作能够更加真实有效地直击客户内心,引发客户的情感共鸣,进而收获良好的宣传效果。

4.3.2 客户影响者价值模型

(1)客户社交活跃度模型

在目前的商业实践中,企业很少单独使用基于客户属性的模型进行客户细分。在新的商业环境下,企业与客户之间不仅是"推送产品—消费购物"的关系,更多是互动并建立彼此间的认知。客户自带的传播属性和影响力,反而受到了越来越多的重视和运用。换言之,客户价值不仅是客户给企业带来的直接利润,也应当考虑客户对企业美誉度、传播度的影响。我们可以通过以下模型对客户影响者价值进行评估:

$$\sum_{0}^{T} n_i \times e^{-\frac{\Delta t}{W}}$$

其中，

T：表示统计周期，即在一定天数内用户的社交行为（如参与活动、发帖、登录、评论等）。

n_i：表示第 i 天的用户行为次数。

Δt：表示行为时间距离统计日的天数。

W：是一个权重参数，用于调整时间衰减的影响。

这个公式的核心思想是，随着时间的推移，用户行为对活跃度的贡献会逐渐减少。通过指数衰减函数 $e^{-\frac{\Delta t}{W}}$ 来实现这一点，其中 Δt 越大，衰减越明显。

基于该公式的评分标准将用户活跃度分为 0～5 星的不同等级，这些评分等级可能用于衡量用户在一定时间内的活跃程度，其中 5 星代表最高活跃度，而 0.5 星则表示最低活跃度。如果用户在统计周期 T 内没有任何行为，那么其活跃度将被标记为不活跃。因此，这种模型和评分标准可被用于社交媒体、论坛或其他需要用户参与度的平台，以评估和激励用户的活跃度。

（2）客户影响力模型

目前的关键意见领袖（Key Opinion Leader，KOL）影响力毋庸置疑，如果品牌能从自身客户中发觉培养自身的 KOL，有助于带动企业的客户影响者价值提升。客户影响力可以依据单次转发影响力来评估，公式如下：

$$单次转发影响力 = \sqrt{转发后的直接浏览人数 \times 转发后的再转发人数}$$

这个公式能够量化一次转发对信息传播的总体影响，它通过计算转发后直接浏览该信息的人数与因这次转发而再次转发的人数的乘积的平方根来得出影响力评分。这个模型能够帮助企业找到品牌中的高影响力人群。

该评分标准亦用 0～5 星的不同等级衡量社交媒体或其他平台上内容传播的有效性。每个星级代表转发影响力在所有转发中的相对位置，例如，5 星表示该转发的影响力处于最高水平，而 0.5 星则表示影响力最低。这种模型和评分标准可以帮助管理者了解哪些内容更有可能被广泛传播，从而优化自身的内容策略。

4.4 客户知识价值

4.4.1 客户知识价值的内涵

客户知识价值是客户向企业提供的信息的价值（与客户向其他客户或潜在客户提供的构成 CIV 的信息相反）。客户知识价值是客户参与价值的一部分。

（一）客户知识的内涵

客户知识（customer knowledge），可理解为围绕客户的、以客户为导向的知识，指的是企业与客户在交易和交换过程中所需要的、被创造的和相互吸取的经验、价值和洞察力等所有知识的组合。客户知识价值可以说是客户信息价值的特殊化。这些基本信息包括两类,一是企业在建立客户档案时由客户无偿提供的信息,二是企业与客户互动过程中由客户以各种方式(抱怨、建议、要求等)向企业提供的各类信息,包括客户需求信息、竞争对手信息、客户满意度信息等。这些信息不仅为企业节省了信息收集费用,而且为企业制定营销策略提供了参考,是较为真实准确的一手资料。

(二)客户知识创造的价值

客户知识的价值在于服务企业的产品开发,即对客户偏好理解的开发,这是新产品成功开发的关键条件。客户对个性化和创新产品的需求不断增加,而满足这种需求的先决条件是掌握客户的偏好。企业可以通过各种方式提取这些信息,而不必局限于传统的市场和消费者调查。关键信息的一个重要来源是客户反馈和投诉。这不仅出现在企业自有的沟通渠道中,而且越来越多地出现在在线社交媒体或零售商平台上。

在此过程中,企业利用客户知识为客户直接创造价值,即通过客户知识创造的价值首先体现在客户身上,当客户获得这部分价值后通过增加购买次数持续为企业创造价值。对产品和品牌有浓厚兴趣的品牌客户通常有丰富的产品知识和从事与产品相关的讨论,从而产生新的产品创意。例如,小米的社群模式,由客户提供开发建议并通过技术团队快速实现。

特别是在B2C商对客电子商务模式环境中,有很多这样的案例,如麦当劳的活动,让客户设计和投票自己创建的汉堡食谱。客户可以两种方式集成——作为信息提供者或作为共同开发人员。在麦当劳的活动中,为新汉堡的制作投票的客户可以被归类为信息提供者,而那些真正创造新汉堡食谱的人是共同开发者。互联网的使用极大促进了共同创造。企业可以很容易地为客户提供成为共同创造者所需的工具,如NikeiD(一款为客户提供鞋类个性化定制服务的在线工具)。此外,通过在线平台和社交媒体,客户之间可以轻松地相互协作,客户也可以轻松地与企业协作。

成功地利用客户知识可以提升企业的创新成功率,为企业带来收益。当充分实现客户知识时,现有产品的质量也可以得到改善。从长远来看,其也可以为公司节省产品的开发成本。

4.4.2 客户知识价值的评估

客户知识价值反映的是企业在创新和改进意见方面从客户群中获得的反馈价值。例如,跟踪客户的产品或服务专长对评估客户知识价值很有帮助。

基于商业实践经验,企业可以从以下角度评估客户知识价值。

独特性:叛离企业的客户可能通过分享他们离开的原因而对客户知识价值有所贡献,从而让企业发现服务改进的机会,并提高发现高风险客户的能力。

广泛性:客户与其他客户及潜在客户之间的联系也可以使他们在提供反馈时更好地吸收来自网络和市场的信息,从而提高他们对企业的知识价值。

复用参考性：客户的反馈是否对企业的运营有借鉴、指导意义，是否可被广泛地应用于企业的经营管理中。

真实有效性：客户的反馈是否足够真实、可信、有深度，反馈的内容是否契合企业的发展战略，是否能够在当下为企业提供问题的解决方案。

案例拓展

知 乎

知乎是一个中文的高质量问答、知识分享社区和各类创作者聚集的原创内容平台。在知乎上聚集了大量关注互联网、科技、商业、影视、时尚等领域的人群，这些人大多致力于分享知识、经验、见解。

对于知乎而言，其问答特征与一般的问答社区有所不同（如 Yahoo、Answers、百度知道）。知乎并没有用户的等级排名机制，而用户也不会从贡献知识中直接获得金钱方面的利益。除了累积赞同数和粉丝数，似乎知乎用户贡献知识并没有其他好处，为什么他们还会愿意在知乎上贡献自己的知识呢？

客户知识价值或许可以很好地解释这一点。知乎采用的社会化问答服务模式和其知识分享的特点并不同于以往强调知识分享的企业知识管理系统，也不同于强调社交功能的社交媒体平台。企业中的知识分享是一个较为封闭的内部信息交流平台，其中所传递的知识大多具有针对性、商业性，侧重于解决问题而非单纯的知识学习；而一般的社交媒体（如微信、微博），其分享的知识内容较为繁杂，同时碎片化的特征更趋明显，其知识价值的含量往往没有专门的问答社区丰富。

知乎社区的成功离不开客户影响者价值和客户知识价值的共同影响。用户通过贡献知识来展示自己的专业能力和知识水平，从而提升自己在社区中的地位和声誉，进而获得了更高的影响者价值。同时，用户得到其他用户认可的程度越高，越会在知乎上贡献知识。知乎社区对于客户知识价值运用的亮点在于：通过用户的问答行为获得大量的知识信息，而这些信息天生就是以客户为中心的。在用户不断的问答行为当中，知乎社区的"知识含量"不断攀升，进而吸引更多用户加入社区，形成"有问必有答"的良性循环。

知乎社区是如何将客户参与价值有机融合进社会化问答平台的？

即测即练

自学自测　扫描此码

第 2 篇

客户关系建立

第 5 章

数字化背景下的客户洞察

5.1 客户洞察与分析

5.1.1 客户洞察概述

客户洞察（customer insight）是指对客户的需求、行为和偏好的深入了解，以便更好地满足客户的需求并提高客户满意度，进行精准营销，进一步提升企业的盈利空间。其可以被理解为企业经过分析与沉淀研究，形成对市场趋势冷静、客观的看法。

客户洞察是"发现"没有被发现的过程，而不是停留在"发现"旧习惯的层面。当前的市场竞争已由企业主导向客户主导转变，客户洞察已经成为了解、满足客户需求的必要手段。实践证明，只有通过客户洞察找到未被开发的新兴市场，才能更好地策划和实施价值创造路径的营销策略，为客户主动提供所需价值解决方案。

数字化时代下，愈发将数字化技术运用到客户洞察过程中。通过大数据的分析与洞察，客户的细分和标签化变得切实可行，数据成为企业判断目标客户消费习惯与消费价值的重要支撑，从而为企业精确地调整客户关系管理策略提供了方向。以数据为基础的客户洞察，一方面可以提升客户对企业的好感与忠诚度；另一方面，有利于企业解决客户痛点，获得较多的客户资源和有力的市场竞争力。

客户洞察与数据挖掘的关系愈发密切。数据挖掘技术的出现，可以帮助企业深层次、全方位、多角度地对企业数据进行挖掘和分析，包括客户消费数据、客户信息以及竞争对手状况等。在数据挖掘过程中，客户的见解和行为的洞察变得模块化，既有对个人和集群层面的挖掘，也有整体角度对品牌消费者的勾勒与画像，从而有助于企业挖掘隐藏在数据中的有价值的信息和规律，并将其与客户洞察工作紧密结合，不断完善和优化企业的客户关系管理系统，使企业在客户洞察中深入认识和理解客户行为，更好地进行客户关系管理，如图 5-1 所示。

5.1.2 如何实现客户洞察

为了实现客户洞察，企业需要建立健全运行评价机制，以保证客户洞察的有效性和系统性。具体而言，企业应建立健全客户洞察组织机构和运作体系，构筑宏观、中观

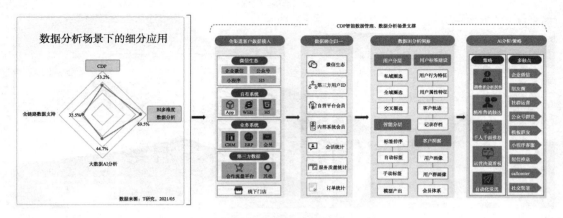

图 5-1　CRM 在数据分析场景的运用

和微观立体覆盖网络，明晰自身市场价值和定位，深入客户群体，掌握一手客户资料，进而挖掘市场潜力。

在社会化媒体迅猛发展的当下，企业也可以建立以企业为主导，以行业 KOL、"达人"、重要客户等为重点的洞察组织，分析市场走向，听取客户意见和偏好，从而进行倾向性推介。同时，这一机制也可将客户价值导向和诉求第一时间反馈给企业，帮助企业采取针对性策略满足客户诉求。

企业还可以通过数字化客户信息管理系统，实时跟踪不同交易渠道发起的客户交易或消费行为数据，评估客户消费行为动机和潜在心态等，通过横向评估具备较好竞争力的产品或服务，实现针对目标客户的精准营销。

综上，一个有效的客户洞察营销计划必须掌握充足的客户行为数据，这需要具备以下三个基本要素：先进的支持系统、有效的信息数据、智能的预测分析。这三个基本要素经过相辅相成和相互关联的排列组合后，就构建了客户洞察营销的路径：搭建信息平台→建设数据仓库→可视化数据挖掘→实时跟踪分析→评估消费动机效用→构造倾向性模型→交叉销售分析→服务质量监控→数据回流等。

此外，企业也需加强行业研究，跟踪、研究并把握竞争对手趋势，力争做到知己知彼，利用自身资源和能力及时调整，推进本企业的销售策略。同时，企业需加强对客户信息的研究，通过对不同区域客户消费能力、消费额度、消费时间、产品喜好等的分析，有针对性地布局市场。

案例速递

中 原 银 行

中原银行借鉴了互联网行业的思路和方法，于 2019 年 1 月正式推出中原银行拥有完全自主知识产权的客户行为分析系统——"知秋平台"。在数据整合方面，该平台完成了零售条线的全渠道、全业务种类、客户全生命周期的流水级数据整合，做到了"大""全""细""时"，进而为银行管理提供了一套客户场景化分析方法论和工具。目前该平台已具备客户分群、客户旅程分析（转化分析）、客户行为轨迹分析、客户标签订阅、客群画像分析、客群跟踪及群组管理等功能，帮助银行工作人员实现了客户洞察。

知秋平台支持丰富多样、复杂的业务场景分析，大大缩短了日常数据分析的周期，降低了成本，且可以在客户洞察的基础上，将客户自动分群，建立标签化管理系统，进而对企业的营销效果进行持续跟踪，形成有效的闭环，有力促进了业务人员数据分析能力的提升，为中原银行的数字化转型工作提供了强大的支撑。

5.2 基于社交媒体数据的客户洞察

5.2.1 社会化媒体数据概述

（一）社会化媒体数据定义

社会化媒体数据是指人们在社会化媒体中产生或分享的各类信息，包括评论、视频、照片、地理位置、个人资料、社交关系等。这些数据在"社会化媒体"这个词开始流行前，也被称作"网络口碑"（Internet word of mouth，IWOM）、"用户原创内容"（user generated content，UGC）或"消费者原创媒体"（consumer generated media，CGM）。

在社会化媒体平台上，客户与企业账号或企业产品发生的互动，都可以为企业的客户洞察工作提供大量可供分析的一手资料。社会化媒体数据是这些一手资料经过计算和处理后得出的一系列指标，用于衡量品牌在社会化媒体中的表现以及社会化媒体中的人际网络关系。

常见的社会化媒体数据指标有以下几种。

讨论量（buzz volume）：讨论量越高，意味着该社群越活跃或者该话题越热门。

情感（sentiment）：指用户在社交媒体平台的讨论中对企业、品牌、产品、属性所表达出的正面或负面倾向。

针对各论坛社区的研究中通常还会用到诸如发帖率、话题制造因子、对话热议度等指标。

在针对微博类社交媒体平台的研究中常用的指标还包括转发率、评论率、曝光量、传播层级等。

（二）客户洞察中社会化媒体数据的作用

1. 分析客户群体需求

社交媒体改变了客户与企业互动的方式，通过社媒数据了解客户购买偏好及与品牌相关的见解，可以使企业做出更好的商业决策。如丝芙兰在客户洞察中对社会化媒体数据的应用就值得称道，其使用方式是分析客户与东南亚护肤品牌最新的自动关系。

在不同类型的社交平台上，客户会直截了当地发表自己的观点。通过对这些社媒数据的分析，丝芙兰可以进一步了解客户群体的需求，直接观察和理解客户对不同产品最真实的看法，包括是哪些因素决定了他们选择产品 A 而不是产品 B。这些内容可以帮助企业决定哪些产品系列需要更积极的营销和推广。

通过品牌间媒体声量的相互比较,丝芙兰可以很直接地看到哪些护肤品牌获得了更高的社交媒体覆盖率。为了更深入了解这些社媒对话的性质,他们还通过情绪分析,为每一次社媒提及分配情绪得分。通过社媒平台声量占有率以及情感分析,丝芙兰理解了为什么某些产品销量更高、更受消费者欢迎。

在规划新的产品渠道时,销售人员需要及时了解消费者的需求趋势,甚至预测即将到来的产品销售趋势。通过引入社会化聆听功能,丝芙兰可以实时监测消费者在社交媒体中的讨论重点,通过分析不同护肤品功能在社交媒体中的提及数,丝芙兰可以确定客户关注的核心功能,从而打造下一个"爆款"化妆品。

丝芙兰还将产品功能与品牌名称串联起来,确认不同品牌所提及的最相关的功能,帮助营销人员确定品牌在客户心中的真实定位。这些数据将帮助营销人员理解现有产品是否已经满足客户需求,以及后续产品发布的宣传重点。

2. 了解客户偏好的转变

在社交媒体覆盖率日益攀升的当下,企业对信息支撑的需求愈发明晰。社媒平台上的客户数据是企业进行客户洞察、发掘商业风口的重要土壤。通过善用手中大量的社会化媒体数据,将这些离散的、单个存储的数据转化为企业可以理解和使用的信息和知识,可以帮助企业建立强大的客户洞察能力,及时洞察客户群体偏好的转变,从而调整自身的生产、营销策略,并将社会化媒体数据变成企业的资源和财富。

如丝芙兰就通过社会化媒体数据收集工具,实时掌握品牌提及、竞品动态和行业最新趋势,甚至可以为每一个品牌、每一款产品创建单独的搜索,以监测其在社交媒体中被提及的次数和情况,并对客户偏好进行评估。

3. 抓住客户痛点

企业所掌握的社会化媒体数据往往以浏览点赞、文字评论、视频图像等形式呈现出来。这些数据结构化地记录了企业有关事件离散的、互不相关的客观事实。所有这些数据,企业都可以通过分析整理总结出客户痛点,并促使企业更加有效地为客户提供良好的服务。

如企业通过研究社交平台上客户对产品的分享情况,区分畅销品和滞销品,可以适时调整其生产、营销策略。企业也可以研究客户投诉的相关数据,明晰客户痛点,进一步完善客户洞察,改善客户服务,为客户提供便捷的消费环境。

社会化媒体数据可以帮助企业实现更好的客户洞察,使企业做出更贴近客户的营销和服务,建立更牢固的客户关系,在激烈的竞争中更好地掌握已有客户,提高客户忠诚度,支撑企业品牌的树立和巩固。

(三)社会化媒体数据的应用趋势

经过多年的社交媒体运营和运营信息支撑系统建设,企业的数据处理能力不断加强,数据能够支撑的范围不断扩大,社会化媒体客户数据也不断丰富。

企业基于更精准的客户洞察需求,利用社会化媒体信息完善客户洞察机制,为客户经营、流量经营、双轮驱动等企业战略抓手提供支撑。未来企业可以在以下两大方面对客户洞察中的社会化媒体数据进行优化。

企业对内需要打破传统的、仅关注静态客户信息数据的信息收集方法。除关注人口属性、商业属性等静态数据外，也要针对社会化媒体平台上的客户行为特征数据进行提取归纳，对客户搜索、浏览、评论、点赞互动等动态数据进行提取。

企业对外要整合行业趋势、竞争情况等动态数据，建立立体的客户洞察体系，匹配策略、数据模型方法，挖掘重点指标，推送场景渠道，建立闭环的客户洞察研究推送机制，实现企业信息对客户的精确触达。同时企业要统一业务、合作伙伴工作视图，实现对客户需求洞察能力的有序演进。

伴随着技术的持续发展，企业更可以采用更多、更先进的技术手段来实现客户洞察与客户互动。

5.2.2 客户标签在社媒平台的运用

作为人为规定的、高度精练的特征标识，客户标签与客户分类有着一定区别，客户标签是可以重复的。客户被打上的标签越多，企业对客户的认识就越全面。只要企业给客户打上的标签足够多、足够准确，就能在短时间内快速、及时地了解客户。

在实际的运营过程中，客户标签也有别于客户画像。客户标签实际上是对客户进行分类的一种工具。所谓客户的"标签化"，是指企业根据客户浏览、消费等行为推断出客户的自然特征、社会特征、偏好特征、消费特征等信息，然后将信息进行归类，建立多元化、动态化的客户标签。

客户标签并不复杂，如客户的性别、年龄、喜好等都可以作为客户标签。一般情况下，企业也可根据客户的人口属性和产品行为属性等，为客户打上不同类型的标签。客户标签是构成客户画像的核心因素，它将客户在企业平台内产生的行为数据分析提炼后生成具有差异性特征的形容词，即客户通过平台在什么时间、什么场景下做了什么行为。平台将客户的所有行为数据提炼出来形成支撑业务实现的可视化信息。

客户标签一般由企业的社媒运营团队创建，其先是结合业务场景梳理出一批原始标签，然后通过显性标签或隐性标签的形式为客户打上标签。

显性标签，即客户主动给自己打标签。客户在产品前端页面根据自身的实际情况手动选择自己感兴趣的标签，通过触发标签机制，后台程序匹配客户的浏览行为数据，直接为客户打上标签。这有助于提升千人千面的精准度，提升客户体验。

隐性标签是后台结合客户前端的点击浏览行为等用户操作，自动为客户贴上的标签，客户无法感知。如运营团队将购买三次商品的客户定义为"老客户"，而客户并不知晓自己被贴上了这一标签。这种方式的好处在于客户行为真实度极高，平台易获取无修饰、无加工的客户行为数据，但前期人工成本较高。

大数据时代，社媒平台的发展为企业提供了大量有价值的客户数据。依托这些有价值的客户数据，构建客户标签，有针对性地进行精准营销，是各行业获取客户的有效方法。因此，企业可以通过社媒平台收集与分析客户的各种自然属性和社会属性，以及相关的消费习惯等重要的行为数据，然后对数据进行加工分析并提取其中的关键词，把这些数据标签化，从而构建出客户全貌。只有这样，才可能更加精确地分析客户行为，提高产品和客户的匹配度，最终在运营中触发客户的场景化感知，促进产品盈利。

企业在运用客户标签的过程中切忌以偏概全，一定要基于实际数据对客户进行分类整理。罔顾事实、随意粗暴地为客户打上标签反而容易弄巧成拙，引发客户抱怨，甚至造成客户流失。

5.3 客户画像

5.3.1 客户画像概述

客户画像（customer profile）是大数据时代客户洞察的基础，是基于海量客户数据的研究、调查、访谈等客户研究方法，抽象出来的典型客户模型，是真实客户的虚拟代表。客户画像不是简单的客户细分，也不是平均客户，更不是某一个真实客户，其是针对企业产品或服务的目标群体真实特征的勾勒，是真实客户的综合原型。

具体而言，企业借助大数据技术，通过收集与分析消费者的社会属性、生活习惯、消费行为等主要信息，完整描述自身产品或服务的目标客户特征或者加工成的一系列标签，就是客户画像。客户画像具有以下优势。

（一）提升企业效率

精准的客户画像能够为企业上下提供统一的客户认知基础，帮助企业为所有与客户有关的决策过程提供信息基础，提升团队的沟通效率。当所有参与决策的人都基于一致的客户认知进行讨论和决策，就容易使决策保持在同一个大方向上，进而提高企业的决策效率。同时，精准的客户画像也可以使企业的服务对象更加聚焦、专注，最终促进客户运营质量的提升。

（二）精准分析客户行为

客户画像来自对目标客户的研究，能够帮助企业更好地理解客户行为。精准的客户画像能够帮助企业预测自身决策对市场现状的影响，以适时调整商业策略，促进产品与客户间的智能匹配。

（三）指导社媒推广

在商业实践中，客户画像还能够指导企业社媒营销推广的交互设计工作。企业可以依据客户画像，确定自有社媒账号所发布的内容、风格和语气，甚至还可以帮助数字虚拟人建立指导视觉设计的风格指南。

案例速递

钱 大 妈

钱大妈为了推行不卖隔夜肉的经营理念，针对价格敏感性客户，推出了分时段打折的优惠活动。每天晚上7点，钱大妈就开始推出全场九折活动，并且每过半小时，就会再降一折，直到晚上11点半，全场免费送。

我们不难发现，具有买菜需求的核心人群、高价值人群基本上在晚上7点前就完成了消费。如果晚上7点才买菜，最快晚上8点多才能吃饭，对于有小孩、老人的家庭是无法承受的。同时，大部分白领也不大喜欢买剩下的菜，往往会尽早买菜。

钱大妈推出的分时折扣促销活动实际上考虑到了不同客户价值群体的画像，有针对性地将不同客户画像的人群区隔开，打造了一种十分成功的日销模式。这并不会造成消费场景和客户群体的冲突，反而照顾到了各个群体的消费习惯。

不卖隔夜肉、新鲜是生鲜品类的核心价值，消费者会有更强的购买意愿和更高的价格支付意愿。配合着打折活动，钱大妈能让"不卖隔夜肉"的理念深入人心，提振自身的品牌知名度。

同时，钱大妈还通过对每天进货量的控制，对少量尾货以折扣方式清除，实现了"零库存"的经营模式。这样既能控制生鲜的损耗，保证门店的利润，还可以打造新鲜不隔夜品牌。

5.3.2 如何描绘客户画像

企业可以通过以下四个步骤创建客户画像。

（一）找出客户的兴趣所在

确定客户的兴趣偏好可以帮助企业更好地了解客户，以制定对他们有用的策略。

（二）了解客户的时间都花在哪里

确定客户的线上、线下活动场景，了解客户常使用的平台和渠道，将企业的时间、精力、预算集中在最重要的地方。

（三）了解客户需求

企业需要从品牌、产品和生活方式等方面了解客户的感受和想法，量化客户感知。在此基础上，企业需要描述典型消费者"一天的生活"，以充分掌握客户需求。

（四）描绘客户画像

基于以上客户洞察，企业可以描绘出立体的客户画像，识别出企业与客户之间最重要的接触点和参与机会，以指导企业找到新兴市场机会，并制定正确的商业策略。图5-2为某公司的客户画像示意。

年龄：30~45岁
性别：男
已婚　有房有车
收入：2万元以上
兴趣：高尔夫/红酒/香烟
身份：金领/民营企业家/高管

西装革履/工作繁忙/时间极其宝贵/注重人脉
讲求商业保密性/有跨国合作业务/国际性交流
关注股市/政治/金融等新闻资讯

痛点：
1. 一般的英语交流还凑合，一遇到专业词汇就犯难
2. 想用最新时事打开话匣子，拉近人脉关系，但英语又词穷
3. 约见客户总要带随身翻译，不方便，又怕商业机密被泄露
4. 看外文资讯遇到新兴词汇的缩写形式就得复制粘贴求翻译
5. 有点英语基础，但不精通，想提高，又没时间系统学习

需求：
商业金融相关的专业词汇/新兴词汇的了解，随时翻译，情景使用；
不需要特别抽时间学习，只是闲暇时间使用，最好在这过程中能有
其他意外收获，而不是只学英语，要有"1+1>2"的效果。

图 5-2　某公司的客户画像

案例拓展

Lululemon

在 20 世纪 90 年代，一种社会现象引起了 Lululemon 创始人 Wilson 的注意：北美大学毕业生女性比例从 20% 提升到了 60%。受教育程度的提高，延迟了女性的生育意愿，提升了女性的收入，涌现出一个人口统计学上的新消费者画像，即 24~35 岁，未婚未育，受教育程度高，年收入 8 万美元，有自己的公寓，喜欢运动、旅行的女性。Wilson 把目标细分人群称为 "Super Girls"。如今 "Super Girls" 扩大到 "新中产" 阶级，她们除了热爱生活和运动，还对价格敏感度不高，却更在意品质，包括面料、功能性和时尚设计感。随着目标消费者画像逐渐清晰，Lululemon 的故事开始了。

Wilson 还预感到瑜伽的兴盛以及运动服和休闲服结合的趋势即将到来，当时还没有专门的女性健身服，市面上的女性运动服通常是把男士运动服尺码改小并把颜色改为粉色。与"泛健身"的耐克和阿迪达斯不同，Lululemon 专注于女性瑜伽服市场，在细分市场吸引并稳固了一批忠实的消费者。Grand View Research 的报告显示，2018 年全球瑜伽服市场规模达 313 亿美元。到 2025 年，全球瑜伽服规模将达到 478 亿美元。

Lululemon 是"运动休闲风（athleisure）"的缔造者和引领者。作为运动产品，Lululemon 需要突显产品的科技含量以及功能性，但又在功能性的基础上加入时尚和设计元素，于是成就了 Lululemon 的运动休闲风格。而 Lululemon 也一直坚持着使用穿着感舒适和造型时髦的元素，让运动服融入生活中的每个场合。自此在社交媒体平台上，Lululemon

掀起了"legging"时尚潮流。要知道，在2014年纽约的时尚媒体才提出"运动休闲"的概念。

任何消费品牌的成功都离不开对客户需求的洞察，Lululemon的成功就得益于Wilson基于客户洞察对消费者痛点的快速把握和精准的细分市场定位。

Lululemon是如何通过客户洞察和分析描绘自家的客户画像及客户标签的呢？

即测即练

第 6 章

客户开发与分级

6.1 客户选择及开发

6.1.1 客户选择的必要性

（一）企业要正确分配营销资源

正确选择客户是企业与客户建立关系的第一步，找到正确的营销资源分配目标则是客户关系管理战略的核心。客户选择允许企业明智地使用资源，并允许企业接收与他们相关的信息。从公司的角度来看，不考虑目标的行动会由于过度支出以及提供垃圾信息而破坏提供的价值。成功实施 CRM 的一个步骤是正确部署目标客户，以实现企业和客户的利益最大化。

（二）不是所有的客户都能给企业带来收益

客户存在差异性，并不是所有的客户都能为企业带来价值。一般来说，优质客户带来高价值，普通客户带来低价值，劣质客户带来负价值。错误的客户选择可能导致企业开发客户难度增加、开发成本提升、开发成功后客户关系难以维持。因此，正确选择客户能增加企业盈利，对于企业快速发展具有重要意义，这就要求企业针对不同的客户采取不同的服务策略。

（三）正确选择客户是客户开发成功的前提

上述讲到，企业如果选错了客户，则客户开发的难度会比较大，开发成本也比较高，开发成功后维持客户关系的难度也就比较大。企业如果经过认真选择，选准了目标客户，那么开发客户、实现客户忠诚的可能性就很大。只有选择了正确的目标客户，开发客户和维护客户的成本才会降低。

（四）目标客户的选择有助于企业的准确定位

不是所有的购买者都是企业的目标客户，也不是所有的客户都能给企业带来收益。不同客户群的消费需求具有差异性，企业只能为特定的目标客户开发、提供适当的产品或服务。

例如，新加坡航空公司、德国汉莎航空公司定位于高端市场，以航线全方位服务和品牌优势为商务乘客服务；而美国西南航空公司则定位于低端市场，为价格敏感型乘客提供服务。

6.1.2 客户选择的原则方法

客户关系管理对企业的核心价值在于帮助企业做正确的客户选择，没有任何一家企业可以服务所在行业的所有客户，企业的经营活动是用有限的资源去争取无限的市场机会。在企业资源有限的情况下，应该进行客户选择，客户必须与企业发展的战略方向和愿景相匹配。

企业是以营利为目的从事经济活动，向社会提供商品或服务的经济组织。对于营利性企业而言，是通过向消费者提供商品或服务来换取利润，以实现投资人、客户、员工、社会等利益相关者的利益最大化。这就说明利润是企业存在的基本动机和目的，也是企业经营活动的出发点和归属点，而获取好客户是企业获取利润的前提。

"好客户"指的是对企业贡献大的客户，即其给企业带来的收入高于企业为其提供产品或者服务所花费的成本。针对"好客户"的研究多倾向于将以下几点作为"好客户"的特征属性：保证企业盈利、购买量大且频次高、服务成本低、经营风险小且具备良好的发展前景、愿意与企业建立长期伙伴关系、具有一定的市场影响力。传统上，客户选择由直觉出发，如选择与企业定位一致的客户、理想客户、有潜力的客户、对自己产品或服务满意的客户等。在数字化时代，客户选择采用基于数据的方法。

对于企业而言，在客户选择中需要遵循以下四个原则。

（1）只要客户在未来收益的折现值超过获取该客户的成本，企业就应当获取这名客户，而不只是关注客户当前给企业带来的价值，这项原则要求企业关注长远利益。

（2）当企业扩大客户获取范围时，客户的获取率将降低。这就引导企业有层次、有选择性地获取客户，最先瞄准最有价值的客户，其次是一般重要的客户，以此类推。

（3）企业从客户保留中获取的利润越多，就越应该在客户获取阶段投入更多。原因在于如果一名客户能带给企业更多的未来收益，那么企业就可以支付得起所增加的获取成本，这又增加了企业在客户保留中的获益，从而形成良性循环。

（4）企业收回最初的客户获取成本的时间越短，就越应该加大客户获取投入。早期的回报决定了投资风险，获取客户成本的投资回收期越短，企业面临的风险越小。

基于以上四个原则，企业可以根据客户获取成本的回收期和客户为企业带来的未来收益，有针对性地采取相应的客户选择和获取策略。

案例速递

叮 咚 买 菜

叮咚买菜于2017年5月上线，是一款自营生鲜平台及提供配送服务的生活服务类应用软件,以"品质确定、时间确定、品类确定"为核心原则,利用前置仓为用户提供实惠、便捷、新鲜的生鲜即时配送到家服务。

叮咚买菜将自身定位为致力于为一、二线城市 25~45 岁年轻群体提供高品质生鲜产品到家的服务商。为此,叮咚买菜搭建了自营生鲜平台并提供短途配送服务的应用软件,以"线上运营+仓储配货+即时配送"的运营链路为消费者提供生活服务。这一定位精准切中了目标客户群体的生活痛点,为目标客户群提供了精准有效的解决方案。

(一)生活节奏较快

这类客户往往希望具有便捷、高效的购物体验。对此,叮咚买菜围绕客户的日常生活烹饪场景,将满足刚需的生鲜产品作为核心运营品,对标传统农贸市场、生鲜超市,致力于为空闲时间较少的一、二线年轻化群体提供"一站式"服务。

(二)收入水平较高

这类客户往往生活水平和收入水平都较高,对产品的价格敏感性不强。叮咚买菜以略高于农贸市场 10%左右的价格提供生鲜产品,但以店为仓,与消费者的距离近,能为客户提供及时、新鲜的生鲜产品。

(三)追求生活品质

这类客户往往追求较高的品质,追求效率与交割的平衡,在重视产品价格、品牌的同时,又愿意为便捷付费。叮咚买菜通过源头的批量采购和品质控制,为客户提供稳定、优质的产品,基于此又为客户提供了高效、便捷、准时的生鲜产品配送到家服务,为客户生活构筑起坚实的品质保障。

(四)对新事物接受程度较高

这类客户愿意接受新鲜事物,享受便捷、新奇的消费体验。叮咚买菜应用软件内设置了"今日菜单"等功能,为客户提供一系列食谱来引导客户下单买菜,进而培养客户的消费习惯并提升客户黏性。

叮咚买菜根据以上平台定位和有效的客户选择,将具有巨大消费潜力的一、二线年轻群体作为自己的客户。当前这类客户群体日益养成了"线上购买+线下配送"的消费习惯,为叮咚买菜贡献了近 50%的复购率。由此可知,叮咚买菜的客户选择大获成功。

6.1.3 客户开发步骤

客户开发是指销售业务员将企业的潜在客户变为现实客户的一系列过程,包括寻找客户、了解客户、制订客户开发计划、建立有效合作关系、重视售后服务和建立长期合作关系六个基本环节,如图 6-1 所示。

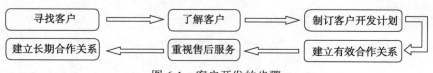

图 6-1 客户开发的步骤

（一）寻找客户

要知道我们进入了一个什么样的行业，这个行业有什么显著特征，有什么样的产品，能为行业提供什么样的服务，在哪里能找到自己的客户。

（二）了解客户

第一，我们要了解客户的一些常规性问题，如经营情况（规模、历史、文化、信誉、当地影响）、产品结构、使用产品的目的和历史、用法与用量、决策程序、工作程序、销售区域、消费对象、市场状况等。第二，我们还要了解客户的需求。

（三）制订客户开发计划

客户开发计划是为完成客户开发任务而进行的系统的任务安排。客户开发计划围绕着开发客户资源这一目标，系统地确定目标客户，分析目标客户与自身条件，制订具体的客户开发计划等。

（四）建立有效合作关系

有效合作，又称"价值合作"，除了完成与客户的合同签订及执行外，还要保证客户在与企业的合作中受益，要通过企业的渠道为客户提供各种增值服务，要尽可能实现客户的个性化需求，同时要在企业的服务中让客户真切认识到公司服务的"价值"，并争取长期合作的可能。

（五）重视售后服务

售后服务的内容：及时了解产品的使用情况（为客户提供实用的产品，降低合作伙伴的生产成本）；准确掌握市场需求（及时向客户提供下游需求方信息，增加合作伙伴的市场机会）；直接参与客户产品的研发（为客户提供一对一的产品服务）；密切关注用户需求（观察客户业务推进中产生的新需求，帮助企业调整方向）；为客户提供企业管理、技术等方面的支持。

（六）建立长期合作关系

行业发展的不同时期，对于服务的内容、方式、层次有着不同的需求，但无不是横向需求与纵向需求的结合，其规律是服务的面要宽、需求层次要不断加深。在与客户的长期合作中，要尽可能不断满足客户变化的需求，为客户创造价值。

6.1.4 客户开发策略

实质上，客户开发指的就是企业让目标客户群体对企业所提供的产品或服务产生购买欲望，进而完成购买，使他们成为企业现实客户的过程。在商业实践中，我们可以将客户开发策略大致分为线上客户开发策略和线下客户开发策略。

（一）线上客户开发策略

随着移动互联网的普及和社交媒体平台的发展，从社交媒体平台获取客户成为企业客户开发的重要途径。企业的线上客户开发方式大致有以下三种。

1. 关键词排名竞价获客

在当下的社交媒体平台搜索页面，我们能看到诸如"热搜榜""热度指数排名"等关键词排名榜单。这类榜单中经常夹杂着各类企业以营销推广为目的投放的关键词，企业通过这种形式增加曝光度以获得客户，实际上这就是企业在通过关键词竞价排名获客。

关键词排名竞价实际上是一种基于推广效果的付费营销方式。根据排名越靠前价格越高的原则，企业综合自身需求及预算，购买不同级别的曝光服务，相关关键词就会展示在用户的搜索榜单浏览页面。无论是微博、小红书，还是抖音、哔哩哔哩，这类关键词竞价广告都很容易获得用户的关注和点击，因而宣传效果较好，有助于企业进行客户开发。

2. 信息流广告获客

信息流广告是社交媒体时代下发展出的新兴产物，其以推荐引擎为核心，被嵌入用户日常浏览的资讯、社交动态或视频流中，从广告素材和广告文案上与普通内容完全一致、高度原生，并且通过用户的刷新行为不断变化。一言以蔽之，信息流广告就是夹杂在一切信息当中的广告，如微博上"假扮"成博客的广告、百度等搜索引擎推送的"惊天"新闻、微信朋友圈中夹杂的广告信息等。这类广告一般表现为图文或者视频的形式，点击图文或者视频就可以跳转到广告详情页。

信息流广告与传统广告的重要区别是传统广告以买固定位置为主，而信息流广告在大数据与机器智能算法的支撑下从"买广告位"演变为"买用户"。因为能够有针对性地触达目标客户群体，信息流广告成为企业进行客户开发的重要手段。

3. 内容广告获客

内容广告在当下的社交媒体平台愈发普遍，如企业通常会与小红书、抖音、哔哩哔哩等社交媒体平台上的多位博主开展商业合作，同企业开展合作的博主会在发布的内容中安插广告，甚至根据广告进行相应的内容输出。

这种内容广告的核心就是在目标客户接触产品或服务时，通过对品牌形象、产品卖点等方面进行深度挖掘，将广告内容与目标客户的兴趣、需求、体验相关联，从而达到品牌塑造和获客销售的双重效果。

（二）线下客户开发策略

线下客户开发的途径多种多样，一般是通过企业销售人员开展线下推销，引导或说服客户购买产品或服务，从而将目标客户转化为现实客户。

1. 活动赞助

企业可以通过赞助一些潜在客户较为关注或对其影响较大的活动，在目标客户群体中建立感知，同时彰显企业实力，进而快速获取销售线索。如联想对F1（世界一级方程式锦标赛）赛事的赞助就增强了其作为中国科技头部品牌的影响力，也塑造了该品牌的海外影响力，为其打开国际市场获取更多国外客户提供了有力抓手。

2. 推广活动

线下展会和行业沙龙也是企业开展线下客户开发的重要途径。线下展会能为企业吸引到目标市场客户，进而帮助企业提升其在目标客户群中的企业形象和产品知名度，也为企业提供了更多的销售和合作机会。行业沙龙则为目标客户群提供了一个可学习、交流的平台，通过该平台，企业可以对目标客户进行潜移默化的影响，完成对客户的开发工作。

3. 宣传广告

宣传广告的获客主要围绕目标客户中的决策者展开，有针对性地进行线下广告投放能让企业的客户开发事半功倍。如写字楼的楼宇间、机场等公共交通场所多为商学院、企业管理咨询等广告，就是抓住了差旅人群中企业管理者较多这个特点。

案例速递

宝　　洁

宝洁旗下的产品线丰富，丰富的产品线意味着多层次的市场细分，目标市场的消费者需求层次也就不同。所以，保洁通过同客户进行深度沟通来了解客户的消费需求，通过不断完善产品质量来满足甚至超出客户需求，最终获取客户。

在公共宣传方面，宝洁一直承诺"做模范企业公民"。宝洁通过各种方式积极回报中国社会，开展了一系列公益活动，并向各项公益事业捐款，援助多所希望小学。通过这些举措，宝洁向客户传递了企业积极向上的价值观，在客户心中树立了良好的品牌形象。

在活动推广方面，宝洁派出了营销业务人员在线下对产品进行有形展示，为客户提供直观的记忆点，在客户脑海中留下了深刻印象。如宝洁以邀请消费者探访试点工厂、临床实验室等重要研发场所的形式，为大家展示了宝洁百年来的消费者知识积淀和行业领先的技术设施与科学手段，同时让客户体验到宝洁公司的其他产品，激发客户的购买欲望。

6.2　客户推荐计划

6.2.1　客户推荐计划的含义

客户推荐计划（customer referral program），也被称为推荐奖励计划（referral reward program），是企业通过主动提供各种形式的奖励，如现金、赠品、积分等方式鼓励客户利用其关系网络和社会资源为企业推荐新客户的客户获取策略。从客户获取的角度来看，客户推荐计划是企业主动干预口碑传播的一种策略。从客户价值最大化的角度来看，客户推荐计划是把客户价值从传统的"购买和忠诚"向"为企业挖掘新客户资源"的延展。与通过传统营销手段获得的客户相比，通过客户推荐计划获取到的新客户为企业创造的利润更高、流失率更低。

客户推荐计划的本质是推荐营销（referral marketing），即建立在客户忠诚的基础上，企业通过对客户的引导让忠诚的客户自发地为企业进行营销推广，从而达到企业和客户间良好的感情沟通，实现以客户为中心，客户与企业间真实互动的一种营销方法。

6.2.2 客户推荐计划的作用

（一）节约企业成本

客户推荐计划可以大大节约企业和客户的成本，是一种企业和客户双赢的营销方式。一般情况下，客户要购买一件产品或服务，付出的不仅是资金成本，还要付出大量的时间和精力等非资金成本。客户天生具有选择的盲目性，在面对信息不足的产品时，其购买选择的机会成本会大大增加。而客户推荐计划是建立在客户忠诚的基础上，不仅节省了客户购买时的直接成本，也降低了客户购买选择的机会成本。此外，客户推荐计划也可以免去一些不必要的环节，减少企业的交易费用。

（二）增强弱势品牌的客户信心

在商业实践中，强势品牌的客户会比弱势品牌的客户获得更多的品牌承诺，因为他们的选择受偏好而非受预算的影响。在客户推荐的过程中，这种强势的品牌承诺会给予他们更多的信心，因此提高了非奖励性推荐的可能性并且降低了奖励可能带来的不利影响。同时，为强势品牌客户的推荐提供奖励可能减弱他们对品牌的承诺和信心。相反，弱势品牌的客户可能有较高的获得愿望和较低的选择信心，以及更小的口碑动机。对这些客户来说，奖励也许会补偿他们的获得愿望并且增强他们选择的信心。

此外，强势品牌和弱势品牌客户对奖励的价值有不同的感知。如果弱势品牌的客户比强势品牌的客户更注重价格，他们会觉得自己从（经济）奖励中获得了更高的价值，同时也更容易被推荐奖励计划吸引。故弱势品牌从客户推荐计划中获得的收益比强势品牌要多，因为弱势品牌的客户对品牌的承诺和信心水平较低，而价格对他们来说又是较为重要的。相关研究结果也显示，客户推荐计划对弱势品牌效果更好。

（三）经由客户的社交网络扩大受众群体

在建设全国统一大市场进程中，国内各行业的商业竞争日趋激烈，客户的时间、注意力和忠诚度都已成为企业的一种稀缺资源。当下，人们面临着来自工作、家庭、人际关系等方面的诸多社会压力，他们的信息获取正呈现碎片化的特点；市场竞争的日趋激烈，也进一步压缩了各品牌在消费者面前"亮相"的时间。消费者正转向直播带货、社交电商等以快捷、便利为特点的新兴购物方式。

此外，社交媒体、视频广告、直播推广等大量现代化信息传播渠道的兴起，也使得传统的营销手段很难引起人们的注意。人们也不再轻信广告宣传，更愿意相信经由朋友、亲戚等社会关系渠道获取的商品推荐信息。经由熟人传播的产品推荐，显然在潜在客户群体中具有更高的可信度。企业的营销人员更应通过让已购买产品的客户加入企业的客户推荐计划，进而将企业的产品或服务经由客户的社交关系网络，向更广阔的潜在用户群体传播。

> **前沿新知**
>
> 　　客户推荐计划在商业活动中的应用非常普遍，企业希望利用现有客户的社交网络来获取新客户。为了鼓励客户推荐产品，企业会发起激励性推荐活动，用金钱、信用、折扣或其他好处激励现有客户，但客户的推荐率通常很低。
>
> 　　研究发现，进行推荐的客户会认为激励性推荐是一种交换行为，这和他们与朋友（被推荐人）间的社会关系格格不入，从而令客户产生心理障碍（如不适、冲突、内疚等负面情绪），进而阻碍现有客户参与推荐计划。激励措施可以提高推荐率，但只能达到一定程度，因为把友谊和经济混为一谈会为客户关系带来负面效果。
>
> 　　另一研究发现，在邀请信息中披露推荐人会获得的奖励，可以使推荐行为看起来更符合社交规范，减少客户的心理障碍，从而促进推荐。此外，推荐人能获得更多利益的推荐方式通常更能激发客户的参与意愿。
>
> 资料来源：
> [1] Garnefeld I, Eggert A, Helm S V, et al. Growing existing customers' revenue streams through customer referral programs[J]. Journal of Marketing, 2013, 77(4): 17-32.
> [2] Gershon R, Cryder C, John L K. Why prosocial referral incentives work: The interplay of reputational benefits and action costs[J]. Journal of Marketing Research, 2020, 57(1): 156-172.
> [3] Xu M, Yu Z, Tu Y. I will get a reward, too: When disclosing the referrer reward increases referring[J]. Journal of Marketing Research, 2023, 60(2): 355-370.

6.2.3　常见的客户推荐计划

常见的客户推荐计划奖励方式有以下几种。

（一）折扣奖励

折扣奖励是当前企业常采用的推荐奖励方式，当客户成功推荐新客户或带来更多的业务时，企业会给予客户一定的折扣奖励。这可以激励客户进行品牌传播，并扩大企业的客户群体。如拼多多推出的"请帮我砍一刀"，采用的就是折扣奖励方式。

（二）特权奖励

特权奖励也是企业经常采用的一种推荐奖励方式，客户通过社交媒体平台等渠道向新用户推荐企业的产品，新用户在接受老用户的邀请后，双方都能获得企业奖励的会员或其他特殊权益。如 QQ 音乐曾推出"拉新送会员"的推荐奖励活动，其采用的就是这种推荐奖励方式。

（三）积分奖励

积分奖励与以上两种奖励方式不同，客户完成推荐任务后，企业不直接向客户提供实际的奖励，而是通过赠送积分的方式，让客户自由地选择想要获得的奖励。如客户通过完成网易云音乐的拉新推荐活动可以获得云贝奖励，而云贝可以在平台内兑换成会员特权服务或其他奖品，这样就扩大了客户选择推荐奖励的空间。

客户推荐计划是企业客户开发的重要手段。瑞幸咖啡就通过以下两种手段，将客户推荐计划成功地运用到自身的客户开发过程中。

第一，获客拉新。瑞幸咖啡一是利用官方应用端的客户下单和自主转发实现裂变式营销，并计算和测试有效客户数量及拉新速度；二是利用 LBS 定位探测技术，采用门店定投方式测试微信投放广告的效果，并设计针对目标客户的首单免费和"拉一赠一"的裂变拉新方案。平台的大力度补贴吸引了大量存量客户主动获取增量客户，使客户数量得到指数级增长。瑞幸咖啡的成功经验可快速复制到其他门店，并加大了门店扩张速度，提高了整体营销效率和运营效率。

第二，老客户的营销管理。瑞幸将应用端上的买赠活动、微信公众号长期的福利发放活动与裂变式拉新相结合，让老客户在参与福利性促销活动的同时，推出"在 App 上分享给好友或至朋友圈，免费送好友各自得一杯"的拉新活动，从而刺激客户数量的快速增长，实现老客户带新客户的裂变式拉新，也提高了瑞幸的营销效率和运营效率。

案例拓展

百 度 网 盘

百度网盘推出的客户推荐计划非常简单，由于其主要服务就是在云端为客户提供存储空间，因此百度网盘决定向那些想要拥有更多免费空间的人提供推荐奖励。

具体而言，百度网盘让推荐计划成了产品体验的一部分。当客户开始使用软件或服务时，他们可能不了解产品，但当客户去注册一款他人推荐的产品时，新客户的学习成本便相应降低了。百度网盘通过为推荐人和被推荐人提供存储空间和会员奖励，极大促进了其产品的传播。

客户推荐计划是百度网盘成功的核心，而百度网盘在客户互动沟通上的成功同样不容忽视。百度网盘把"推荐"定义为"获得更多空间"，而不是"邀请新用户"。在客户想要"获得更多空间"之后，他们的下一步行为就是尽可能简单地获取更多空间。为此，他们必须让他们的朋友一起成为百度网盘的客户才行，百度网盘的应用界面中包含了一个可供客户随时访问的页面，因而客户可以查看邀请链接中朋友的参与状况。图 6-2 所示为百度网盘客户推荐活动的规则。

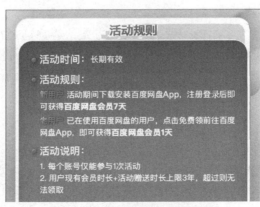

图 6-2　百度网盘客户推荐活动规则

百度网盘的这一举措很好地抓住了客户心理,并通过提示客户可以免费获得额外的空间或会员服务来让客户进行推荐。百度网盘的推荐目标是获得更广泛的受众群体,而不是提高他们的收入。这是一个以极具成本效益的方式打开渠道的机会,只需要客户表示"想要"还是"不想要"。

6.3 客户分级的概念与意义

6.3.1 客户分级含义

虽然每位客户的重要性都不能低估,但由于购买力、购买欲望、服务(维系)成本等差异,每位客户能给企业创造的收益是不同的。"以客户为中心"的理念并不代表以所有的客户为中心。企业的人力、物力资源总是有限的,有限的资源投入要想产生最大的产出,就必须把资源投入到最能够产生价值的客户身上。所以客户应该是分层次的,中心也应该是多层级的:具有最大价值的客户在核心位置,对他们需求的了解和满足也是最重要的;具有次要价值的客户则处于次核心的位置,对他们需求的了解和满足也处于次重要的位置,这就是客户分级。

客户分级也是客户接触、客户满意的基础。企业需要根据客户价值的不同,采取不同的客户接触策略,进而采取不同的客户体验管理策略。在实践中,根据市场细分策略,企业先要根据客户的需求将其划分为细分群体(细分市场),然后设计针对性和标准化的产品和服务来提供给这些细分市场。

当从客户关系管理的角度执行客户细分时,它更基于数据。消费者和组织客户都可以根据广泛的用户属性和使用属性分组为集群。市场营销人员通常使用统计过程来帮助他们识别客户集群。基于数据进行客户分级的过程如下。

(一)收集数据

数据的来源主要有以下三个方面:一是企业内部,如企业在交易、运营、财务、人力等部门产生的自有数据;二是第三方数据,如网络数据、通信数据、信用数据、客户数据等;三是采集数据,如通过传感器、图像视频、社交媒体、物联网等途径接收到的数据。

(二)数据分析

数据分析是指企业根据收集数据的属性或特征,将其按照一定的原则和方法进行区分和归类,以便更好地管理和使用组织数据,从而建立一定的分析体系的过程。数据分析是企业建立统一、准确、完善的数据架构的基础,也是实现集中化、专业化、标准化数据管理的基础。

企业收集的一手数据往往较为杂乱,并不能直接服务于企业的客户分级工作,因此,企业需要对收集的数据进行分类,通过关注特定数据的变化,实现动态的客户洞察,为辨别不同组别的客户价值提供参考。

（三）辨别不同组别的客户价值

企业完成数据分析后，就可以得出不同类型客户的活跃度、互动率、复购率等指标。通过对不同客户群的标签信息进行筛查和总结，最终辨认出不同组别客户的不同价值，进而采取有针对性的营销策略。

（四）对不同组别的客户分析得出客户画像

企业可以根据年龄、性别、生活方式、地理位置等指标，对客户群体进行细分。综合细分情况和客户标签，企业可以勾勒出不同客户组别的客户画像，并根据客户画像，有针对性地展开精细化的营销工作，更好地实现客户触达。

（五）为不同组别的客户制订针对性服务方案

企业可以利用客户数据库分析每位关键客户的交易历史，了解关键客户的需求和采购情况，及时根据市场趋势，结合不同组别的客户画像调整客户服务方案，改善企业经营效率。

（六）评估公司不同部门的配合协调

客户关系管理要求企业根据不同客户群体的客户画像，开展有针对性的客户服务工作。在此过程中，需要不同部门将包括客户画像在内的客户资料进行共享，保证各部门在接触同一客户的过程中不存在信息差。

6.3.2 客户分级条件

当客户满足以下三个条件时，企业可以考虑对客户进行分级管理。

（一）客户数量超出营销管理者所能管理的幅度

类似组织中存在管理幅度一样，营销人员能够有效管理的客户数也是有限的，超过管理幅度的客户需要分配给其他营销人员去开发或维护。一般来说，重要客户可以由专门的客户管理部门或经理来负责，同时企业会给予重点关注；次要客户可以由一般销售人员来负责，给予一般关注即可。

（二）同一客户可能带来两次或两次以上的销售或服务

稳定的存量客户群体是企业进行客户分级的前提。只有客户与企业进行多次交易时，客户才能持续地给企业创造价值，这种能与企业进行持续交易的稳定客户才是企业利润的源泉。存量客户会长期购买企业的产品或服务，这种购买一般具有周期性，企业需要保证能长期生产或销售这些稳定客户所需要的产品或服务，以适应他们的周期性需求。在存量客户群体中，不同客户给企业带来的价值是不同的。对存量客户进行分级管理，不仅可以满足关键客户的个性化需求，提高他们的忠诚度，还可以满足一般客户的基本需求，保证他们的满意度。此外，企业通过客户分级管理，合理分配企业资源，有助于和存量客户建立长期稳定的关系，避免客户流失。

（三）不同客户间的价值差异明显

一个偶尔与企业接触的客户和一个经常与企业接触的客户对于企业来说具有不同的客户价值。这一价值是根据客户消费行为和消费特征等测量的。客户分级的主要目的在于区别出价值最大的客户。客户价值的差异越明显，客户分级的意义也就越大。

可以根据以下基本指标对客户进行分级。当然，不同企业、行业还会有更加针对性的指标。如银行可能使用客户负债情况、平均余额、定期存款额、不同渠道的支付占比等指标。

用户特征：主要包括人口统计学特征、地理特征、心理特征。

人口统计学特征：包括年龄、性别、职业地位、家庭规模、婚姻状况、受教育状况、家庭收入、种族、国籍等。

地理特征：包括国家、地区、城市、城市规模、住宅小区等。

心理特征：包括生活方式、性格等。

行为特征：包括利益诉求（需求）、消费量、RFM、消费所占份额等。

6.3.3 客户分级的主要方法

传统上，客户分级可以采用客户金字塔模型、关键客户识别与选择矩阵或 RFM 量化模型等方法。

（一）客户金字塔模型

1. 客户金字塔模型的定义

客户金字塔模型是企业为了使资源得到合理配置，根据客户盈利能力的差异将客户进行分级，将为企业创造利润和价值最大的客户放于顶部，将为企业创造利润和价值最小的客户放于底部，位于顶层的铂金客户人数最少，位于下一层的黄金客户人数稍多，位于再下一层的铁质客户数量更多，位于底层的铅质客户数量最多，见图 6-3。

（1）铂金客户。铂金客户代表盈利能力最强的客户，他们对价格不敏感，愿意试用企业的新产品或新服务，对企业比较忠诚，是企业的重要客户，也是企业应重点对待的客户。

（2）黄金客户。黄金客户代表盈利能力较强的客户，他们希望企业给予价格折扣，对企业较为忠诚，他们有可能是企业的重要用户，不过他们往往会与多家同类企业进行交易。该类客户是企业需要重点关注的客户。

（3）铁质客户。铁质客户代表盈利能力一般的客户，他们人数众多，能够消化企业的产能，但购买水平、忠诚度和为企业创造利润的水平一般。对这类客户，企业给予适当关注即可。

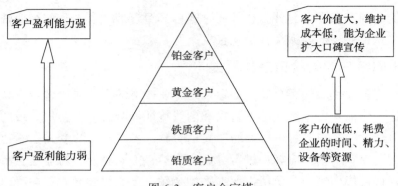

图 6-3 客户金字塔

（4）铅质客户。铅质客户代表盈利能力弱、给企业带来的价值少甚至不能给企业带来价值的客户。这类客户有时是问题客户，因为他们不仅会消耗企业资源，也会对企业声誉造成负面影响。企业应减少对这类客户的关注，避免浪费企业资源。

客户金字塔模型不只依据消费额对客户进行分级，还考虑了许多与利润率相关的变量。尽管这些变量因行业而异，但客户金字塔模型对大多数行业都适用，尤其是服务业。因为在服务业中，企业易于了解客户的信息，从而容易根据客户的详细资料确定客户层级。

2. 客户金字塔模型的扩展

客户金字塔是根据客户为企业创造的利润和价值按由小到大的顺序逐步向上"垒"起来的，给企业创造利润和价值最大的客户位于客户金字塔模型的顶部，给企业创造利润和价值最小的客户位于客户金字塔模型的底部。在企业实际应用时，客户金字塔模型也可分为四个层级的客户类型，即重要客户、次要客户、普通客户和小客户，如图 6-4 所示。

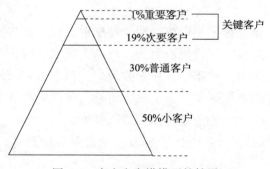

图 6-4 客户金字塔模型的扩展

重要客户、次要客户一般又称关键客户，他们是企业的核心客户，一般占企业客户总数的 20%，企业 80% 的利润是由他们贡献的。因此，他们是企业的重点维护对象。

（1）重要客户。他们是客户金字塔中最高层的客户，是能够给企业带来最大价值的前 1% 的客户。重要客户往往是产品的重度用户，他们对企业忠诚，是企业客户资产中最稳定的部分，他们为企业创造了绝大部分利润和长期利润，而企业只需支付较低的服务成本；他们对价格不敏感，还可为企业介绍客户，为企业节省开发新客户的成本。他们不但有很高的当前价值，而且有巨大的增值潜力，其业务总量在不断增大，未来在增量销售、交叉销售等方面仍有潜力可挖。企业拥有重要客户的多少，决定了其在市场上的竞争地位。

（2）次要客户。他们是除重要客户以外，给企业带来最大价值的前20%的客户。次要客户也是企业产品的大量使用者或中度使用者，但是他们对价格比较敏感，因而其为企业创造的利润和价值没有重要客户那么大，也没有重要客户那么忠诚，在增量销售、交叉销售方面可能已经没有多少潜力可供进一步挖掘。为了降低风险，他们会同时与多家同类型的企业保持长期业务关系。

（3）普通客户。他们是除重要客户与次要客户之外，为企业创造最大价值的前50%的客户。普通客户人数较多，但他们的购买力、对企业的忠诚度、为企业带来的价值远不如重要客户与次要客户。

（4）小客户。他们是客户金字塔中底层的客户，是后50%的客户。小客户的购买量不大，忠诚度也很低，有时会出现延期支付甚至不付款的情况；他们还经常提出苛刻的服务要求，白白消耗企业的资源；他们有时会成为问题客户，还会给企业声誉造成负面影响。

客户金字塔是一种数量金字塔，顶部客户数量最少，底部客户数量最多。客户价值则正相反，顶部价值最高，底部价值最低。客户数量金字塔和客户利润提供能力倒金字塔体现了客户类型、数量分布和创造利润能力之间的关系，见图6-5。

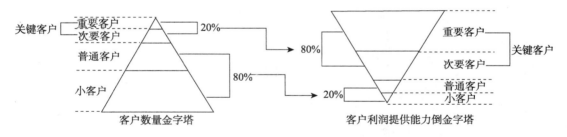

图6-5　客户数量金字塔和客户利润提供能力倒金字塔对应关系示意图

3. 客户金字塔模型的适用情形

（1）企业资源有限。在企业资源有限的前提下，企业若为所有客户提供相同的服务，就无法为高价值客户提供优质服务，因此，营销管理人员要考虑企业资源的有效配置。

（2）客户需求不同。不同客户对购买的产品和服务需求不同，企业需要为其提供差异化营销服务。例如，不同的腾讯微信公众号提供的服务和功能有所不同：微信公众号划分为订阅号和服务号，客户可以选择免费的非认证公众号，也可以选择收费的认证公众号。

（3）客户对价值的理解不同。如果客户对企业提供的产品或服务的价值有不同的理解，企业就可根据客户对价值的不同期望，为客户提供不同的服务。例如，驾校对愿意接受优质服务的学员提供 VIP 服务，学员可以随到随学，不仅有充足的练车时间，还有细心教练的技术指导，但学员需要支付较高的学费，对于不想接受较高费用的学员，驾校也为其提供基本的培训服务。

（二）关键客户识别与选择矩阵

关键客户识别与选择矩阵（key account identification & selection matrix，KAISM）是一种比较实用的工具。关键客户识别与选择矩阵可以识别潜在客户并对现有客户进行分级，了解客户对企业竞争优势的认知。

1. 关键客户识别与选择矩阵的构成

关键客户识别与选择矩阵通过客户吸引力和企业相对优势两个因素对客户进行分级。其中，客户吸引力是指客户或潜在客户对企业的吸引能力；企业相对优势是指相对于竞争对手，企业对客户的吸引能力。客户吸引力和企业相对优势都由一系列的因素决定，其中既有定量因素也有定性因素，这些因素共同叠加在企业的经营环境中。划分客户级别或类型是企业资源分配的一种方式，企业可以利用关键客户识别与选择矩阵有效分配企业资源、判定客户优先级别和确定客户关系类型。

关键客户识别与选择矩阵将客户分为四种类型：关键客户、发展客户、维持客户和机会客户，如图 6-6 所示。

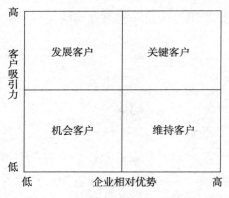

图 6-6　关键客户识别与选择矩阵

2. 基于关键客户识别与选择矩阵的资源配置

根据关键客户识别与选择矩阵对客户级别及类型的划分，企业可以将最有价值的资源配置给关键客户和发展客户，同时还要为维持客户配置一定的资源。对于机会客户，可以适当为其配置基本资源或少部分资源。这样不仅可以节省企业资源，集中为关键客户和发展客户提供优质服务，还能照顾到维持客户和机会客户。此外，从维持客户和机会客户获取的价值还可以用于关键客户和发展客户，从而提高企业客户管理效率，增强管理效果，如图 6-7 所示。

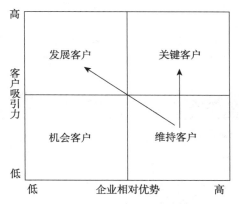

图 6-7　关键客户识别与选择矩阵资源配置

3. 基于关键客户识别与选择矩阵的客户管理对策

在关键客户识别与选择矩阵的基础上，企业可以有针对性地对四类客户进行管理。

（1）关键客户管理。关键客户是企业有能力获取的、对企业贡献最大的一类客户，是企业客户价值的重要来源。企业应分配更多的资源来发展这种客户关系，如为其提供最优的设备、最优的人员，投入足够的时间等。

（2）发展客户管理。发展客户是对企业来说有吸引力的客户，但这些客户对企业缺乏认同。这类客户对企业来说潜在价值大，是企业需要积极争取的客户。

（3）维持客户管理。维持客户是企业容易开发并获得的客户，也能长期和企业保持合作，不过这类客户为企业创造的价值较低，是企业拥有的为数众多的小客户。企业可以提供必要的资源，继续与这类客户保持良好的客户关系。

（4）机会客户管理。这类客户是企业难以获取的，同时也是难以为企业创造价值的客户。这类客户一般为零散客户，他们偶尔会对企业产品或服务有需求，或对企业产品或服务的要求比较苛刻，使企业难以满足。对于这类客户，企业应根据实际情况在正确的时间、以正确的方式为其提供适合的服务。

（三）RFM 量化模型

RFM 量化模型是衡量客户价值的重要工具。在众多客户关系管理分析模式中，RFM 量化模型应用广泛。该模型通过客户的近期购买时间、购买频率和购买金额三项指标来描述客户的价值并划分等级，如图 6-8 所示。

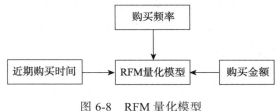

图 6-8　RFM 量化模型

1. RFM 量化模型的定义及变量

客户数据库中三个量化指标可以直接构成客户价值及等级划分的指标,分别是近期购买时间(recency)、购买频率(frequency)和购买金额(monetary),如图 6-9 所示。

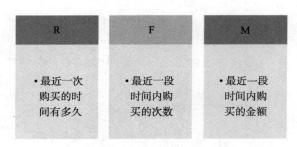

图 6-9　RFM 量化模型含义

(1) R 值——近期购买时间。近期购买时间是指上一次的购买时间和今天的间隔,计算公式如下:当前日期–上次购买日期。例如,假设今天是 2018 年 5 月 1 日,而某位客户最后一次购买的时间是 2018 年 4 月 1 日,那么该客户的 R 值=31 天,意味着客户上一次购买发生在 31 天前。通过这个指标,可以判别用户的活跃度。

理论上,R 值越小表示客户越活跃,客户价值也越高。R 值是动态变化的,如果客户一直没有重复购买,R 值会逐渐变大。如果客户今天再次购买,那么其最后一次购买时间就变成了今天,R 值也变为 0。

(2) F 值——购买频率。购买频率是客户在固定时间内购买的次数。通常客户对产品购买的次数越多,意味着其对产品越熟悉,接受度越高。通过这个指标,可以判别客户的成熟度。经常购买的客户,通常也是满意度高的客户,客户购买频率的高低能体现客户忠诚度和企业品牌的影响力。增加客户的购买次数,意味着减少了客户在竞争对手处的购买次数,也意味着从竞争对手处抢占了市场份额。

由于 F 值是固定时间内(一般是一年)客户的购买次数,而购买频率受限于品类宽度,品类宽度越小,F 值的基数和差异也会越小。例如,京东如果只卖 3C 数码产品,即便是京东的忠诚客户,其可能一年也就买三次。现在京东也卖图书和日用品,由于品类选择很多,京东的忠诚客户不但会购买 3C 数码产品,还会购买图书和日用品。由于图书和日用品相对 3C 数码产品而言,其消费周期要短,客户会频繁消费,F 值就可能从一年三次变成一年五次。

(3) M 值——购买金额。购买金额是指一段时期内客户累计消费的金额。通过这个指标可简单看出一个客户对企业的贡献度,其数值越大,代表客户对企业的价值贡献和购买能力越高,因此购买金额是一个最具有价值的指标。需要说明的是,购买金额不一定是收入,可以是任何与收入直接挂钩的指标。

2. RFM 量化模型的用法

RFM 量化模型是一种客户分级方法,因为模型中包含 M 值,所以它是一种基于客户价值的分级方法。在实际应用时，RFM 量化模型通常包括 RFM 打分、用户分类、分类运营三个步骤，如图 6-10 所示。

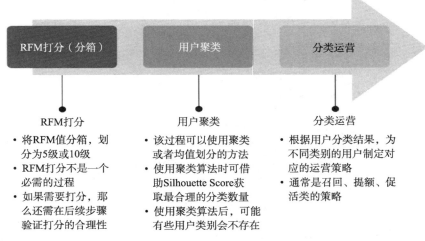

图 6-10　RFM 量化模型分析步骤

（1）RFM 打分。打分的目的是便于用户分类，有了聚类算法后，可以直接用 RFM 的值进行聚类。RFM 打分需要考虑划分方法，划分的方法有等距离、等总数、等记录数和均值划分等，需要结合具体业务和数据确定。例如，R 值使用等记录数划分，F 值使用均值划分，M 值使用等总数划分。

（2）用户聚类。聚类算法有很多种，K-Means 是聚类算法中常用的一种，其最大的特点是简单、易于理解、运算速度快，适用于连续型的数据。用 K-Means 聚类时，先设定类别数量区间，如循环调用聚类算法，得到每个类别对应的轮廓系数（Silhouette Score），画一个散点图，其最高点对应的类别数就是最合适的分类数量，如图 6-11 所示。

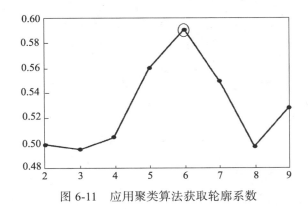

图 6-11　应用聚类算法获取轮廓系数

应用 RFM 量化模型构建的客户类别通常可以分为重要价值客户、重要挽留客户、重要发展客户、重要保持客户、一般价值客户、一般挽留客户、一般发展客户、一般保持客户八个类别，如图 6-12 所示。

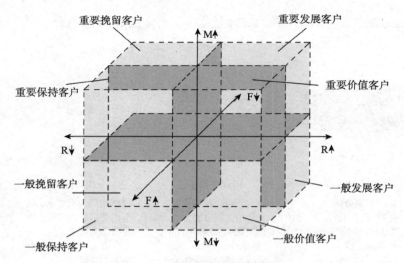

图 6-12　RFM 构建的客户类别

（3）分类运营。得到用户分类后，营销人员可以针对不同的客户类别制定相应的运营策略。例如，根据聚类算法，客户群体可以聚类为重要价值客户、重要发展客户、重要保持客户及重要挽留客户等类别，对不同类别可采取不同的营销策略，如图 6-13 所示。

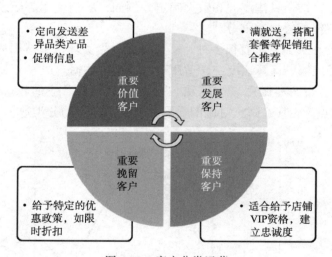

图 6-13　客户分类运营

3. RFM 量化模型的适用范围

RFM 量化模型较为动态地体现了一个客户的全部轮廓，这为个性化的沟通和服务提供了依据。RFM 量化模型适用于生产多种产品的企业，而且这些产品的单价相对不高。RFM 量化模型也适用于一个企业内只有少数耐久产品，但是产品中有部分属于消耗品的情况。

案例速递

太平人寿

太平人寿的客户分级体系是根据客户的保险需求、财务状况、风险承受能力等因素，将客户划分为不同的等级，并提供相应的保险产品和增值服务。该客户分级体系的升级主要是为了更好地满足客户需求，提高客户满意度，加强客户关系管理，促进业务发展。

具体来说，太平人寿的客户分级体系升级包括以下几个方面：根据市场需求和客户反馈，优化分级标准；针对不同客户，提供更加个性化的保险方案；提供更加差异化的服务，提高客户满意度；通过对客户数据的分析和挖掘，了解客户需求，提供精准的营销服务。

6.3.4 基于数据的客户细分方法

客户细分工作在保持存量客户、发掘潜在用户和差异化营销方面发挥着重要作用，不断变化的客群特征要求客户细分有较强的时效性，要求企业的管理人员动态调整客群划分，这些都需要快速和准确的划分策略作支撑。随着数字经济的发展，互联网企业积累了大量的数据资源，越来越多的企业开始应用大数据和机器学习方法开展客户细分及购买倾向预测工作，并取得了显著的效果。

基于这样的数据算法，有以下三种客户细分方法。

（1）内部属性（准确稳定）。指基于性别、年龄、学历等客户自身具备的属性对客户进行细分，可以是基于单一维度对客户进行细分，如按性别划分为"男性"和"女性"，按出生年代划分为"90后""80后"等。这类因素一般比较准确靠谱且稳定，一般不会有太大变化。

（2）外部属性（简单直观）。指以客户级别、客户所属机构、客户持有产品等体现客户与企业之间关系的因素为基础进行细分。这类因素对企业来说是最简单直观的，能够静态体现客户当前的价值。

（3）活动行为（动态预测）。指按消费金额、消费频率、最近一次访问时间、访问时长等反映客户与企业之间活动的数据进行客户细分。如按登录与交易划分为"活跃多交易客户""活跃少交易客户""沉寂客户"，客户忠诚度、客户贡献度、客户形态等。这类数据是动态的，能够实时反映客户的行为偏好与价值变化，进一步可挖掘预测客户需求。

针对现存客户群的评价分级分类测算需求，一些企业结合自身的相关业务与评价标准，利用综合指数模型方法，打造符合自身业务逻辑的客户评价分级分类测算模型，以实现客户分级分类、挖掘潜力客户、评估客户风险等功能。

下面我们结合综合指数模型步骤，介绍该模型的具体实施方案。

（一）构建指标体系

为加强企业客户分类的前瞻性与全面性，该模型指标体系涵盖了合作深度、自身价值、客户风险、未来潜力四大维度的相关指标。其中，合作深度类指标描述的是企业与客户已合作业务的规模；自身价值类指标描述的是客户的自身资质；客户风险类指标刻画了企业与客户已合作业务的质量;未来潜力类指标刻画了客户的未来合作潜力,如表6-1所示。

表6-1 综合指数模型体系的构成

模型维度	合作深度	自身价值	客户风险	未来潜力
指标名称	合作深度指标1	自身价值指标1	客户风险指标1	未来潜力指标1
	合作深度指标2	自身价值指标2	客户风险指标2	未来潜力指标2
	合作深度指标3	自身价值指标3	客户风险指标3	未来潜力指标3
	合作深度指标4		客户风险指标4	

(二)数据收集与标准化

企业收集的客户数据需符合"大小数据融合"原则。具体而言,企业与客户的合作深度维度指标与客户风险维度指标所涉及的数据来源于企业的客户数据库,属于"大数据"类型;自身价值维度指标与未来潜力维度指标所涉及的数据来源于各客户的自主填报,属于"小数据"类型。

(三)为指标体系赋权

确定模型指标体系后,企业需要对各指标按重要性水平赋予不同权重。一般可采取专家打分法与熵权法相结合的方式,一级权重与二级权重由专家打分法与熵权法相结合得到。前者属于主观赋权法,后者属于客观赋权法。两者结合兼顾主观与客观两个方面,力求测算模型更加准确、全面,如表6-2所示。

表6-2 为指标体系赋权示例

指标体系		一级权重	二级权重	综合权重
合作深度	合作深度指标1	A1%	B11%	A1%×B11%
	合作深度指标2		B12%	A1%×B12%
	合作深度指标3		B13%	A1%×B13%
	合作深度指标4		B14%	A1%×B14%
自身价值	自身价值指标1	A2%	B21%	A2%×B21%
	自身价值指标2		B22%	A2%×B22%
	自身价值指标3		B23%	A2%×B23%
客户风险	客户风险指标1	A3%	B31%	A3%×B31%
	客户风险指标2		B32%	A3%×B32%
	客户风险指标3		B33%	A3%×B33%
	客户风险指标4		B34%	A3%×B34%
未来潜力	未来潜力指标1	A4%	B41%	A4%×B41%
	未来潜力指标2		B42%	A4%×B42%
	未来潜力指标3		B43%	A4%×B43%

（四）计算指标得分

企业将参评客户相关数据批量导入模型，得到各参评客户的百分制得分。按照得分分布情况及理想客户分类数量结构划定各类客户分数线，将全部客户进行分级分类。全部客户共分为四级八类，具体类别见表6-3。

表6-3 按计算指标得分对客户进行分级分类

客户分级	客户分类
一级客户	一级类别一
	一级类别二
二级客户	二级类别一
	二级类别二
	二级类别三
三级客户	三级类别一
	三级类别二
四级客户	四级类别一

客户分级综合指数模型能够提高数据利用率，将企业运营中的大量客户数据转化为客户分级分类的有效依据，为企业提供有效决策，提高企业的客户管理能力，实现客户关系管理的转型。企业可以根据综合模型中客户风险与未来潜力维度的得分，识别高风险客户与潜力客户。针对高风险客户，企业在后续合作过程中可提前做好风险备案，警惕高风险带来的利益损失。针对潜力客户，企业可深入挖掘合作方向，扩大合作规模。

前沿新知

当前，虽然机器学习方法在客户定位及细分方面有广泛应用，但企业往往忽视了现实世界数据所带来的挑战，如社交网络数据中存在的缺失值、异常值和类别不平衡等现象。研究人员通过对比不同方法在不同数据挑战下的表现，强调了针对潜在客户进行定位的重要性，并评估了机器学习方法在提高对潜在客户细分的准确性方面的鲁棒性。

资料来源：Simester D, Timoshenko A, Zoumpoulis S I. Targeting prospective customers: Robustness of machine-learning methods to typical data challenges[J]. Management Science, 2020, 66(6): 2495-2522.

6.4 客户分级管理策略

6.4.1 关键客户管理策略

关键客户又称大客户、优质客户、主要客户等。一般来说，大客户在产品订购和服务消费上具有消费量大、消费频率高、利润率高等特点，对企业经营业绩能产生较大影响，是企业可持续发展的重要保障。因此，关键客户的管理在企业管理中处于重要地位，关键客户管理的成功与否，对整个企业的经营业绩具有决定性影响。

关键客户管理是企业对现有的或者潜在的关键客户进行筛选与分析，并满足其在市场营销、管理和服务等方面综合性需求的策略，是企业为培养出忠诚关键客户而不断为客户提供差异化的产品和服务，因人而异、因需而变，满足客户不同时期的不同需要，所采取的一种方法。这是企业以客户为中心和关系营销发展的必然结果。

企业为了在激烈的市场竞争中保持优势并具有抵御竞争对手的顽强抵御力，应做到以下几点。

（一）成立关键客户服务机构

关键客户服务机构负责联系关键客户，为企业高层提供准确的关键客户信息，并根据关键客户的不同要求设计不同的产品或服务方案。关键客户服务机构还要利用客户数据库分析每位关键客户的交易历史，了解关键客户的需求和采购情况，及时与关键客户就市场趋势、合理的库存量进行商讨。此外，关键客户服务机构还要关注关键客户的动态，强化对关键客户的跟踪管理，避免关键客户流失。

（二）集中优势资源服务于关键客户

关键客户对企业的价值贡献最大，对服务的要求也比较高。为了进一步提高对关键客户的服务水平，企业要将有限的资源用于能为企业创造大部分利润的关键客户身上。为此，企业应对关键客户保证足够的投入，优先配置资源，加大对这类客户的服务力度，为他们提供个性化服务，提高其满意度和忠诚度。此外，企业还可实行VIP制度，创建VIP客户服务通道，从而更好地为关键客户服务。这些措施对拓展和巩固企业与关键客户的关系、提高关键客户的忠诚度起到很好的作用。

（三）通过沟通和感情交流，密切关注双方的关系

1. 定期拜访关键客户

定期拜访关键客户，熟悉关键客户的经营动态，及时发现并有效解决企业遇到的问题，这些都有利于企业与关键客户保持良好关系。在与客户的沟通中，可采取"分级沟通"的方式。

2. 定期征求关键客户的意见

征求关键客户的意见有助于增强关键客户的信任度。例如，每年组织一次企业高层与关键客户的座谈会，听取关键客户对企业的产品、服务、营销、产品开发等方面的意见和建议，并对企业下一步的发展计划进行研讨等。这些都有助于企业与关键客户保持长期稳定的战略合作伙伴关系。

3. 及时有效地处理关键客户的投诉

客户的投诉体现了客户的诉求，无论是投诉还是抱怨，都是其寻求解决问题的方式。处理投诉或者抱怨是企业向关键客户提供售后服务的必不可少的环节。企业要建立有效的机制，优先、认真、迅速、专业地处理关键客户的投诉或者抱怨。

4. 利用多种手段加强与关键客户的沟通

企业要充分利用包括网络在内的各种手段与关键客户建立快速、双向的沟通渠道，

不断主动与关键客户进行有效沟通，从而真正了解他们的需求，甚至还要了解他们客户的需求或偏好，只有这样，才能密切与关键客户的关系，促进关键客户成为企业的忠诚客户。

6.4.2 普通客户管理策略

对普通客户的管理，主要强调提升级别和控制成本两个方面。

（一）将有升级潜力的普通客户升级为关键客户

对于有升级潜力的普通客户，企业可以通过引领、创造、增加客户需求的方式提高客户的贡献度。若企业能让普通客户购买更多的产品或服务，企业就能获得更多的利润。为此，企业要制定鼓励普通客户消费的措施。如常客奖励计划，对一次性或累计购买达到一定标准的客户给予相应级别的奖励，或者让其参加相应级别的抽奖活动等，以鼓励普通客户购买更多的产品或服务。

企业还可以根据普通客户的需要扩充相关的产品线，或为普通客户提供"一条龙"式的服务，充分满足他们的潜在需求。对于有升级潜力的普通客户，企业要制订周密、可行的升级计划，通过一系列努力，使普通客户为企业创造更多的价值。

（二）降低没有升级潜力的普通客户的服务成本

针对没有升级潜力的普通客户，企业可以采取"维持"策略，在资源上不增加投入，通过缩减对普通客户的服务时间、服务项目、服务内容等措施来降低服务成本。

案例速递

联　　想

在大客户关系管理方面，联想通过建立阵容强大的大客户销售团队，与大客户建立关系型营销渠道，帮助分析大客户和规划大客户业务。在较大项目上，商家可为信誉好的客户提供时间较长的货款账期；对电商渠道的客户，则直接根据客户的需求配置产品。

此外，联想还建立了大客户关怀体系，让大客户体会到联想的关怀和重视，感受到是和企业合作，而不是同大客户经理单方面合作，避免大客户伴随客户经理的离职而流失。

6.4.3 小客户管理策略

在小客户管理中，要遵循"长尾理论"，即把大量市场价值较小的部分汇聚起来创造更大的经济价值。这提示我们不仅要重视包含大量中小客户的利基（niche）市场，还应具有相匹配的、足够的服务能力，在为"大客户"提供特殊照顾的同时，也要重视"小客户"的集体贡献。

（一）培养有升级潜力的小客户

企业应该给予有升级潜力的小客户更多的关心和照顾，帮助其成长，挖掘其升级的潜力，从而将其培养成普通客户。

（二）降低没有升级潜力的小客户的服务成本

研究结果显示，开发一个新客户的成本相当于维护5~6个老客户的成本，为此，企业应珍惜现有的每一个客户，慎重对待每一个客户。一些小客户虽然给企业带来的利润少甚至不会带来利润，但他们仍然为企业创造了规模优势，降低了企业成本。保持一定数量的低价值客户是企业实现规模经济的重要保证，是企业保住市场份额、保持成本优势、遏制竞争对手的重要手段。对没有升级潜力的小客户，企业不能简单地予以淘汰，可以采取提高服务价格、降低服务成本的办法来获取小客户的价值。

具体做法主要有三项。①向小客户收取服务费用。例如，香港汇丰银行对存款不足5000港元的储户每月收取40港元的服务费。②降低为小客户服务的成本。例如，将每天服务改为每周一天服务。③运用更经济、更省钱的方式提供服务。例如，银行通过减少分支机构的数量，以及用自动取款机代替柜员和银行职工的方式降低对小客户的服务成本。

（三）淘汰劣质客户

实践证明，并非所有客户都值得保留，劣质客户会吞噬、蚕食企业的利润，压缩、减少直至终止与劣质客户的业务往来，可以减少企业的利润损失，这样企业可以将有限的资源更有效地投入到其他客户群。例如，银行可对信用状况差、没有发展前途的劣质客户采取停贷、清算等措施。

案例拓展

美孚公司

埃克森美孚公司由约翰·洛克菲勒于1882年创建，是全球领先的石油和石化公司，在全球拥有数万座加油站。

1993年，美孚公司面临着销售收入和利润双双下滑的局面，这让美孚公司重新审视了其核心的汽油零售业务。受多方面因素影响，传统石油品牌的市场影响力都在每况愈下。经过残酷的油价大战后，整个石油行业的利润都出现了萎缩。除了传统的竞争对手外，大型零售店和连锁超市也进入了这个市场，其以廉价的汽油为卖点，吸引客户的光顾。

美孚公司认识到，以低价的方式覆盖所有客户是不现实的，需要对客户进行分类，专注于最有价值的客户群体。美孚公司通过客户研究发现，市场上主要存在五类客户群体，具体如下。

公路骑士：一般收入较高，多为中年男子，习惯长途驾驶，偏好全面服务，驾车时喜欢吃零食。

车手一族：中高收入的驾驶者，偏好特定的品牌，有时也偏好特定的加油站，在加油站偏好自助式服务，不怎么购买其他物品。

F3一代：他们是开快车、吃美食的一代，多为朝气蓬勃、经常驾车的年轻人。

家庭主义者：通常是白天接送孩子的家庭主妇。

价格导向者：对价格敏感，经常被价格吸引。

这五类客户群体的对比情况如表6-4所示。

表6-4 五类客户群体对比

细分市场	便利性	价格敏感度	额外服务
公路骑士	高	低	高
车手一族	低	低	中
F3一代	中	低	高
家庭主义者	高	中	低
价格导向者	低	高	低

研究显示，公路骑士、车手一族和F3一代共占客户总体的约60%，却为美孚公司贡献了86%的利润。与其他客户相比，这三类客户都把速度和便利性放在自身需求的首要位置。只要这些需求能够得到满足且物有所值，他们会很乐意为每加仑汽油多付几美分。于是，美孚决定以这三个细分市场为定位。

经过与总经销商的谈判，美孚公司发起了"友好服务"的品牌活动，目的是向美孚公司定位的三个细分客户群体提供更友好、更洁净、更安全、更快速的服务。

通过客户定位，美孚公司成功实现了从"为汽车服务"转向"为驾驶员服务"，并且成功取得了差异化优势。最终美孚公司超越了壳牌公司，成为利润最高的客户群体的首选加油站。

美孚公司是如何利用客户分级，对不同层级的客户进行管理区分的？

即测即练

自学自测　扫描此码

第 7 章

客户沟通与接触管理

7.1 客户沟通

7.1.1 客户沟通的内涵

客户沟通是企业深化客户关系的重要方式,也是企业管理客户关系的关键环节。具体而言,客户沟通是指信息在个体或机构之间,以及机构内外传递,或是客户服务人员将自己的思想与客户的思想交换,使双方相互了解并协调行动的过程。在商业实践中,良好的客户沟通对于企业有积极的作用,具体如下。

(一)有助于实现客户满意

企业经常与客户进行沟通,了解客户的真实需求和期望产品及服务,一方面有助于提高客户对企业的满意度和忠诚度,另一方面也有助于帮助企业寻找自身产品和服务的不足之处,以此获得改进吸引更多客户。

特别是在企业出现失误时,主动和有效的沟通能够帮助企业获得客户的谅解,降低或者消除客户的不满及其他负面情绪,以及减少退货、投诉等负面行为的产生,从而帮助企业获得更多的利润和设定更长远的目标。

(二)有助于维持好客户关系

客户沟通是维护企业客户关系的基础,企业需要重视与客户的沟通,只有与客户进行良好沟通,才能向客户传递双方长远合作的意义。在沟通中了解客户的需要,加深与客户的情感联系,从而稳定客户关系以增加客户重复购买企业产品或服务的次数。如果企业缺乏与客户沟通,可能很难建立起良好的客户关系,即使成功建立也可能因为一些小的误会没有得到及时消除而土崩瓦解。因此,企业需要及时主动与客户保持友好沟通,及时搭建顺畅的接触渠道,以维持好客户关系,赢得大批稳定的忠实客户。

7.1.2 客户沟通途径

(一)业务人员

业务人员可以当面向客户介绍企业及其产品或者服务的信息,还可以及时答复和解决客户提出的问题,并主动询问客户或通过调查,了解客户的意见和客户对投诉处理的意见与改进意见等。业务人员与客户沟通，双方可直接对话，进行信息的双向沟通，可使双方从单纯的买卖关系发展到建立个人之间的友谊，进而维护和保持长期的客户关系。

（二）活动

举办活动可以让企业的目标客户放松，从而增强沟通的效果。例如，通过座谈会的形式，定期把客户请来进行面对面的沟通，让每个客户畅所欲言，或者发放意见征询表，向他们征求有关企业的意见。此外，还可以通过促销活动与客户进行沟通，使潜在客户和目标客户有了试用新产品的理由，从而建立新的客户关系，也使现实客户有再次购买或增加购买的理由，从而有利于维护和发展客户关系。但是，这也可能使客户对产品或服务的价格产生怀疑，从而造成不利影响。

（三）信函、电话、网络、电邮、呼叫中心等方式

随着技术的进步和沟通实践的发展，新的沟通渠道不断涌现，特别是互联网的发展彻底改变了企业与客户沟通、交流的方式。企业可以在强大的数据库系统的支持下，在各类社交平台上开设自己的社交账号，为客户提供产品或服务信息，与客户进行实时沟通，从而缩短企业与客户之间的距离。

（四）广告

通过广告与客户进行沟通可以全面控制信息内容，让信息在客户心中留下深刻印象，但这种沟通是单向的，所以公众信任度较低，易引起客户的逆反心理。这就要求企业广告要减少功利性，多做一些公关广告和公益广告，这样才能博得客户的好感。

（五）公共宣传以及企业的自办宣传物

通过公共宣传与客户沟通可以增加信息的可信度，因为这类宣传是与获利者无关的，因此比较可靠。另外，公共宣传还可使企业与客户沟通的信息得到免费曝光的机会，提高对客户的影响力，但企业要避免丧失对信息的控制权。通过企业内部刊物可以发布企业的政策与信息，及时将企业的经营战略与策略的变化传递给客户。

（六）包装

企业给客户的第一印象往往来自企业的产品，而产品给客户的第一印象，不是来自产品的内在质量，而是来自产品的包装。包装是企业与客户沟通的无声语言，好的包装可以吸引客户的注意，给客户留下美好的印象，激发客户的购买欲。包装还可以传达企业对社会、公众的态度，以及对自然和环境的态度。例如，越来越多的生产厂商开始采用无污染的、能够生物分解或循环利用的包装材料，这就向客户传达了企业对环境的爱护，从而给客户留下该企业爱护环境、富有责任感的印象。

案例速递

江 小 白

成立于2012年的江小白，对传统的高粱白酒重新进行包装，摒弃了华丽厚重的白酒

包装，将简单、纯粹作为包装的主元素。江小白的瓶身上，不重样地印着佐酒的"扎心语录"，每一条语录都直击年轻人的心。这些文案很多是源自消费者，这也让消费者对江小白有了更加深刻的情感，让江小白的品牌文化不至于流于表面，而与消费者产生了极强的黏连性。

江小白以直白又含蓄的品牌文化和年轻人进行着情感互动，最终让年轻人记住了江小白这个名字。

7.1.3　客户沟通策略

（一）建立详细的客户档案

关系清楚、逻辑清晰的客户档案能够帮助企业快速了解每位重要客户的基础信息，帮助企业与他们建立有效沟通和良好关系。客户档案的内容不只包括客户企业情况，还应包含其主要决策人、主要联络人的基本档案、个人志趣、爱好、重要的纪念日等。

建立客户档案的目的是了解、熟悉不同客户，让客户感到满意的同时，也让客户认识到自己对双方合作的重视和做出的努力，这有助于使双方的沟通更加顺畅、愉快。

（二）向客户表明诚意

沟通的成功有赖于企业与客户共同的努力和互相了解，企业在与客户进行有效沟通之前，需要向客户表明自己的诚意，这样客户才能对企业有初期的信任。例如，提前了解客户的基本资料和喜好，可选择合适的时间安排企业高层进行拜访，在初期与客户接触时，尽快了解客户的个性化需求，以真心换真心，通过真诚的交流和情感沟通，增进彼此的理解。

企业在与客户沟通时要让对方清楚自己的诚意，这一点十分重要。与客户的沟通不应该是公事公办，而应该是先做朋友，后做生意。以诚相待是与客户交友的前提，也是建立后续良好和稳定合作的基础。

（三）站在客户的立场上与客户沟通

从某种意义上来说，客户在与企业进行合作或购买产品或服务时，期望的不只是合格的产品和服务，还包括企业对客户的了解、关心，以及良好的态度和适当的赞美，这样客户才能对企业敞开心扉，与企业诚心沟通。

企业在与客户沟通的过程中要学会换位思考，让自己成为客户，站在客户的角度思考客户的需要，根据客户的需要为不同客户提供差异化服务和不同的产品。通常客户较为关心与自己切身利益相关的事，因此企业还需要站在客户的立场上，充分考虑客户的相关利益，把客户放在重要地位，从而和客户进行有效沟通，互惠互利。

（四）日常维护客户关系

企业与客户的沟通不应止于合作之时，日常工作之余也要与客户多沟通或组织活动。一方面，可以通过日常沟通多收集客户的要求和喜好，最大限度避免下一次合作时方案出现偏差；另一方面，也有利于企业维持长期客户关系，为企业拓展人脉和创造更多利益。

此外，企业应多对客户进行合理的追踪服务，以期让流失客户复购，将短期客户转化为长期客户，使长期客户更加稳定。

7.2 多渠道的客户接触策略

7.2.1 多媒介渠道的发展

自数字革命开始，媒介的生态环境发生了很大变化。过去企业的媒介矩阵服务通常以所属部门来划分，因此不同媒介也是为各自所属门类的规则所管理。如今传播媒介发展到一定阶段，数字化信息的承载与表达呈现多样化特征，话语权的下放必然产生新媒体的个人化趋势。

在这种趋势下，客户的信息获取方式有了前所未有的改变，可以在一个载体上获得不同媒介提供的服务。此外，企业和客户的接触与连接逐渐由侧重线下接触向线上接触转化。移动互联从根本上改变了企业和客户之间的连接特性，社交媒体的出现也使企业和消费者之间的互动呈几何倍数增长。线上渠道的挖掘加速了企业与客户连接的进程，并且通过互动积累了大量的客户行为数据，促进了客户购买行为的转化。图7-1所示为一般企业的媒介投放矩阵。

图 7-1　一般企业的媒介投放矩阵

在此背景下，企业在构建客户接触策略时需要关注到每一类信息触达效果的主体和接触点，进行全方位、多平台的数据分析与信息触达生态构建。企业不能再凭借单一的信息传递渠道向客户传递信息，即企业的社交媒体运营不能再局限于单一渠道或单一媒体，必须全方位渗透客户的生活场景，这就需要构建企业的全媒体客户媒介矩阵。

传统的客户媒介矩阵管理是为了实现基本信息传递的目标，而当下的客户媒介矩阵是在传统媒体渠道的基础上，拓展互联网资源，实现跨媒体、跨介质运营。企业通过开设微信公众号、微博、哔哩哔哩账号等，以连接网页、社交媒体、客户端等平台，形成覆盖广泛的媒体网络，实现媒体数量及整体布局的有效控制；通过对不同内容发布时间的管理，实现媒体信息总量的控制；通过对不同平台发布独家内容的数量控制，实现某一信息传播渠道和范围的限定。

社交电商和直播电商的成功也让我们看到了互联网对传统销售渠道的巨大冲击。社交媒体平台不只是销售产品或服务的渠道，还变成了企业产品、服务体验的一部分。许多只采用线下渠道的企业，在新业态竞争对手的压力下，不得不压缩战线或尝试转型。

需要注意的是，对于大部分企业而言，并不需要在每个平台都保持相当的活跃度，应综合考虑目标客户群体的分布情况、使用习惯，精选最有利于自身品牌与销量的平台，打通线上线下渠道，更好地实现全渠道客户触达和沟通，为客户提供无差别的消费体验。

前沿新知

研究显示，企业将销售人员的个性化交流与更频繁、更精确的在线交流相结合，能够促进客户与销售人员的相互理解，进而实现良好的客户触达。这有助于改善企业与客户的关系，为进一步扩大销售提供了可能。因而，综合不同渠道的客户触达能为企业带来更大的经济效益。

资料来源：Lawrence J M, Crecelius A T, Scheer L K, et al. Multichannel strategies for managing the profitability of business-to-business customers[J]. Journal of Marketing Research, 2019, 56(3): 479-497.

7.2.2 客户接触策略的新要求

近年来，新兴社交媒体蓬勃发展，使得消费者分散在多个不同的社交媒体平台，这也对企业的客户接触策略提出了更高的要求。

（一）内容多样性要求

很多企业顺应了媒介融合和互联网崛起的趋势，利用客户媒介矩阵，通过多平台和多渠道来生产和传播自己的内容，进而实现良好的客户触达。这也使得客户通过更多的渠道来获得自己感兴趣的内容，然而这也影响了内容的多样性。

虽然互联网降低了传播成本，但并没有降低生产高质量内容的成本。这就意味着与原创内容相比，引入已经被人们熟识和接受的内容成本更低，也更加安全。企业要想在各个社交媒体平台保持良好的客户接触，就必须保障自身产出内容的多样性，并针对不同社媒平台的特性，实现有针对性的内容分发，以实现良好的客户接触。

（二）内容真实性要求

在社交媒体平台上，与客户进行互动是企业与客户接触的重要途径，但企业对自有社交媒体账号的运营，不是"塑造品牌形象"这么简单。社交媒体的发展使客户获取了比过往多得多的信息，因而客户能够对信息真伪进行辨析。同时，社交媒体的发展也使客户得以自由地分享他们的观点，因此企业传播内容中"夸大""不实"的虚假信息会极大地打击自身信誉。

企业通过社交媒体能够触达的客户人群往往更加精准，同他们的互动连接更亲密且长期持续，也可以完全掌控发布内容的质量，因此企业需要保证自身发布内容的真实性。这样企业才能与客户建立良好的信任关系，进而拉近与消费者的距离，最终达到增强品牌影响力和提升消费体验的目的。

（三）精细化运营

随着企业对客户接触需求的变化，其对各社交媒体账号的运营效率有了更高的要求，单一的媒介组合往往难以满足企业的客户触达需求，企业的媒介矩阵需要更加灵活且可以支持精细化的运营。

以 B2C（商对客电子商务模式）电商企业的客户媒介矩阵为例，企业需要利用搜索引擎营销（SEM）、搜索引擎优化（SEO）等技术对需求人群进行覆盖搜索，并通过数据跟踪，分析每种需求的成本和转化效率，获悉可以利用哪个垂直类社媒平台，以覆盖对优惠敏感度较高的人群，直接利用"爆品"实现触达，进而促进成交。也可以利用抖音、小红书等传递品牌和产品信息，覆盖社交人群并直接带货等。

企业在构建客户接触策略时，应当注意平衡内容传播渠道的受众群体分布，加强对抖音、快手等下沉平台的重视，避免"数字鸿沟"产生的客户歧视。同时，企业需要在各渠道同步更新如活动预告、产品推广等重要内容，保障各媒介的客户可以同时获取最新信息，提升客户接触体验。

前沿新知

多渠道关系沟通已成为企业构建长期有利客户关系的重要策略，通过运用多种沟通渠道，向现有客户发送个性化信息，以实现公司的关系营销目标。研究发现，客户关系质量受多渠道关系沟通的影响遵循一个倒 U 型曲线轨迹。

在沟通量达到理想水平之前，客户会积极做出反应，企业与客户的关系质量会上升；超过理想水平之后，客户反应的积极性会下降，企业与客户的关系质量也会下降，并且这种负面反应会因使用多种渠道而加剧。通过调整企业与客户的关系沟通渠道与客户偏好的渠道相一致，可提升关系沟通渠道对客户关系质量的正面效应。

资料来源：袁兵. 多渠道关系沟通对顾客关系质量的影响——来自淘宝网店的实证数据[J]. 营销科学学报, 2018, 13(1): 67-82.

7.2.3 优化客户接触点体验

客户接触点是指客户在接触企业及其产品时遇到的特定对象或者介质。一般而言，客户接触点是指企业为了吸引客户而做出的具有一定目的性的陈设、活动或者安排，如人员、场所、产品、形象、声音等都可以成为接触对象，也可以成为接触点或接触点的构成元素，如图 7-2 所示。

图 7-2　客户接触点

（一）客户接触点体验的重要性

优化客户触点感知是企业提升客户满意度的重要抓手，企业传统的内部服务指标并不能真实反映客户的感受，内部服务考核指标良好也不代表客户对企业的服务感知良好。

在商业实践中，往往存在客户触点感知导向不足，企业内部对客户触点的认知与客户实际感知存在较大偏差的情况。企业的服务评价不应仅以内部专业指标为主，更应注重评价体系的客户化导向，进而平衡企业内部对客户触点的认知与客户感知之间存在的偏差。

为此，企业需要实施全过程客户触点感知管理，围绕宣传推广、销售渠道、消费体验、售后处理等客户触点，开展全方位服务触点感知提升工作，构建客户触点感知导向服务体系。

（二）建立客户触点感知导向服务体系

客户触点感知导向服务体系是以优化客户的全程体验为手段，以提升客户满意度为最终目标，以各客户触点满意度为衡量指标。通过定量和定性多维度综合评价、筛选，将宣传推广、销售渠道、消费体验、售后处理等客户触点纳入重点提升内容。

为此，企业应以客户关键感知触点为依托，结合客户投诉热点和难点，不断调整优化工作内容。组建触点感知提升稽查队伍，各横向专业牵头部门从专业线协同督导各地落实提升举措，及时发现不足进行整改，对发现的亮点进行总结复制与推广，百分之百落实各触点提出的目标，优化客户接触点体验。

（三）建立完善的反馈信息沟通制度

从本质上来看，接触点是品牌与消费者直接沟通的互动过程，在这一过程中会存在信息流动，并产生数据。这些数据对于企业来说异常珍贵，因为它能够捕捉到消费者的感知、情绪、关注点与痛点，对这些数据进行分析，有助于加强各个接触点之间的协调。接触点很少是单向的，当品牌通过各个接触点与消费者交互时，客户的反馈信息也会传递给品牌，这一过程的双向性为品牌优化营销策略和布局，以及确定品牌发展方向提供了指导。

在此过程中，为收集真实的客户体验反馈信息，企业应优化与客户的交互方式，采取符合互联网时代客户习惯的触点感知测评方法，减少使用网页弹屏、短信下发、人工访问等传统客户回访方式，采用一系列客户接受度较高的实时客户评价手段，以客户体验为中心，引入互联网在线测评方式，重点推广即时测评。如淘宝等购物平台的"点赞"，滴滴打车、顺风专车等平台的点按式评价等，实现客户信息的有效回收，进而保障评价结果的真实、有效。

此外，面对客户反馈的信息，企业需要在内部建立更为完善的信息沟通制度，各部门需要每月不定期召开信息沟通例会，及时分析客户反馈信息并通报，协调解决客户触点中的重点、难点问题，并配合开展相关测评，跟踪落实提升效果。

（四）协调各接触点之间的价值创造

在数字化时代，企业与客户的接触不再是割裂的，各接触点之间的隔阂被打破，各接触点以消费者为中心交织在一起。为了大幅提高接触点连接客户的效率，企业应对各接触点进行协调，合理分配资源。

企业在进行全接触点价值创造时，首先考虑的是短期与长期的共赢目标，这既是企业的出发点，也是企业的最终归宿。其不仅包括企业的使命、愿景，还包括企业对社会的积极性和责任感。品牌、人群与社会是密不可分的，三者相互协调、相互促进，形成强劲、统一的品牌理念，通过分析、创造，品牌理念从企业端向消费端延伸，最终向消费者传播。此过程的完成，离不开全触点的相互协调。在数字化时代，微博、微信公众号以及线上购物分享平台成了不可或缺的传播工具，也是企业相互争夺的主战场。

7.2.4　增量销售与交叉销售

（一）增量销售（incremental sale）

增量销售是企业通过开展各种营销活动而产生的销售量。要完成增量销售，企业需要设计两部分：一部分是营销活动，另一部分是活动造势。增量销售具有非常明确的增长目的，具有明确的数据化指标。如某营销活动能够为企业带来多少新客户、盘活多少低活客户等。有了这样的目标，企业就可以围绕着这个目标去设计营销活动。

首先，企业需要确定营销活动的目标。增量销售的目标设计，与企业希望达到的产品的核心价值被客户体验到的理想状态有关。如对电商类的企业来说，它们所关心的目标大体可分为访问平台的设备量、登录的用户量、首次购买客户量、当日登录客户的销售转化、复购客户量等。

其次，企业需要确定明确的目标客户。每一产品的客户群都不是单一标签的客户，如某产品的主要客户群是三、四线城市的下沉用户，学生群体占比最高……不论企业的营销活动是否设置客户的参与身份，都需要有针对性的目标客户群，只有确定了目标客户，才能设计出有效的营销活动并选择合适的活动渠道。

最后，也是最重要的一点，企业需要设计增长抓手（即企业可进行运营操作的地方）。企业可以根据实时的数据效果，对抓手进行调整。在活动设计中，抓手往往存在于活动过程的关键时刻，关键时刻包含客户即将获取利益前，以及最能打动人的情感让客户产生共情的时刻。如在客户领取红包前鼓励客户去分享，这就是一种在客户即将享受福利前，为分享"拉新"做的抓手设计。

此外，营销造势也能使企业在完成增量销售时事半功倍，如营销活动上线后，企业可以与提供活动福利的其他品牌合作集体发声，在社交媒体平台制造话题，扩大活动的影响力，触达更多的客户群体，为活动造势。

因此，企业应明确要实现的具体目标，细化目标客户，从目标客户的行为特点和客户心理去决策主要的渠道，从渠道的特点设计符合客户心理的营销活动方式，重点设计和目标增长相关的增长抓手。如裂变、社群营销、砍价、团购、老拉新等方法就是增量销售最好的例证。

（二）交叉销售（cross sale）

交叉销售，即发现现有客户的多种需求，并通过满足其需求来实现销售多种相关服务或产品的营销方式。促成交叉销售的各种策略和方法即"交叉营销"。简单来说，就是企业说服现有的客户去购买另一种产品。

交叉销售在人们的日常生活中常以"产品或服务页面上的交叉销售"或"结账页面上的交叉销售"的形式出现，许多企业在其产品或服务页面上包括"客户已购买""经常一起购买"或类似部分，展示客户可能希望（或需要）添加到其订单中的商品，或客户在结账页面通常会看到完成交易之前将相关或"必备"商品添加到购物车的提示。这些建议的产品和服务通常比客户购物车中已有的商品便宜，并且能在很大程度上满足客户的需求。

企业能否获得交叉销售的驱动力，关键在于企业的组织结构是否得当和战略是否有效。在交叉销售的过程中，交叉推荐是十分重要的一环。所谓推荐，就是指公司的不同部门需要识别各自的优质客户，并系统地将优质客户转移到其他部门。当需要把公司的不同产品销售给同一个客户时，主动、及时的推荐是关键的一步。

为了使不同的部门互相推荐各自的优质客户，必须改变员工的行为模式，使他们愿意并且习惯于分享各自的优质客户，但这一改变并不容易实现。销售人员往往并不愿意分享自己手中的客户资源，这就要求管理者注重对员工"强协作文化"的培养，向员工传达这样一种观点：坚持不懈地分享优质客户将有利于整个公司的发展。

除此之外，一些公司也在尝试开展以"团体零售"方式为样例的交叉销售，即与一些金融机构、零售机构或者教育团体签订排他性协议，要求这些机构的雇员、客户或者学生的相关信息彼此共享；或者根据对方的要求，银行和保险公司为这些机构及其所掌握的客户提供服务，为其开发个性化的产品和服务。

案例速递

海 底 捞

通过优化客户接触点，实现运营成功的典型案例就是海底捞。海底捞率先从员工的素质培训出发，使员工的主观能动性大大增强。海底捞在服务过程中着重优化了以下三个关键客户接触点。

（一）失误点

在客户用餐时避免过于热情的服务态度和机械化的服务手段，并为部分不需要过度服务的客户提供"请勿打扰"立牌，以保留足够的个人空间，避免引起客户反感。

（二）客户等候点

在海底捞的实际服务当中，一是通过增加棋牌游戏等减少客户感知等候时间；二是完善排队取号系统建设，使剩余排队时长可视化，保证排队的公平性；三是在等候区专门设立了为候餐客户服务的人员。

（三）员工决策点管理

海底捞通过让员工成为服务的决策人，加快了客户服务流程并排除了无附加价值的步骤，如因应现代商场的设计取消代客泊车环节，实现客户接触点服务体验的优化。

7.3 内 容 管 理

7.3.1 内容管理的兴起

（一）"内容"范围的不断扩大

"内容"一词，源于出版媒体业。书报杂志、唱片影带里的创作，叫作内容，所以早期的内容管理（content management，CM），偏向于出版产品的管理。随着互联网的普遍使用，企业内部信息的流通加速、文案与资料数量增加，如电子邮件、在线讨论、实时简讯、办公文案，甚至是印刷资料，即使不是出版媒体机构，也有加强管理这些资料的必要性。于是，"内容"就由出版媒体的内容，扩大成企业内部资料信息的内容，同时产生了"企业内容管理（ECM）"这一新名词。因而，企业的"内容"范围越来越大。如此一来，客户关系管理（CRM）所产生的信息与数据，自然地纳入企业"内容"体系。

（二）客户关系的建立需要内容管理

社交媒体平台经过十余年的繁荣发展，积累了庞大的用户基数，企业获得了大量的商业宣传机会，可以通过流量变现促进自身市场规模的扩大。社交媒体平台的兴起也对内容营销的质量提出了新的要求，优质内容变现也为许多企业带来了不菲的收益。市场规模的空前扩大和内容营销的成功案例为企业创造了无限机遇，企业可以通过内容曝光与客户进行信息的双向传递，这也对企业的内容管理水平提出了更高的要求。如抖音、小红书等新兴社交媒体平台的发展，使企业难以通过单一渠道实现全面的客户触达。企业必须在多个社交媒体平台开展账号运营，这就要求企业打破不同平台间的界限，促进"内容"流动横跨各部门，保障不同部门在客户接触过程中快速响应不同客户群体的内容需要。

7.3.2　内容管理的原则

（一）保证内容创作的高效性、原创性

企业可以通过跟踪内容创建、存储、分享、应用和更新的全过程，保证内容创作的高效性、原创性，进而为客户提供优良的接触体验。如"罗辑思维"和"吴晓波频道"的内容管理就十分成功，企业综合自身内容特性、表现形式，选择了微信公众号这一较传统媒体有着天然优势的传播平台。微信公众号具有发布流程短、效率高的特点，进而企业可以高效地制作并发布内容。

此外，相对于微博的碎片化传播，微信具有富媒体属性，内容的呈现上更加完整有序，而且能够承载文字、声音、图片和视频，这极大丰富了内容的制作方式，在保证更新速率的基础上，允许企业在内容制作上有更多的原创性尝试。

在竞争激烈的今天，企业只有具备高效、原创的内容制作，才有可能在激烈的市场竞争中长久地立于不败之地，也只有这样，才能突出重围，建立牢固的社交媒体。所以企业开展内容管理，能够使自身的内容传播获得更好的收益。

（二）提升客户触达效率

社交媒体作为内容传播的工具，能够实时监控客户反应，大大缩减受众意见反馈的时间，具有可控制性和可预测性。在大数据背景下，企业在社交媒体平台上的内容投放显然有巨大的优势，其投放的目标对象相较于其他传播渠道更加明确，企业也能够在后期宣传内容等制作上做出快速调整，实现企业与客户的深度沟通与互动，达到提升客户触达效率的目的。

通过对大数据的实时、定期分析，企业能够及时准确地掌控客户关注点的变化，从而对社交媒体的内容进行及时调整。通过对定向传播的管理，快速准确地将内容传送给客户，并且可以根据不同群体投放不同的内容信息，满足受众精准、触达率高的双向要求。

（三）降低客户沟通成本

当前，企业多借助微博、微信公众号等实现与目标客户群体的快速沟通。企业通过综合社媒后台的用户浏览大数据，能够有效管理不同形式、平台、服务器的多元化内容；严格管理需要发布的信息，以确保信息的正确性，降低企业与客户之间的信息差，进而降低企业与客户沟通的成本。

无论是在时间上、内容上、地域上还是行为上，企业都可以通过内容管理以更加精准、细分、及时的方式来投放内容，满足社交媒体传播的需求，使企业的客户触达更加精准、省时、有效。

（四）获得客户认同

企业可以充分发挥社交媒体易传播的优势，培育志同道合的社群文化，通过社群进行内容管理。例如，网络媒体人罗振宇在进行最初的"罗辑思维"会员招募时，筛选了"爱智求真，积极上进，自由阳光，人格健全"的一群人，用一系列的价值观念，如寻求创新、用知识和智慧赚钱、工匠精神等，把这些会员凝聚在一起，通过这种聚合效应，建立了一个黏度特别高的知识社群。依靠社群的力量，在共同价值观的辐射下，社群里每一个人的周边又可以集聚更多有相同价值观的人，从而把个人影响力进一步扩大，更有利于个人品牌的树立。

在现代信息社会，企业要实现长远发展，就不仅需要利用社交媒体吸引客户的注意，更重要的是要获得客户的认同，形成一个能够相互汲取价值的群体，培养客户的忠诚度、持续的关注度和良好的使用习惯。因此，打造相对应的社群，也是企业通过内容管理获得客户认同的手段之一。

7.3.3 内容管理的方法

内容管理并不是建立一个技术性的内容管理系统就能解决的，它是一项结合人、过程以及技术的"技术—社会"工程。

（一）内容管理中的人工作为

社交媒体平台的影响力与日俱增，逐渐改变了我们的生活方式，客户了解到的相当一部分信息均来源于社交媒体平台。企业往往将内容管理视为"管理向客户传递的信息"，而往往忽略了客户在社交平台与企业进行的互动。

社交媒体平台不应只是企业的广告板，企业也需要和客户展开适当的互动。在当下，再好的信息、再好的热度，传播周期往往很难超过 48 小时，如果企业不能碎片化地推动自身内容的传播，就意味着企业无法拥有较大的曝光度。因而，企业需要通过人工在社媒平台上多频次、碎片化地与客户展开互动，以增加同客户交流和沟通的频次，同时在新媒体端完成推广内容和品牌价值的传递，增强客户的体验感。

（二）内容管理的过程管理

1. 打造透明的内容管理过程

在过程方面，企业要建立透明的内容管理过程，包括内容的创建、存储、分享、应用和更新，并要将内容管理过程和具体的业务过程紧密结合，使内容"从业务中来，到业务中去"。

内容创建是企业内容管理的重要一环，企业在此过程中需以社会化媒体平台为传播载体，根据自身的品牌特点，制定传播策略，将自己建立的品牌形象，用文字、音频、视频、图片等形式表现出来，并发布到社交媒体平台上，以精准化、个性化的传播方式传递给客户，在客户心中建立自身的形象。通过自身的品牌力去影响他人的态度、行为，使受众对其品牌产生信赖，达到品牌传播的目的。

2. 对内容资源进行统一配置

在内容管理过程中对资源进行统一配置，可以使内容的生产和传播更加精准有效，受众覆盖面更大。其具有快捷性、互动性、广泛性、时效性等特点，人人可用，不受时间和空间的限制，可以达到网络媒体实时互动与反馈的目的。再者，要有明确的内容风格特征，在大数据背景下，侧重触达客户的关注点。

"罗辑思维"的内容生产管理就很具典型，保持每天的微信语音60秒，一秒不差，而且一天都不缺席，风格独树一帜，具有强烈的个人色彩和鲜明的个人标签，这种"死磕自个儿，愉悦大家"的坚持，让人印象深刻，可以不断强化受众的良好印象，形成独特的人格魅力，对其构建"内容认同"极其有利。互联网时代企业需要在大数据的支持下，对自有社媒账号进行个性化与人格化的内容管理，可以从选题、评析视角、话语风格等方面来强化内容风格，只有让人印象深刻的高品牌识别度，并且对客户具有正面意义，才能有坚实的品牌基础。

（三）内容管理中的技术拉动

1. 建立内容管理系统

在技术方面，企业要建立一套内容管理系统，利用大数据技术明确目标客户，为内容人员以及内容管理过程提供技术支撑，进而在与客户沟通的过程中与客户建立共同的愿景和鲜明的价值观。

2. 打造结构化数据库

内容管理的顺畅，有赖内容的结构化，因为只有结构化才能对内容进行分类、索引、排序、搜寻。利用XML（可扩展标记语言）相关工具制作结构化的内容，正是内容管理的基础建设。

企业可以通过打造结构化数据库，整合现有的各个底层数据，建立一个共同的目录控管机制。各个系统处理数据的软件都依此目录配送，使数据流动横跨各系统，既不必制造一个集中的庞大数据库，也不必更改现有系统的运行。

案例拓展

完 美 日 记

完美日记成立不到5年时间，凭借新媒体营销策略稳坐彩妆品牌销量前十。2017年完美日记正式上线并开设网店，2020年11月完美日记正式在纽交所敲钟上市，成为新国货美妆第一股。

2018年初，完美日记开始重点布局小红书渠道的运营，并且加大了平台营销力度，随后其销量迅速增长。目前完美日记在小红书上坐拥200余万名粉丝，远远走在同类品牌前面。并且其企业号已经发布1200多篇笔记，互动数接近600万，也远超同类竞品。

完美日记采取了一种金字塔形的投放策略，形成了一种自上而下的传播矩阵，其投放重点放在了各平台的中腰部意见领袖（KOL）。首先，在各平台与明星以及知名KOL进行少量的合作，在为产品造势的同时，为品牌产品做信任背书。其次，由一定数量的头部达人在抖音、快手等短视频、直播平台"跟风"明星进行宣传，继续扩大声势。再次，由小红书、抖音上的大批量腰部KOL和初级KOL继续向外传播。最后，由用户"跟风""晒"产品。

完美日记精准选择了客户群体，瞄准了寻找"大牌平替"的年轻女性。在此基础上，完美日记通过优化客户触点，在小红书、抖音这类以年轻化用户为主的社交媒体平台，选择腰部KOL进行广告投放。通过这样的营销投放策略，以多客户媒介平台协作的方式，营造了"所有人都在用完美日记的火爆场景"，加深了客户的感知。

对完美日记的产品营销策略进行简要归纳，可以发现其在产品上市的各个阶段目标非常明确。其大致的推广步骤如下。

上市前期：在天猫等电商品牌针对新品展开预售，在小红书上由多位百万级别的KOL发布"种草"笔记，吸引大量关注。

上市中期：在完美日记的官方公众号和微博上针对新品发布一个品牌话题，在小红书上添加话题，并发布笔记转发，即可参与抽奖活动；同时多位拥有5万到50万粉丝的KOL"跟风"发布"种草"笔记，包括但不限于横向竖向测评、效果分享等类型。

上市后期：以大量的初级博主和素人在抖音、小红书等社媒平台进行"种草"推荐为主，内容方向以产品体验科普、妆容科普为主。同时也会与一些中腰部博主合作以维持品牌热度。

由此，完美日记通过协同客户媒介矩阵，构建了强效的客户接触策略，营造"全世界都在用完美日记"的氛围，进而达成客户触达。

完美日记运用了怎样的客户接触策略促使其成功的？

即测即练

自学自测　扫描此码

第 3 篇

客户关系深化与维护

第 8 章

客户服务与体验管理

8.1 客户服务的关键要素

8.1.1 客户服务的含义

客户服务（customer service）是指企业以客户为对象，以产品或服务为依托，以挖掘和开发客户的潜在价值为目标，围绕客户开展的各项服务活动。广义而言，任何能提高客户满意度的内容都在客户服务的范围之内。客户服务可以理解成逐渐深入的三个层次关系：基本服务、反映服务和意外服务。根据服务流程，也可以分为售前服务、售中服务和售后服务。

（一）客户服务的类型

在此我们以售前服务、售中服务和售后服务的划分方法为例进行解释。

售前服务：客户服务在购买发生前就已经开始。无论是针对现有客户还是潜在客户，企业均应注重自身及产品的形象塑造、生产需求的探测、产品的设计发展以及客户互动关系的建立。从企业创造利润的角度而言，维系现有客户的成本远远小于开发新客户的付出，因此如何与现有客户保持良好的关系，是企业在销售前不可忽略的任务。

售中服务：在交易过程中，客户与企业的直接接触逐渐增多，这时是企业与客户互动的最佳机会。此时，从客户使用产品的指导培训到客户现场需求的及时满足，均是必要的服务。

售后服务：一般包括跟踪监测、售后维修、投诉应答与后续调查工作。良好的售后维修不仅可以减少客户对产品的不满，更可以留住客户。对于客户的投诉，需要尽力调查解决，重建客户对产品与服务的信心和忠诚度。而对客户满意的追踪调查，可为下一次售前服务分析所用，同时也可促进企业管理决策的修正与改进。

（二）客户服务的基本特征

1. 无形性

普通意义上的产品是有形的，看得见、摸得着，商家在出售这些普通产品时，客户是可以看到、摸到这些实实在在的产品的。然而，客户服务在很大程度上是无形的、抽象的，客户看不见、摸不着。

2. 差异性

客户服务虽没有固定的标准但可能有较大的差异性，这为企业提供个性化服务开拓了思路。

3. 不可分离性

服务的生产与消费同时进行，服务人员提供服务的生产过程和客户消费、享用服务的消费过程同时进行。也就是说，服务的生产与消费过程在时间上是不可分离的。

4. 不可储存性

指服务不可能被储存。物质商品一般是先生产、储备，再销售。客户服务作为一种非实体产品，不能在生产后储存备用，客户也无法购后储存，它不能像有形产品一样被储存、转售或退回，往往造成供给与需求的矛盾。

8.1.2 客户服务体系

客户服务体系是优秀企业尤其是销售服务企业的重要构成部分，是以客户为中心、以客户满意度为导向、以产品为载体，在企业中树立全员性、全过程的服务理念。可以利用解决方案、服务产品、服务承诺和客户满意度等工具，通过售前、售中和售后一系列服务活动，尽可能减少产品故障，提高客户满意度和忠诚度，促成二次销售，使企业从单纯的产品竞争上升到产品和服务的价值链竞争，获得更大的利润空间，最终提升企业的核心竞争力。在整个服务链中，各环节是紧密联系的。企业应系统地看待客户服务体系，不应把售前、售中、售后服务生硬地分割开来。

（一）客户服务体系设计的目标

（1）构建企业客户服务文化，树立客户服务理念。
（2）完善服务运营和管理机制，整合资源、加强协作，提升服务水平，树立服务品牌。
（3）通过工作流程再造，提高企业工作效率，提升团队的竞争力。
（4）围绕客户和客户服务展开客户服务体系设计，不仅可以增强客户忠诚度，也可促进企业整合营销能力，提升服务价值。

（二）客户服务体系的内容

客户服务体系是企业的重要组成部分，是由客户服务理念、客户服务代表、客户服务内容和流程、客户服务质量标准等一系列要素构成的。

1. 客户服务理念

客户服务理念反映的是人们对服务活动的理性认知，如站在客户的立场真心为客户提供帮助、解决问题的"以客户为中心"的服务意识。以客户需求为导向体现为满足客户对便利性、价格参与、专业信息的及时获取，对舒适环境以及对情感获得理解和认同的需求。

良好的服务理念还会对员工产生潜移默化的影响，能使员工思想发生改变，使其产生对工作、客户负责的思想，这有助于产品价值、服务价值、人员价值和形象价值的提升，同时还可以减少客户的时间成本、体力成本和精力成本。

2. 客户服务代表与客户经理制

（1）客户服务代表。客户服务代表是代表企业通过多种渠道为客户提供售前、售中或售后服务，以树立企业形象、提高客户满意度为主旨的客户服务人员。客户服务代表通过提供全面服务，增强客户与企业的紧密联系，帮助企业建立可靠、持久的客户关系。

（2）客户经理制。客户经理制从制度设计、人力资源安排、服务内容和流程等方面系统规划客户经理的工作内容，可以提高客户经理的工作效率与效果，增进企业与客户之间的关系。

一般情况下，企业只为大客户、关键客户或有发展潜力的客户配备专职客户经理。例如，有些商业银行规定，凡有利于银行的经营和发展，能为银行带来比较稳定且较大经济效益的优质客户，都应为其配备客户经理。客户经理的设置要视客户的情况而定，原则上可根据客户规模及存贷款余额等，分别设置初级客户经理、中级客户经理和高级客户经理。客户经理的工作目标也要根据客户的不同情况而定。

3. 客户服务的内容和流程

客户服务是指服务人员与客户进行交流的过程，一般涉及开票请求、账户维护、服务分派、时间安排、信息处理等内容。具体的客户服务一般包括接待客户和访问客户，为客户提供咨询服务、质量"三包"服务、安装和调试服务、产品配件供应服务、技术培训服务以及上门检修服务等。

客户服务流程一般包括售前服务流程、售中服务流程、售后服务流程，具体又分为上门服务流程、送寄维修服务流程、退换产品流程、疑难问题解决流程、热线接听流程等。例如，某物业管理公司的报修流程为：客户服务部接到业主来电→值班人员登记→开出工作维修单派送到工程部→工程部接单通知贴心管家→贴心管家前往维修→维修完毕后前台值班人员回访。

4. 客户服务质量标准

服务质量是服务工作能够满足客户需求的程度。服务质量一般可从可靠性、响应性、保证性、移情性和有形性五个方面来衡量。

8.1.3 服务承诺

（一）定义

服务承诺（又称服务保证或服务担保）是产品保证在服务领域的延伸。在制造业中，厂商常常对于其所生产的实体产品提供产品保证。服务承诺包括两方面，一是对质量或效果的承诺，二是对补偿的承诺。补偿意味着企业对客户服务的保证，如果企业提供的商品或服务与承诺不符，企业愿意采取某种形式对客户进行补偿。完整的服务承诺包括向客户展示服务效果和保证服务质量（以赔付作为担保）。服务承诺能够降低客户购买的风险，提升客户对企业的信任和满意度。

（二）分类

1. 具体属性承诺和综合承诺

依据承诺范围，服务承诺可分为具体属性承诺和综合承诺。

具体属性承诺：企业可以对其所提供服务的某一属性或要素做出承诺，如中国移动承诺"话费误差，双倍返还"等；服务企业还可以对其所提供服务的某几个属性或要素做出承诺，如某经济酒店承诺"提供舒适干净的房间、24小时热水服务、免费Wi-Fi上网环境"，该服务承诺包括"房间条件"和"配套服务"等多个要素。

综合承诺是企业对所提供服务的所有属性或要素做出的承诺，如某假日酒店承诺"如果有任何让您不满意的事情，请毫不犹豫地告诉我们，因为您不希望为不满意的服务付费"即属于综合承诺。

2. 结果承诺和过程承诺

依据承诺内容，服务承诺可分为结果承诺和过程承诺。结果承诺是企业对所提供服务给客户带来的利益做出的承诺，如饭店对于饭菜口味、卫生等做出的承诺。过程承诺是企业对如何为客户提供服务做出的承诺，如饭店对于客户等待时间、服务人员态度等做出的承诺。

3. 有条件承诺和无条件承诺

依据有无赔付条件限制，服务承诺可分为有条件承诺和无条件承诺。

有条件承诺是指服务企业对客户注重的某个服务特性或服务元素的承诺，如顺丰快递承诺包裹在某个时间内快速送达，某公共汽车始发站承诺不论乘客多少都会准时准点发车等。

无条件承诺又称完全满意承诺，是指不附加任何限制条件的承诺，如某家电商场承诺的"不满意，可以全额退款"即为无条件承诺。

（三）作用

1. 促使企业对消费者进行更深的洞察

服务承诺是从客户角度出发的，所以企业必须清楚了解客户最关注的是什么，或者说企业应弄清楚什么是有价值的和被期望的，促使企业对消费者进行更深入的分析。

2. 为企业设立了服务绩效标准

服务承诺为员工提供了以服务为导向的目标，可以明确地让员工围绕客户的需求行动。例如，必胜客承诺"如果你不满意你的比萨，请让我们知道，我们将改正或者退款"。

3. 有助于提高客户满意度

出现服务失误后，服务承诺作为一种标准化的保障和补偿，能够有效保障客户的合法权益，使服务失误得到及时补救，有助于提高客户满意度、维持客户忠诚度。

4. 有助于改善服务质量

在客户选择企业的时代，客户对企业的态度很大程度上决定了企业的兴衰成败。服务承诺机制使企业能够倾听客户的声音，通过客户反馈的信息，对服务内容和质量进行持续的改进和提高。

5. 有助于建立客户忠诚度

服务是无形的，并且经常是高度个性化的，客户希望降低交易中的各种不确定风险，服务承诺便是降低这种风险的措施，能够增强客户购买信心和提高复购概率，提高客户忠诚度。如有些企业提出了"有质量问题可退货"和"不满意就退款"的服务保证。

6. 可以塑造企业良好形象，传播良好口碑

服务承诺对消费者的权益有所保护，消费者能够感受到企业对消费者的用心，对企业有较好的印象。

7. 有效降低客户购买风险，增加销量

服务承诺作为一种保障，降低了服务失误后消费者的损失，能够吸引消费者购买产品或服务，如电商提供的运费险。

8.2 设计与提供卓越客户体验

8.2.1 客户体验的含义与模式

（一）含义

客户体验通常是指客户在使用一款产品或服务之前、使用期间和使用之后的全部感受，是客户对产品或服务的完整体验旅程。此外，还可以从企业、客户以及系统角度探讨客户体验的概念。

从企业视角来看，早期客户从企业内直接获取到的商品和服务已经不能满足客户需求，于是出现了新的经济提供物——体验。除了注重客户的消费体验外，企业还应通过客户感官体验、情感体验、认知体验、身体体验、社会身份体验等为客户提供难忘且有意义的消费体验。

从客户视角来看，客户体验的概念界定分为两类：一类是有形行业的客户体验，客户必须亲身参与到企业为之提供的情景中才能获得体验，如旅游行业和各种各样的实体店；另一类是无形行业的客户体验，客户不必亲身参与到企业提供的情境之中，如银行金融业、快递服务业等。在有形行业中，客户体验被定义为客户对于他们所参与的社会活动的综合评价，包括个人的感受、获得的好处、目标属性与社会和自然环境的关系，客户个人发展与挑战的关系以及客户对相关社区的感觉；在无形行业中，客户体验被定义为客户的认知和客户对参与企业购买行为所有直接相关和间接相关事物的评价。

从系统视角来看，客户可以是情感的、理性化的、功能性的、怀旧的、关联的、社交的，客户体验是共同创造的价值，它是一个整体，来自客户关系的整个供应链环节。

在整合了前两个视角的基础上，创造客户体验价值是链上所有相关者的事情，而不只是公司和客户的事情，强调合作创造客户体验价值。

（二）模式

客户体验模式可以从消费者的感官（sense）、情感（feel）、思考（think）、行动（act）、关联（relate）五个方面进行设计。

1. 感官体验

感官体验的目标是创造知觉体验的感觉，包括视觉、听觉、触觉、味觉与嗅觉。希尔顿酒店在客户的感官体验上可谓做到了极致。例如，希尔顿酒店会在每间浴室里放置一只可爱的小鸭子；希尔顿酒店的超市海鲜区不仅销售食用海鲜，还在精美小鱼缸中放置观赏鱼，如果客户喜欢这些观赏鱼也可以将它们带回家。此外，希尔顿酒店还提供饮品试饮、熟食试吃等。

2. 情感体验

情感体验的范围较广，它可以是一种温和、柔情的情感，也可以是欢乐、激动的强烈情绪。企业为客户制造情感体验，常用的联系纽带有亲情、友情、恋情等。缘于血缘关系的亲情，如父爱、母爱、孝心等可以真诚打动每一位消费者；"喝杯清酒，交个朋友"这句广告词，让消费者在宴请宾朋的时候多了友情的体验……

3. 思考体验

思考体验是以创意的方式引起客户的好奇、兴趣和对问题集中或分散的思考，为客户创造认知和解决问题的体验。对于生产高科技产品的企业而言，思考活动方案是经常要做的工作。另外，在其他产业中，思考营销也常被用于多种产品的设计、促销和与客户的沟通等方面。

4. 行动体验

行动体验的目的是影响客户的有形体验、生活形态与互动，行动体验简单来说就是"互动"。客户关系的本质是由一系列个性化的情感交互所组成的，因此需要跟踪检测客户与企业交互过程中各个接触点的动态变化，从而对企业组织结构进行相应的调整，提高客户的行动体验。

5. 关联体验

关联体验是为了改进个人渴望，要他人如亲戚、朋友、同事、恋人或是配偶和家庭对自己产生好感，让个人和一个范围较广的社会系统产生关联，从而建立个人对某企业的偏好，同时促使该企业的客户形成一个群体。关联营销已经在许多产业中使用，范围横跨化妆品、日用品到私人交通工具等。

8.2.2 客户体验的特点

客户体验具有以下五种特点。

（一）客户体验源于互动

客户在平台上，企业的人员与非人员、企业的产品和提供的服务之间会形成双向的互动。互动与体验的关系是紧密的。客户是互动参与的主体，互动可以是产生于客户与其他客户之间可看到的接触，也可以是来自客户的内心。产品或服务的购买过程中产生的一系列事件就是直接的互动，而口碑传播、社区交流与产品评论等附带于产品购买的行为就是间接的互动。

（二）客户体验具有唯一性

对于个体而言，客户体验具有唯一性。客户拥有的资源与利用资源的方式是彰显独特的关键。客户体验以自我为中心，他们会把自己带入不同的、自己设定的环境中，并且在其中产生一系列事件。因此，消费者不会有两次相同的客户体验，即使提供的产品和服务是一样的。

（三）客户体验与情境相结合

情境是客户与企业、其他客户之间互动的具体范围。体验情境可以从个体、社会和环境三个方面进行考量。在客户层面上，不同的客户对相同的情境会有不同的感受：有的客户可能喜欢吵闹的地方，他们认为这样比较热闹；同样的场景有的客户则非常苦恼，因为他们需要一个安静的场合。在社会层面上，其他客户的行为会影响客户的体验，如在电影院里观众的说话声会影响观影体验。

此外，个体往往会产生与社会地位相符的行为。比如，商务人士会选择一家设计高端、环境幽雅的饭店。环境层面上，天气、温度、时间、交通、自然风景等都会影响客户体验。所以，企业需要考虑具体情境来提升客户体验。

（四）客户体验具有多维性

客户在与企业、其他客户互动时产生的感知具有多维属性。客户的认知、情感、身体、知觉和社会地位元素都能表达客户的体验，并会影响人们对体验的感知与理解。客户体验的具体元素能够依照客户身处的情境或多或少地发生变化。这些体验的元素相互联系，形成了整体的客户体验。

（五）客户体验具有整体性

客户体验既是一个结果，也是一个过程。一个购物行为的发生需要多次分散行为的组合，如去超市购物需要乘坐交通工具、进入超市选购、到收银台付款、返回家中这基本的四步操作。去超市购物的客户体验需要与这四种分散事件的体验区别开来。因此，具体事物的客户体验和总体客户体验需要加以区别。后者是一系列客户体验不断发生的结果，前者是分散事件单独发生的结果。

8.2.3 客户体验活动方案

客户体验活动方案设计是客户体验管理实施系统设计的第三步。客户体验活动方案的设计要素分为物理要素和关系要素。物理要素根据企业提供的具体产品服务的差异，会有不同的设计思路，而关系要素的设计思路可抽象为企业与客户的交互流程，具有更强的概括性和普适性。

方案设计的重点在于梳理出客户体验的各个环节，并找出客户体验的关键交互点。

（一）客户体验的关键交互点

经过对市场营销过程的分析，我们发现客户体验的关键交互点有以下几类。

1. 体验的低谷

客户有负面情绪时是最容易放弃的时刻，企业要及时用其他方式进行补偿和刺激，缩短负面记忆的时间。例如，在就餐的等待期，饭店可以提供附加服务，如等餐期间的节目表演、制作过程的透明展示、娱乐设施的免费使用等。客户如果有惊喜，这种新鲜的体验感自然会提升，由此较低的期望值会换来客户满意度的大幅提升。

2. 体验的峰值

客户的期待和需求得到满足或者超出期望，那时是客户最满意的时候。促使客户达到情感峰值的诱因，应该是企业交换与其品牌价值相符的产品或服务的过程，这样才能让客户在企业和品牌之间形成关联记忆。例如，IMAX影院的核心价值不只是电影内容，更是作为一个休闲娱乐场所带来的综合环境的享受。关键体验体现在高端的环境设施和贴心的服务上，客户通过这些独特的体验来记住和肯定某个品牌，这样才能培养客户的忠诚度。

3. 体验的终点

体验结束的时候是对整个体验过程产生总结性评价的关键期。因此，要让客户带着微笑离开。根据市场调查及营销分析，客户体验的峰值和低谷的差值越大，越能让客户有幸福的体验，更能让客户从正面记住这个品牌。

（二）制定客户体验活动方案

梳理了客户体验的关键交互点，企业需要结合自身的产品和服务，实现这些关键体验。企业和客户的交互渠道有很多，如公众号、直播、市场活动、面对面的营销、社交平台互动、产品派送等，每一个环节客户都在接触企业的产品和服务，在这些交互点上，要让客户记住企业品牌，必须制定一个完整的客户体验方案。客户体验方案制定的过程如下。

（1）采集客户在每个交互点的情感体验，分析出交互过程中客户情感变化曲线。

（2）为不同客户制定不同的客户体验方案。划分为四个区域，其中关键交互点有最好、较好、比较差、最差四个等级，把各种影响体验的因素分类规划到对应的四个区域中，并针对不同等级设计出相应的体验过程，交叉构成客户体验方案。

（3）将体验方案递交企业，进行小范围活动实施，采样数据并反馈客户体验报告。

（4）对比客户体验方案和实际反馈的客户体验报告，根据客户的实际情感变化，对方案进行改进。改进的策略有两种：一是对于客户感到负面情绪的体验，寻找其他因素进行补偿和刺激，转移其注意力，从而让客户迅速忘记负面情绪；二是对于客户感到正面情绪的体验，需要整合有限的资源投入到做得较好的方面，而不是最好的方面，因为较好的方面比最好的方面有更大的提升空间，有助于优化整个品牌服务。

（5）将改进的体验方案重新实施，如此循环反复，不断改进客户体验方案，优化交互点。

（三）构建客户体验模型

企业资源有限，不能针对每位客户都定制情感曲线，而是对一个细分客户群定制一条情感曲线，所以要建立数据仓库进行概率分析，把上述理论落实到实际应用。

第一维度是体验指数，采集所有客户体验过程的情感状态，以体验指数反映其高低状态。第二维度是交互点，各企业的业务和产品不同，会有不同的营销过程，可以设置不同的交互点，给予客户不同的体验。第三维度是客户，因客户的自然属性不同，其客户体验和感受各不相同，因此可以按照不同的标准（如职业、城市、年龄等）进行客户细分。这三个维度构成的空间上有许多点，构成一个主体趋势，反映主要客户群的情感曲线变化。第四维度是时间，客户体验的生命周期分为多个阶段，需要一定的时间来完成，不同的时间可以达到不同的体验效果。

该客户体验模型有四个维度：体验指数、交互点、客户、时间。四个维度可以随意组合，从不同的角度产生各种有效信息。经过分析，其客户体验数据模型如图 8-1 所示。

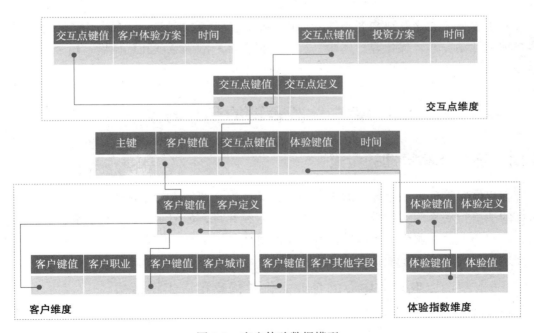

图 8-1 客户体验数据模型

企业通过收集客户体验过程中的情感变化，产生自身的客户体验数据模型。基于这一数据模型可以得出客户体验分析模型，如图 8-2 所示。有了此模型，就可以灵活多变地进行数据挖掘，产生各种有价值的信息。例如，基于客户细分的客户体验报告、基于客户细分在每个交互点上的体验报告、基于客户体验收集的投资回报率的分析等，企业因此可以考察资源的投入产出比，判断市场影响力，调整投资方向，优化资源配置等。这种模型对于注重客户体验的企业，特别是 B2C 的企业是非常有效的。

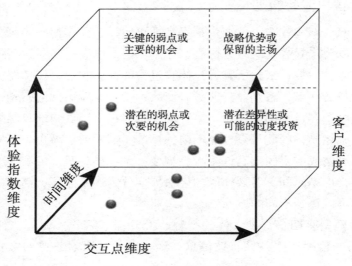

图 8-2　客户体验分析模型

基于客户体验交互点与客户体验分析模型，企业可根据实际状况，设计出适配性的客户体验活动方案，优化客户体验，进一步提升客户的满意度和忠诚度，增强企业的竞争力。

8.3　客户体验管理的测量与改进

8.3.1　客户体验管理的步骤

客户体验管理是一个庞大的工程体系，既要以企业的内部文化骨架作支持，也要有具体的战略行动来落实运行，"虚实结合"，双线并行。如何实施客户体验管理，从而提高客户对企业的忠诚度，并最终提升公司的价值，本节将从以下两个维度进行说明，分别阐述两条支线的运作步骤。

（一）塑造以客户为中心的企业文化并构建相应组织架构

1. 聘请具有客户中心价值观的员工

教授某人一项技能，要远比改变他的核心价值观或性格来得容易。除此以外，员工还应具备客户体验管理的具体技能。

2. 培养员工以客户为中心的思想

通过各种形式不断向员工传递以客户为中心的重要性，使得以客户为中心的准则转化为员工的行为习惯。例如，在员工中分享以客户为中心的真实案例，以鼓励那些表现优秀的员工继续保持下去，或向员工传递客户体验策略，使员工在进行客户体验管理时以一种更为客户中心化的方式进行。

3. 制定有效的奖励机制强化客户中心行为

奖励可以是承认个人成就的非正式奖励，也可以是以客户中心指标为基础的正式奖励。

（二）设计客户体验管理实施系统

1. 整合使用客户体验工具

客户体验管理属于服务管理范畴。随着互联网技术和相关行业的发展，服务设计和创新成为热点，客户画像、客户体验图等工具受到关注。整合客户体验工具对客户体验管理实施系统的设计有着重要作用。这里主要将工具分为两类：一类用于客户体验模型设计，另一类用于客户体验效果评估，而前者是我们关注的重点。

客户体验模型设计方面，主要应用两种工具。其一是客户画像，其二是客户体验图。一般认为，客户体验图是某类客户群体在某个特定领域经历和体验的可视化图形，包括各个接触点及客户期望、风险、满足感官期望的机会、满足情感期望的机会以及机器情感的路径等。

客户体验图的构成要素是不断变化的，其成熟期出现了"客户画像+客户旅程+体验评价+痛点和机会点"的综合结构图，结合客户体验管理和客户体验方案确定体验目的，对客户的基本需求进行识别，以辅助企业更精确地描绘客户画像，并着重梳理出客户体验图的客户旅程部分，找出客户体验的关键交互点。

在客户体验效果评估方面，可结合 KANO 模型、服务质量差距模型、SERVQUAL 模型、客户满意度指数、服务蓝图、感知蓝图等客户体验理论模型，使用关联分析、序列模式分析、分类分析（线性回归模型、决策树模型、神经网络）、聚类分析等分析手段，科学高效地对客户体验效果进行评估。

2. 识别客户体验需求

识别客户体验需求是企业实施客户体验管理的首要步骤，也是企业开发产品和提供服务之前需要完成的任务。通过识别客户体验需求，可以明确客户是谁、客户需要什么，以及在互动中实现客户对企业口碑的影响。

缺乏客户洞察而导致企业失败的例子不胜枚举，企业如果不能及时认识客户体验需求的多样性和动态变化性，必然影响客户对于价值实现的认知。

有两种方法可以帮助企业实现这样的效果，即角色设置和体验历程图谱。角色设置是虚构可以体现目标客户主要行为、属性、动机和目的的人物。角色设置可以帮助企业明确客户究竟是谁，而体验历程图谱可以帮助企业了解客户的行为。体验历程图谱是一种直观说明特定角色随时间推进的行为记录方式。该图谱通过描绘一位客户同企业之间的完整关系，即客户的每一步经历（包括发现、评估、购买、使用），涵盖了客户与企业之间的每一个接触点，使企业在分析这些经历时找出引起客户体验不佳的环节。

3. 设计客户体验活动方案

设计客户体验是一种通过对各类有形或无形体验设计要素的详细规划，从而设计出能够提升客户体验的方法。入手点是梳理出与客户交互过程的接触点，结合企业的服务和产品，形成特殊的客户体验。设计客户体验中的要素很多，但基本上可以按照物理要素和关系要素进行分类。

物理要素对应设计客户体验的有形方面，主要包括产品、服务以及环境等。基于物理要素的客户体验设计不仅会引起客户情绪或者情感特征的变化，而且在很大程度上会影响客户在服务环境中停留的时长以及客户忠诚度等。因此，在进行客户体验设计时应主要考虑要素的各类属性对体验设计的作用和影响，如产品的功能属性和外观属性、服务流程设置所体现出的效率和客户关怀、环境布置所营造的氛围。

关系要素的体验设计主要考虑客户与企业之间的交互。员工作为企业形象的代表和企业经营意图的执行者，对客户在与企业交互过程中的体验水平发挥决定性作用。员工的主动性、员工对客户需求的满足程度以及员工与客户行为之间的关系都会影响客户体验效果。只有当企业、员工以及客户在体验创造中互相认同并建立情感联系时，有效的体验设计才会创造客户忠诚。因此，为了能够为客户创造差异化的体验，在员工招聘、培训与考核中需要考虑客户体验工作的特殊要求。

4. 构建客户体验管理的评价指标

为了对客户体验管理的有效性进行验证，需要为客户体验管理建立持续改善的反馈机制，并构建相关的评价指标。这些指标可以显示客户体验是否得到切实的满足与提升，衡量企业所提供的体验是否合格，引导管理者寻找客户体验设计的关键点。客户体验是一种主观的心理感受，存在着很多不确定的因素和个体差异，要想精确评估或收集客户体验，并不是一件容易的事。为了构建出合理的客户体验管理的评价指标，需要明确客户对体验的定位。

客户对于自己的体验定位分为三个层级，从低到高依次为需求满足、容易性和愉悦程度。

需求满足是指产品或服务是否能够满足客户的需求，如快递能否把包裹运往正确的目的地。容易性是指客户能否较易获得产品或在使用产品时毫不费劲，如色盲用户使用网站时是否会出现问题。愉悦程度是指客户在与企业互动的过程中获得的愉悦水平，如客户在饭店用完餐心情感到愉悦的程度。

在客户体验管理中，能让客户体验到需求满足是企业运行的基础，能让客户体验到容易性可提升企业的竞争力，能让客户体验到较高的愉悦程度可为企业创造更多的价值。需求满足是基石，容易性是竞争力，愉悦程度是价值。因此，企业可以将这三个因素作为评价客户体验管理的一级指标。

8.3.2 基于客户感知价值的体验改进

通常企业会对客户参与价值进行分析,并根据自身情况对所有客户进行分类,进而做出客户群的选择。企业对选择的客户进行细分和资源分配,将这些分析应用于市场营销决策,以使营销活动更集中、更有效,通过打造差异化品牌,有效地为客户提供价值,以培养客户忠诚。

例如,联想将大客户业务部设立为单独的业务部门,面向政府、金融、电信等重要行业提供全面的有针对性的服务。针对行业客户设置专属的产品线,开通服务专线,派遣"驻厂工程师"。实现重复购买率高的长期客户和大客户与一般小客户的产品线、服务体系的区隔。

客户感知价值也是客户参与价值的重要组成部分,客户购买的不是物品,而是他们的期望,即客户希望在交易过程中实现一定的价值。客户价值的本质是客户感知,即客户对与某企业交互过程和结果的主观感知,包括客户对其感知利得与感知利失之间的比较和权衡。

客户感知价值实际上是指客户对企业提供的产品或服务所具有价值的主观认知。客户感知价值不同于传统意义上的客户价值概念。前者是指客户对企业所提供的产品或服务的价值判断,属于外部客户认知导向;后者是指企业认为自己的产品或服务可以为客户提供的价值,属于企业内部认知导向。

互联网时代下,企业可以从以下方面提高客户感知价值。

(一)简化操作流程,提高便利性

研究表明,网站操作越复杂,客户行为的完成率就越低。在提供流畅稳定的网站设计基础上,需进一步简化操作流程,让消费者感受到便捷。从一开始的浏览到最后的完成支付,每一个步骤都要简化明晰,这样才有利于消费者下单与付款。

(二)保证信息安全,降低支付风险

大多数消费者的敏感点在于注册和下单过程中对个人信息的收集,因此企业应减少对个人信息的收集,减少信息泄露的可能性,积极建立客户信息保密机制,强化网络防火墙技术,以及建立病毒防治体系等确保用户信息安全。此外,企业应在提供多样化支付方式的基础上,注重支付安全,选择安全可靠的支付平台。

(三)提高产品及服务质量

产品和服务是影响客户感知价值最为重要的一个因素。产品方面,企业首先应提高产品质量,丰富产品种类;其次,应结合市场情况制定合理价格,节约客户购买成本;最后,需保证产品及服务信息真实有效,避免过度夸张、虚假宣传,造成负面影响。服务方面,企业应及时优化信息系统,加快反馈速度,及时解决消费者的任何疑问,加强与客户之间的沟通交流。

（四）注重娱乐体验

随着生活水平的不断提高，人们对于消费体验的要求不断提高。企业应积极通过多种方式，如采用虚拟技术提供真实的购物环境体验，或者采用游戏、动画等方式让消费者参与互动等，为消费者提供新颖独特且有趣的购物过程，提高消费者的兴趣，让其在浏览过程中有愉悦感。

（五）提升企业口碑与形象

企业需意识到口碑与形象的重要性，积极输出正确的价值观念，与消费者形成情感层次的共鸣。不断完善自身形象，创建优质企业文化，形成客户认同，提高客户忠诚度。

案例速递

周 大 福

周大福在珠宝行业以设计、品质与价值闻名。作为珠宝行业中的龙头品牌，周大福早已意识到现在的消费者在选择购买时不只看产品，还会考虑所获得的消费体验。

为此，周大福通过购物点评项目，鼓励客户多反馈信息与分享，关注客户消费前、中、后的体验，从中发现问题、解决问题，形成完整的服务闭环。

此外，通过梳理客户消费旅程，周大福掌握了客户在消费全旅程中的体验现状，包括需求、行为、痛点、期待等一系列问题，并从中挖掘消费者在各个环节所在意的体验驱动因素，支撑下一步的改进工作。

8.4　服务失误与补救

8.4.1　服务失误

（一）定义

服务失误是企业所提供的服务水平未达到客户期望的最低水平所造成的，即客户感知的服务水平未能达到客户期望的最低水平。

服务失误取决于两方面：一是客户对服务的评价标准，即客户的服务预期所得；二是服务表现，即客户对服务真实经历的感受，也就是客户在服务过程中的实际所得。

（二）类型

服务失误可分为结果失误和过程失误。结果失误主要是指客户对实际得到的服务并不满意，基本的服务需求没有被满足。过程失误是服务传递方式上的缺陷和不足使客户感知受到影响，与客户如何接受服务、服务提供者的态度有关。

服务失误也可分为核心服务失误和服务接触失误。前者是与服务有关的问题，后者则是客户和服务提供者在互动过程中所发生的问题。

（三）服务失误的原因

1. 服务属性所致

客户感受与期望之间的比较是一种主观评价，对于同一种服务，并非所有客户的感受都一样。服务实时发生，无法预先检验；服务也多靠人来完成，而人又易受情绪的影响；服务包含大量步骤和细节，致使服务质量在不同时点、不同员工之间的波动较大。可见，服务质量是一个变量，服务存在失误的概率。

2. 服务企业所致

服务企业的设备、设施如果出现问题，会对服务质量与水平造成不同程度的影响。另外，企业服务人员的从业经验、身体状况、情绪状况也会影响其服务水准，造成服务失误。

3. 客户方面的原因

客户不能有效扮演其角色也会导致服务失误，如病人不积极配合医生治疗等；客户的疏忽也会导致服务失误，如客户将发票税号写错而无法报销等都是客户方面的原因造成的服务失误。

4. 外部环境因素

外部环境因素一般属于不可控因素，如货轮遭遇风浪而造成货物损失等。

（四）服务失误的危害

不同程度的服务失误会对客户满意度和消费行为意向产生不同的影响。随着失误严重程度的上升，客户会更加不满，从而给企业造成不良影响。在服务接触的过程中，客户常产生的不满意来源于核心服务的失败。一旦客户不能获得服务承诺的基本服务，即核心服务失误，通常会产生较强烈的不满情绪。具体危害如下。

1. 造成客户流失

服务失误对企业直接的影响就是客户流失，包括未投诉客户的流失和投诉未得到解决或得到解决客户的流失。

2. 负面口碑传播

当企业出现服务失误导致客户不满后，不满客户会向其他人讲述他所遭受的经历，造成负面口碑的传播。

3. 企业经营受损

面对服务失误，客户有时会采取强烈或恶意的报复行为，小到散布负面信息来诋毁企业，大到破坏企业正常营业秩序。例如，医疗纠纷中，患者一方妨碍医疗秩序，影响其他患者就医，就会给医院正常运行造成严重的不良后果。

4. 增加服务成本

客户往往会预期一个能够反映问题严重性的服务补救措施，需要更多更好的服务补救措施来弥补服务失误，需要企业花费额外的资源进行补救。

5. 客户信任度下降

对于服务失误特别是服务失误频发的企业，客户信任度必然下降。例如，在提供搜索引擎优化（SEO）服务的企业中，个别企业以不正当方式迅速提高某些客户网站的排名而造成其他客户的不满，这时企业的客户信任度必然下降。

8.4.2 服务补救

（一）服务补救的概念

服务补救是指服务性企业为客户提供服务出现失败和错误的情况后，对客户的不满和抱怨当即做出的补救性反应。由定义可以看出，服务补救是一种反应，是企业在出现服务失误时对客户的不满和抱怨所做的反应。其目的是通过这种反应弥补过错，挽回客户，重新建立客户满意和忠诚。

（二）服务补救的意义

一是成功的服务补救不仅可以重新赢得客户的忠诚，而且可以增强受过服务补救的客户的再购买意愿。服务补救矛盾论指出，那些经历了服务失败后又得到满意解决的客户比那些没有经历过服务失败的客户有更强的再购买意愿。

二是服务补救构成服务企业全面质量管理的一部分。服务补救作为一个系统，是服务企业全面质量管理的一部分，服务补救措施应是企业主动的反应机制，是其服务质量持续改进的过程。员工与客户共同参与服务过程，是服务的产销者和传递者，有效的内部服务补救机制可以使员工积极主动参与到服务补救中来。

三是成功的服务补救可以让服务企业"因祸得福"。服务失败在某种意义上赋予了企业"因祸得福"的机会。当服务失败不幸发生时，企业若建立并实施了有效的服务补救管理制度，一位训练有素、反应灵活、充分授权的员工完全可以采用适宜的服务补救，将潜在或已经不满意的客户变为忠实客户。

鉴于此，服务补救管理程序的建立和有效运行，在服务日趋同质化的今天，已经成为服务企业的关键竞争力，更是服务认证专业人员应掌握的基本技术。

（三）服务补救的必要性

吸纳一位新客户的成本是保留一位老客户成本的4~5倍。在首次服务使客户产生不满和抱怨时，企业必须做出及时的服务补救，以期重建客户满意和忠诚。否则，失去的不只是现有客户，还有大量的潜在客户。

此外，客户的不满有可能迅速且大范围传播，从而对品牌形象造成巨大损失。如果客户得不到应有的满足，他会把这种不满告诉其他人。

（四）服务补救的影响因素

研究发现，除了服务补救的具体措施会对服务补救效果产生直接的影响外，还有其他众多因素会对服务补救效果产生影响，其中影响较大的有以下几个因素。

1. 服务失误的严重性

服务失误的严重性与服务补救效果呈负相关关系。依据社会交换理论和感知公平框架具体阐述了这一过程，即当服务失误更加严重时，客户会认为交换不公平而更加愤怒，从而影响了服务补救效果。

2. 服务失误归因

服务失误归因是指发生失误的原因。归因情况将影响客户对服务失误的反应方式，也对企业采取服务补救措施的有效性有一定的影响。

基于归因理论，客户从归属性、稳定性和可控性三个维度对服务失败原因进行判断，推导出对应归因结果。

归属性：如果客户将造成服务失误的责任归于自己，那么他们不大可能产生抱怨，其满意度和抱怨倾向与服务没有失误时无明显差别，此时如果企业提供服务补救，会给客户带来更高的满意度。

稳定性：低稳定性的因素导致的服务失误，会让客户产生较大的不满，补救后则会有更高的满意度。

可控性：如果是可控性因素导致的服务失误，那么客户会对此产生较大的不满，对于服务补救的期望较高，而实际的服务补救感知较低；如果是来自不可控因素，客户对于服务补救的要求则没有那么苛刻。

3. 客户补救期望

客户补救期望与实际感知的补救绩效之间存在差距，会直接影响客户的满意水平。客户补救期望是客户判断服务补救效果的参照标准。

4. 文化

文化差异显著影响着补救策略的实施和结果。

5. 客户与服务企业的关系

不同关系类型对服务失败后客户的反应有不同的影响。如果与企业有较高保持关系意愿的客户，会在服务失误后有较低的服务补救预期，并把失误的发生归因于不稳定因素。而较低的补救预期与低稳定性的归因会在补救后带来更大的满意感。

（五）服务补救类型

1. 主动补救和被动补救

依据补救方式的不同，服务补救可分为主动补救和被动补救。主动补救是客户没有对企业提出抱怨和补救要求，或者客户尚未发现服务失误，企业主动、自觉地给予受损客户的补救。被动补救是针对客户抱怨或投诉而做出的服务补救。

2. 象征性补救、等值补救和超值补救

依据补救程度的不同，服务补救可分为象征性补救、等值补救和超值补救。象征性补救是指企业给予客户的补偿小于服务失误给客户造成的损失。等值补救是指企业给予客户的补偿等于服务失误给客户造成的损失。超值补救是指企业给予客户的补偿大于服务失误给客户造成的损失。例如，当客户预订酒店标准间后，酒店因工作失误没有为其预留房间，导致客人到店后无房间可住，酒店让该客户以标准间的价格入住商务间作为补偿就属于超值补偿。

3. 事中补救和事后补救

依据补救时机的不同，服务补救可分为事中补救和事后补救。事中补救是指在服务还没有结束时就给予客户补偿。事后补救是指在服务结束之后再给予客户补偿。

（六）服务补救的原则

服务补救是指由企业全体成员共同参与的，对服务系统中可能出现的过失或已出现的过失进行矫正，给予客户补偿，以期维持长远的客户关系和不断完善服务系统的一系列活动的总和。一般而言，企业实施服务补救时应当遵循以下几项基本原则。

1. 预防性原则

进行服务补救、化解客户抱怨的最佳时机是在事前，预防为主，补救为辅。

2. 及时性原则

进行服务补救，关键是快速反应。当出现服务失误时，企业做出的反应越快，服务补救的效果可能就越好。

3. 主动性原则

主动解决服务失误问题，不要等客户提出来再被动地去解决。还要为客户提供轻松方便的投诉环境和渠道，以便及时发现问题。

4. 注意精神补救原则

要关心服务失误对客户精神上造成的损失，照顾客户的情绪。

5. 客户知情原则

在未发生服务失误时，要让客户明白自己的权利和企业的义务，让客户明白在发生服务失误时投诉的方式；在发生服务失误时，要让客户清楚处理的步骤和进展。

（七）服务补救程序

关于服务补救方法，依据服务补救发起方不同，可以将服务补救区分为主动补救（proactive recovery）和被动补救（reactive recovery），前者是由企业发起的，后者是针对客户抱怨进行的。同时，要关注到未抱怨的客户，考虑预先补救，而不是采取被动的抱怨处理。

为了能够达到服务补救的最佳效果，企业应该在上述原则的基础上，确定企业的服务补救流程，系统、有条理地对服务进行补救。通常服务补救应该遵循如下流程，如图 8-3 所示。

1. 确认服务过失

要为客户提供优质的补救服务，管理人员先要深入了解客户不满的原因，发现服务工作中存在的各种问题。确认过失后，才能有效进行补救。客户抱怨及其反馈是企业

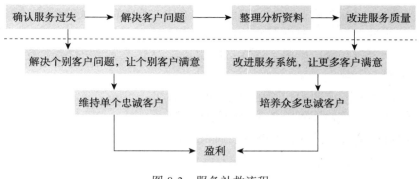

图 8-3 服务补救流程

确认服务的一种重要方法。

2. 解决客户问题

对于客户的投诉提供方便、高效率的回应服务，解决客户的问题，有助于提高客户的满意度，让抱怨的客户成为企业商品或服务的永久购买者，使企业投入在服务补救中的努力获得相应的回报。

3. 整理分析资料

企业应认真搜集、记录客户的反馈，并将反馈内容整理分类，评估抱怨的内容，从而有助于企业做好补救服务，有效提高客户的满意度。导致客户抱怨的原因多种多样，具体可分为四类：质量问题、服务态度不佳、服务方式不好、对服务设施条件不满意。

4. 改进服务质量

在整理分析反馈内容，找出服务失败原因的基础上必须采取各种措施，持续改进服务质量，提高客户的满意度。服务补救时解决单个客户的抱怨，维持单个客户的忠诚度，具有直接的效果。更重要的是，服务补救能改善整体服务系统，提高服务质量，培养众多客户的忠诚度，实现企业的盈利目标。

（八）服务补救的预防机制

研究表明，若使客户在无差错服务和高超的服务补救之间进行选择，客户还是认为提供无差错服务的公司要好一些。与无差错服务所激发的客户满意相比，出色的服务补救并不是带给了企业一次机遇。任由服务失败发生是企业对客户不负责任的表现，服务补救必须坚持预防在先的原则。

下面将从稳健设计（robust design）和内部服务补救（internal service recovery）两个方面来探讨服务失败的有效预防问题。其中，稳健设计是指通过服务设计改进来稳定地消除服务失败的根源，而内部服务补救的目标在于将服务失败消灭于对客户造成损失之前。稳健设计在预防服务提供系统失败方面发挥着重要作用，而在员工不合理言行和客户控制不力的预防方面，主要依靠内部服务补救来解决。

1. 稳健设计

稳健设计是一种面向产品质量，提高产品性能稳健性的方法，其目标是尽可能地消除服务质量差距。服务质量差距可产生于管理层对客户期望的感知过程、将客户期望转化为服务设计的过程、实际提供服务的过程和宣传服务的过程。稳健设计以管理层对客户期望的准确感知为基础,作用于将客户期望转化为服务设计的过程,受实际服务提供和服务宣传过程的影响。

在准确把握客户需求期望和顺应服务实际提供和服务宣传要求的前提下,欲增加服务设计的稳健性,以达到预防服务失败的目的,可考虑以下设计思路:①把日常事务和重复步骤自动化;②设备标准化;③流程简化和减少步骤;④快速的信息传递。

2. 内部服务补救

内部营销(internal marketing)的概念包括两个基本理念:一是企业中的每个人都有客户;二是内部客户在富有效率地为最终客户提供服务之前,他们必须在工作中获得必要的服务和愉悦。因此,营销工具和理念(如市场细分)可以应用于内部员工。内部服务补救的对象是心存不满的内部客户,而成功实施应依据一定的原则。

一是及时性原则。一旦发生服务差错,相关人员及部门应及时通知并积极采取补救措施,以免使内部客户措手不及或导致外部客户损失的大幅增加。例如,当出现客户邮递物品损坏时,应及时通知前台接待人员,由其及时与客户联系并启动赔偿及二次邮递服务。

二是移情性原则。内部员工出现服务失败时,应设身处地地为内部客户着想,设想他们因此而遭受的经济损失与社会损失,以及花费大量时间向外部客户解释、道歉及受到外部客户缺乏理性的责骂等。

三是协作原则。面对服务失败的发生,内部员工不是礼貌地将其移交给内部客户就万事大吉,还需对内部客户所采取的补救措施以大力支持与配合。例如,当需要对服务进行紧急复原时,往往要求内部员工以高度的责任心来保时、保质、保量地完成。

案例拓展

特　斯　拉

传统汽车制造商的汽车销售多依赖独立的经销商网络,这就会使车辆需要经过大量的中间商才能到达消费者手中。这可能给有购车需求的客户带来压力,因为客户可能需要面对推销和讨价还价等烦琐事项。此外,在传统的汽车销售模式下,经销商和客户之间存在信息差,客户难以获取完整的车辆信息,也难以判断是否获得了合理的报价。这最终可能导致客户购买价格的上涨,同时客户的购买体验也较差。

为了改善客户在购车、维护服务等过程中的体验,特斯拉采取了以下措施。

一是打破传统的经销商销售模式,允许客户直接在特斯拉的官方网站上预订汽车,并在官网上为客户提供了固定、清晰的价格结构,客户可以根据自己的需求定制汽车。

二是在全球的主要城市开设展示厅,让客户可以近距离地体验汽车。区别于传统车企的是:特斯拉并不在店内进行推销活动,保证从线上到线下都能够为客户提供无忧的"一站式"购车体验。

三是建立服务中心，专门为特斯拉汽车提供保养和维修服务，以确保能为客户提供高标准、高质量的服务。

一方面，通过直销模式，特斯拉成功塑造了友好、透明、创新的品牌形象。此外，特斯拉通过跳过经销商，在保证了企业利润的同时，又能够为客户提供更具竞争力的价格，让客户获得了愉悦的消费体验。

另一方面，透明的购车体验和差异化的服务使特斯拉赢得了大量的忠实客户。得益于与客户的直接沟通，特斯拉可以快速获取市场反馈，迅速对自身产品进行迭代和优化。

总的来说，特斯拉打造的直销模式关注到了传统汽车销售过程中客户的不良体验，有针对性地对自身服务进行改变，为客户提供了简洁、高效和透明的购车体验。这一差异化竞争特色帮助其建立了强大的品牌知名度与忠诚度，从而让特斯拉在竞争激烈的汽车市场中脱颖而出。

特斯拉是如何设计客户服务体验的？

即测即练

第 9 章

客户忠诚计划

9.1 客户忠诚计划概述

9.1.1 客户忠诚计划定义

客户忠诚计划（customer loyalty program），又称忠诚度计划，作为商家的一种营销策略，是以长远利益关系为导向的。其建立在行为奖励计划的基础上，是一种客户管理计划，通过为客户提供延迟或立即的增量奖励，回馈他们的累积光顾。商家向消费者提供多样化的方式来积累计划货币（program currency），如积累积分、里程等，当积累到一定的数量后换取相应的回报，其根本目的是为企业的会员提供更好的服务，使得客户对企业有更高的认同感。

在实施该计划的过程中，商家会有不同的形式，如打折、现金返利、免费物品赠送或提供特殊服务等。需要说明的是，购买了商品立即参与抽奖等形式的促销计划不属于客户忠诚计划的范畴。

9.1.2 忠诚度计划类型

关于客户忠诚计划的分类，目前众多研究者比较认同的是独立积分计划、会员俱乐部、积分计划联盟和联名卡等模式。

（一）独立积分计划

独立积分计划是一种典型的忠诚计划，通常是企业为了刺激客户的消费忠诚和推荐行为而向客户推出的。独立积分计划是指当客户向某企业购买产品、服务时，该企业依据其购买的产品或服务金额提供一定的积分奖励，要求消费者在有效的时间内积累到规定的积分额度之后便可兑换企业所提供的物质奖励。

独立积分计划比较适用于客户多次交易或持续购买延续服务的企业，本质是消费折扣，通常适用于刺激重复消费行为的零售型企业。零售型企业是应用独立积分计划常见的商业实践者，如超级市场和连锁百货超市等。

独立积分计划成功的关键在于建立一个真正具有吸引力、回馈方式丰富的适合目标消费群体的积分奖励平台，因此积分成本的控制成为该模式的关键环节。零售型企业的产品价值不高、利润率较低，较高的积分成本虽然能够更快吸引客户，但也会使企业陷入困境。然而，如果积分回馈设置门槛较高，虽然能够有效降低积分成本，但容易失去客户吸引力，得不偿失。

此外，独立积分计划也容易被竞争对手模仿而失去吸引力。当前，越来越多的商家开始使用独立积分计划，导致消费者拥有许多作用相似的不同商家的消费卡，虽然享受了相应的销售折扣和积分，却对每一家都谈不上忠诚。

（二）会员俱乐部

俱乐部模式是客户忠诚计划的一种高级模式，相对于其他三种模式，更为复杂多样。会员俱乐部是那些能提供专业化产品或服务，并且客户群体集中，单个客户的消费就可以创造很高的利润。核心客户对企业的收入和利润贡献较高。

作为忠诚计划的一种高级形式，会员俱乐部首先需要构建一个面向客户的关怀中心与互动沟通中心，与独立积分计划和联名卡模式相比，会员俱乐部模式更有助于保持企业与客户的有效沟通，能够更好地赋予客户忠诚计划更多的情感因素。随着营销技术的不断发展，客户俱乐部模式正向着"客户价值创造中心"演进。随着客户化营销的不断发展，客户俱乐部愈加综合，常常兼顾独立积分计划、合作联盟与联名卡等模式的特征。在一些忠诚营销发展较成熟的行业中，已出现成熟的客户俱乐部发展成独立运营的第三方机构的趋势。

相对而言，这种模式使得企业和客户保持密切的联系，更易于交流，客户与企业有了更多的情感连接。对企业来说，这种模式在前期不但需要投入大量的人力、物力，而且在设置的过程中若出现了偏差，不但吸引不到新客户，更可能流失原有的忠诚的客户，得不偿失。

（三）积分计划联盟模式

积分计划联盟又称合作联盟，是指由两家或两家以上的企业合作共同推出的积分计划。该计划实施的是一个积分系统，消费者所获得的积分在联盟的任意一家企业均可以使用，不但极大提高了客户的转换成本，也提升了联盟企业的品牌形象。与独立积分计划相比，积分联盟模式更为有效和经济。积分联盟扩大了服务利益的丰富性，对客户也更具吸引力，如果应用得当，客户获得奖励回馈的周期也较短。

积分联盟模式最大的挑战是如何解决联盟中企业实力不对等的问题，客户在大企业中获取的积分在小企业中进行大量兑换和使用会给小企业的经营带来巨大的冲击。这种模式普遍存在的一个问题是一旦联盟企业之间实力不对等，处于弱势的企业将得不偿失。

（四）联名卡

联名卡是非金融界以盈利为目的的公司与发卡银行共同合作发行的银行卡，主要目的是获取更多的客户接触机会，增加传统的销售业务量，其功能与信用卡类似。

该卡的发行是一种三赢的策略，不论是消费者、银行还是商家，都能从中获得更多的利益。从增加细分市场渗透率的角度来说，针对有一定共性特征的消费群体来设计服务品牌是一种极好的市场细分手段，对加强信用卡发行和签约合作伙伴的忠诚度都有积极的意义。联名卡的缺点是其本质仍是一种信用卡，合作企业往往因此受到很多的限制。

此外，在商业实践中也存在其他的客户忠诚度计划，如万悦会根据客户类型不同，推行个人客户忠诚度计划、商务客户忠诚度计划、餐饮客户忠诚度计划和度假客户忠诚度计划。

一方面，商旅客源尤其是大型优质企业客户一直都是各大酒店集团重点关注的对象，但多数集团并没有制订统一的商旅会员计划，或者说并未真正开发出商旅客源的更大价值。万悦会于 2021 年上线新商务客户奖励计划——按照"5 元一个积分"的权益兑换，让商旅客户手里的积分不再"躺平"。同时，制订了"订房人奖励计划"来奖励会议组织者，每年通过会议会员带给酒店的营收超过 2 亿元。

另一方面，餐饮收入通常在高星级酒店占比较高（可达到 50%），而且消费客群多为本地高频消费客人、各类宴请消费。万悦会餐饮客户忠诚度计划通过产品组合的方式和储值营销模式为餐饮客人提供个性化服务，并且权益互通——餐饮会员可同时享受同等级酒店会员权益。

此外，万悦会以长白山万达国际度假区为核心，于 2022 年 11 月推出了基于文旅消费的度假奖励计划——通过与文旅细分消费场景的绑定与权益互通，实现会员资源联动增长。以滑雪消费场景举例，新度假奖励计划的会员，可享受包括夜场滑雪时提前入场在内的多种专属度假会员权益，同时高质量的新度假奖励计划会被自动匹配为个人客户忠诚度计划会员，入住万达酒店时享受酒店会员权益。同样地，他们也享受在度假与酒店不同消费场景的同时积分，形成消费积分闭环。自上线以来，度假奖励计划已经为万悦会留存会员超过 8 万人。

9.1.3 客户忠诚计划的作用

客户忠诚计划的作用是什么？客户忠诚计划的作用不仅是吸引新客户，更应该被认为是一种"习惯"，引导客户重复购买的"习惯"，其不会轻易地为竞争对手的品牌、产品或服务所动摇。我们可以通过戴森的案例探讨客户忠诚计划的作用。

在国内，戴森的每款产品均带有一个唯一的二维码。消费者需要扫描这些二维码以激活其产品的保修。与此同时，客户在登记该产品时，数据将被汇总到一个 CRM 营销自动化平台，该平台可将客户细分，以进行个性化沟通、交叉销售、宣传活动以及数据分析跟踪。

这样，戴森可以知道客户何时购买以及购买了哪些产品，之后就可以通过电商平台发送给客户何时可以购买其他产品，如提醒客户购买配件过滤器等。追踪客户的购买信息也能让品牌更有效率地在不同时间段有针对性地推广产品。此外，戴森有推荐好友奖励活动，客户可以推荐家人朋友获得定制化优惠。

在大数据驱动下，各品牌都在转向全渠道忠诚度和互动策略，以增加市场份额，从竞争对手处吸引客户，并留住有价值的客户。这种方法更加个性化，也更加注重品牌文化导向。戴森可以利用这类数据管理系统收集会员信息，通过这些数据去更好地为自己的老客户量身定制产品和服务。客户作为"品牌忠诚计划"成员，在活动中获得的感受和体验，将直接影响到之后的下单意愿。

戴森培养了客户的社区意识，也提供了定期奖励和特别优惠。同时，通过提供更好的购物体验，戴森也更有可能吸引并留住核心目标消费者。

由此，我们不难看出，品牌越来越多地投资于忠诚度计划，原因如下。

（一）客户忠诚计划能确保企业的长久收益

培育客户忠诚是企业客户关系管理的目标，"客户忠诚计划"通过培育客户忠诚，进而建立稳定的客户群，保持企业的经营稳定。往往只有忠诚的客户才会持续购买企业的产品或服务，才会对企业的其他产品产生连带信任。当客户对某类产品产生需求时，会自然地想到购买该企业的产品，这可以增加产品的销售量，给企业带来长期的收益。根据 Salesforce 提供的数据，增加 5% 的客户保留率可以增加 125% 的利润。

通过客户忠诚计划，企业可以与客户建立稳定的互动渠道，提升客户留存度，促进更长的客户生命周期；提升客户的活跃度，并向客户推荐不同的产品，增加客户购买的频率。

（二）节省企业客户开发的成本

在竞争日益激烈的买方市场中，企业开发新客户的成本越来越高。对于很多企业来说，最大的成本就是开发新客户的成本。比起开发新客户，留住老客户的成本要低很多。

客户忠诚计划可以通过培育更了解和信任企业的忠诚客户，与客户形成合作伙伴关系，进而促成企业与客户间交易的程序化，使企业大大降低客户搜寻、开发成本。企业也能够以优秀的忠诚度计划吸引新客户，并说服那些持观望态度的客户转换成企业客户。根据 LoyaltyLion 提供的数据，52% 的客户会优先选择在他们有以积分和奖励等形式为主的客户忠诚计划的品牌进行购物。

（三）提高企业运营效率

相对固定的客户群体和稳定的客户关系，可使企业不再疲于应对客户数量不断波动而造成的需求变化，有利于企业排除一些不确定因素的干扰，集中资源为客户提高产品质量和完善服务体系。同时，企业通过收集客户交易和行为数据，奠定客户洞察的基础，提升企业的运营效率。

在现代隐私协议下，企业可以通过客户忠诚计划采集客户信息，与客户直接联系，建立一条与客户直接联系的线路。客户忠诚度计划能使企业更好地实现客户触达，并让客户自愿将个人信息给予企业并与他们联系，这极大提升了企业在营销等商业运营活动中的执行效率。

此外，企业也可针对忠诚客户——这一重要的客户群，收集意见及进行有针对性的分析，进而在市场上形成营销和服务的差异化，提升企业运营效率，降低失误率。

（四）促进广泛的口碑传播

企业可以通过优秀的忠诚度计划，为客户提供加入的理由，吸引客户加入，并将普通客户转变为品牌的拥护者。通过对客户表示感谢和回馈，企业可以为客户提供良好的服务体验，使他们感受到被重视，给客户带来荣耀感，增进客户关系的强度。

基于与客户的强关系，企业可以通过客户忠诚计划，将客户培育成企业产品或服务的有力倡导者和宣传者。他们会将对产品或服务的好感告诉亲朋好友，甚至积极推荐他人购买，从而帮助企业在市场上建立良好的口碑。

总而言之，客户忠诚计划的优劣影响着企业的生存与发展，体现了企业竞争能力的强弱。客户忠诚计划不仅能使企业获得可持续的收益，降低企业运营成本，还促进了企业口碑的传播，保证了企业的可持续发展。

案例速递

京　东

京东是国内的一大购物平台，其以"产品、价格、服务"为核心，致力于为消费者提供质优的商品、优惠的价格，通过不断优化售后服务，引领网络零售市场的发展。

京东商城的一大亮点就是通过完备的客户服务满足客户在购物时的需求，提高客户的忠诚度和满意度，进而培育客户忠诚。基于此，京东推出了极具特色的客户忠诚计划，如通过"京东 PLUS 会员体系"、京豆兑换、优惠券发放、京享值等方式，让客户享受到更多优惠和更优质的服务，从而提高客户的留存率和购买意愿。

9.2　如何设计客户忠诚计划

9.2.1　设计要素

（一）客户注册（enrollment）

客户注册有两种形式：客户自行注册与需要企业认证。

客户自行注册进入门槛低，自由度高，可以让更多的客户享受到客户忠诚计划，自由决定是否需要此服务，但是无法保证为每个进入客户忠诚计划的客户提供较高的利益和精准的服务，客户流失情况较严重。客户自行注册适用于零售等客户数量多、商品利润低的企业，超市、便利店采取的会员客户注册方式，就是这一形式最好的例证。

需要企业认证的注册进入门槛高，手续复杂，需要企业对客户进行审核，但可以保证核心客户在客户忠诚计划中的利益，同时有效控制成本，有效维持创造利润最多的客户的忠诚，适合少量核心客户创造大部分利润和价值的企业。如华为云、阿里云等为企业提供数据服务的云计算服务平台都采用这样的客户注册方式。

（二）客户分层（tiers）

企业可以根据客户的投入、购买水平，将客户划分为不同的层级：购买量大、投入高的客户级别较高，购买量小、投入低的客户级别较低。企业要为不同层级的会员提供不同的产品利益和服务待遇。会员其实非常关注自己和什么人在一起，清晰的客户分级有助于俱乐部的会员感知到企业是在差别化地对待客户，这有利于激发客户的购买欲，增加企业利润。

同时，企业也可以实现精准营销，重点关注顶层的核心客户，减少维持客户忠诚的成本。许多企业都有意识地进行了客户分层，如阿玛尼、兰蔻等化妆品品牌，就根据客户的消费额进行了层级划分。在爱马仕等奢侈品品牌的客户管理中，这样的客户划分更为明显，如爱马仕的某些限量款商品就仅对部分核心客户开放售卖，想要成为爱马仕的核心客户需要达到不菲的消费额。

（三）伙伴关系（partnership）

与其他企业合作建立伙伴关系，提供一个联合计划，客户可以用本企业购买产品和服务取得的积分在不同的企业赚取和兑换奖励，即积分联盟模式。这一模式常见于国内电信运营商与一些企业合作推出的消费积分兑换服务中，运营商通过这样的形式为用户提供相应的产品或服务兑换，客户可以将自己的消费积分兑换成由运营商或其他企业提供的产品或服务。后面的客户忠诚计划类型部分会有详细阐释，此处不做赘述。

（四）通货（currency）

企业通过忠诚度计划（如积分、里程等）与客户交换价值的方式和奖励匹配息息相关。确定好与客户交换价值的形式是制订客户忠诚计划的重要一环，好的形式应当是便于客户理解的、便于兑换和流通的，有利于制定合适的客户忠诚计划进入门槛，从而实现吸引客户进入和控制成本之间的平衡。如许多航空公司或酒店会推出"常旅客计划"，这是面向经常使用其产品的客户推出的，是一种以里程累积或积分累计奖励里程为主的促销手段。

（五）奖励类型（reward type）

奖励类型大致分为硬奖励与软奖励两种。硬奖励是指有形的或经济的奖励，如积分兑换产品或服务等，具体像"满减""满送"等希望增加即时购买的促销措施，或能兑换现金券的积分制度。软奖励是基于心理或情感利益的奖励，是精神奖励，比如社交价值，具体像排名在好友里优先，或者能够做一些慈善事业，比如支付宝能够帮你种树。这两种奖励形式都能够有效留住目标客户。

不论哪种奖励形式都要符合以下四个属性：一是吸引性，奖励是客户想要的而非滞销产品；二是竞争性，提供的赠品得有一定的复制难度，使客户无法在其他地方轻易取得；三是及时性，奖励的反馈要迅速而强烈的，让客户感受到企业的诚意；四是可获性，如奖励门槛的高度、兑换的流程是否简便等。奖励类型要综合客户类型与企业运营来选择，软奖励对于企业来说成本较低，但硬奖励往往可以给客户提供有形的福利，更受客户的欢迎。

（六）奖励价值（reward value）

奖励价值主要指奖励的货币价值。奖励应该具备一定的货币价值，这样会使参与客户忠诚计划的客户感到是有利可图的，参与该计划确实可以从中取得收益，同时也可以吸引更多的客户参与到客户忠诚计划中，起到吸引新客户进入和巩固老客户、提高流失门槛的作用。如相较于获得"积分"，客户可能更喜欢"折扣""满减"这些更容易以货币价值来衡量的奖励方式。

（七）奖励匹配（reward fit）

奖励匹配分为两种：直接奖励与间接奖励。直接奖励与核心产品密切相关，间接奖励则不然。直接奖励可以为核心产品营销，提高其出货量，鼓励客户多购买和使用核心产品，如"折扣"这类奖励方式就会激发客户的购买欲。间接奖励是在客户洞察的基础上进行的，打通了客户不同领域的需求，如为客户提供商品的管理、分销等服务，为客户提升商品销售率。

9.2.2 设计方法

有效的客户忠诚计划应该考虑以下几个关键因素：将忠诚项目融入企业文化；使用已有客户的信息和知识，去了解客户，以获得更大的客户份额；在适当时候，将具体和适当的信息传递给适当的客户；树立可获得目标；计划衡量所有的结果。

下面给出一个客户忠诚计划工具的示例。

（一）回答关于产品与客户的基础问题

- 产品对客户的价值是什么？
- 目前的产品能否满足客户期望？
- 目前的产品主要存在哪些问题？
- 现有客户的满意度如何？
- 现有客户的忠诚度如何？

（二）希望忠诚计划实现什么目标

- 留住核心客户。
- 奖励忠诚客户。
- 发现成长的新客户。
- 打造有影响力的品牌。
- 保持现有客户的利润。
- 建立客户信息数据库。
- 向现有客户销售其他产品。
- 其他目标（如应对竞争等）。

（三）定位哪些目标客户群

- 核心客户（重要客户）。

- 定期购买的客户。
- 偶尔购买的客户。
- 潜在的市场客户。
- 渠道分销商或零售商（B2B）。
- 目标客户群的范围：
  - 所有目标客户群。
  - 分层目标客户群（如仅针对高价值客户）。
  - 选择的细分客户群（如针对某个特定的产品或区域）。

（四）选择什么样的忠诚营销模式

- 选择适合的忠诚营销模式：
  - 返券折扣。
  - 积分计划。
  - 合作联盟。
  - 忠诚礼遇。
  - 客户俱乐部。
- 选择适合的会员类型（开放型忠诚计划/限制型忠诚计划）：
  - 会员条件。
  - 会员分级与分类差别（如针对普通客户和重要客户的差别）。
- 预计会发生哪些费用：
  - 人员、资源、信息技术、品牌、营销等方面的投入。
  - 在不同的运营情况下，可能发生的费用预测。
- 如何收回成本投入：
  - 会员费用。考虑数量和有效期限。
  - 合作佣金。与外部合作伙伴的合作佣金、商品销售等。
  - 服务收费。可收费的忠诚计划的利益。
- 如何应对超出营销预算的费用。
  - 建立预警机制：监控预算执行情况，设定预算预警阀值。
  - 制定应急预案：调整费用优先级，削减非核心项目。
  - 持续优化调整：根据市场反馈及时调整计划。

9.3　客户忠诚计划运营

9.3.1　运营要素

（一）规则清晰

企业是否能够清晰传达给予客户奖励的原因。客户忠诚计划的规则应当清晰简单，便于客户理解。一方面,可以更好地吸引客户参与客户忠诚计划,降低进入的认知门槛,让客户认为这个计划是易于进入的、有利可图的;另一方面,便于解决后期可能出现的纠纷与矛盾。

(二)奖励可视性

奖励可视性是指奖励对于客户的显著程度。通常奖励越显著,越能满足客户的心理预期,带给客户较高的感知价值,给客户带来荣耀感,延长客户的生命周期。同时显著的奖励可以吸引未参与客户忠诚计划的客户加入其中。

(三)奖励排他性

客户忠诚计划旨在为参与客户提供更好的产品与服务,甚至是个性化服务,服务成本较高。大部分客户价值不高,提供忠诚计划往往会在增加成本的同时创造有限的效益,并不划算。故奖励应当限于一小部分客户,而非让所有客户都参与其中。对于想要加入忠诚计划的客户,通常要设立一定的门槛。这种限制型会员政策会激发客户加入的渴望,更能够增加忠诚计划的价值感知。确保只让核心客户参与客户忠诚计划,有利于提升核心客户的归属感和尊贵感,为他们提供更好的服务。

(四)奖励分配

奖励分配是指分配奖励的机制(例如,预先填充的印记)或时间安排(例如,每次交易后立即或积分累积后延迟)。奖励应当有一套合理的机制,尽可能给予客户更多的选择性和便利性,让客户真正获得想要的产品或服务,如在兑换相应的积分奖励时,尽可能从客户角度出发,提供有吸引力的奖品和便利的兑换方式。

(五)目标与旁观者

目标客户获得奖励,旁观者客户观察或见证目标客户获得奖励。一方面,增强了目标客户的尊贵感,给予了其心理满足,提高了其对客户忠诚计划的认知价值;另一方面,吸引了新客户的加入,为新客户提供了加入的理由。

(六)客户匹配度

不同客户可能与忠诚度计划有不同的契合度(例如,在收取奖励方面的优势、与商店的距离)。尽可能授权员工在现场识别高级会员,并提供个性化的优质服务。面对客户的意见,客户忠诚计划需要建立迅速对服务问题进行个性化响应的机制。

9.3.2 实施步骤

(一)确定计划目标

应根据产品和服务的特性、客户的特点与企业的发展战略来分析是否有必要实施客户忠诚计划。若有必要,应确定实施客户忠诚计划的目标:是想增加平均订货或订货次数,是想表达诚意,是想阻止品牌转换,还是想吸引新客户。不同的目标可能导致不同客户忠诚计划的实施。

（二）制定高效沟通策略

制定行之有效的沟通策略，可推动计划的实施。客户忠诚计划可以通过大众传媒如电视等传播（成本较高），也可以通过推送等沟通方式向细分市场的特定客户或非客户传播（这样可以有效控制成本）。企业还要关注客户忠诚计划后期跟踪服务中的信息沟通，提供便利的服务；同时，要加强与企业内部部门、加盟企业的沟通，保持与积分结算平台顺畅的信息联系。

（三）系统培训

企业应该对员工进行一定的培训，保证员工的素质与沟通合作水平，为计划的实施做必要的准备。

（四）衡量并不断提高忠诚计划的绩效

一项成功的客户忠诚策略最重要的特征就是让客户看到增加的价值，如果客户看不到这些，那么这项策略注定是要失败的。增加价值必须向客户提供他们需要的利益，而不是商业机构可能希望提供的利益。客户忠诚计划应当有一套完整的与计划息息相关的绩效考核标准，通过对绩效的考核，找到计划的不足并及时止损或补充完善，不断创新。

9.3.3 效果评估

客户忠诚计划推行的目的是培养忠诚客户，因此可以将客户忠诚度的提升作为绩效评估的标准。根据客户忠诚的价值，可以从以下几个方面来衡量客户的忠诚度。

（一）客户重复购买次数

在一定时期内，客户到某企业重复购买产品或服务的次数越多，说明对该企业的忠诚度越高；反之，则越低。企业的地理位置、布局、商品种类等因素会影响客户到企业重复购买的总次数，因此在确定这一指标合理界限时，需根据不同企业性质区别对待，不可一概而论。

（二）客户对价格的敏感程度

对于喜爱和依赖的产品，消费者对其价格变动的承受能力强，即敏感度低；而对于不喜爱和不依赖的产品，消费者对其价格变动的承受能力弱，即敏感度高。运用这一标准时，要注意产品对于人们的必需程度、产品的供求状况以及产品的竞争程度三个因素的影响。

（三）客户对竞争企业的态度

客户对竞争企业的态度，能够从反面反映其对某一企业的忠诚度。如果客户对竞争企业有好感，兴趣浓，那么说明客户对企业忠诚度低，购买产品或服务时很可能以前者取代后者；如果客户对竞争企业没有好感，兴趣不大，则说明其对某一企业的忠诚度高，购买指向比较稳定。

（四）客户对产品质量事故的承受能力

任何企业的产品都可能因某种原因出现质量事故，即使是名牌产品也很难避免。客户若对某一品牌的忠诚度高，对出现的质量事故会以宽容和同情的态度对待，不会因此而拒绝这一企业的产品。运用这一标准衡量客户对某一企业的忠诚度时，要注意区别产品质量事故的性质，即是严重事故还是一般性事故，是经常发生的事故还是偶然发生的事故。

（五）客户增加幅度与获取率

客户增加幅度是指新增加的客户数与现有基础客户之比。客户获取率，即最后实际成为客户的人数占所有争取过来的总人数的比例。此项指标主要是衡量实施客户忠诚计划后带来的间接效果。

（六）客户流失率

流失率的历史记录能显示出谁是最有希望的客户群。要认识到企图挽留那些威胁着要离开的客户也是一种资源浪费，对应该舍弃的客户投入人力物力改善服务质量也可能会产生副作用。

案例拓展

星 巴 克

在传统零售商中，星巴克将客户忠诚计划推至了前所未有的高度，许多人将这一成绩归结于移动支付平台，事实上，这是其客户忠诚度的长期积累。

1. 培养更多的忠诚客户

如今，零售商开发一款手机应用来管理忠诚计划很常见，但星巴克推出的"星巴克星享会员俱乐部"是一个全新的创意。通过星巴克的应用参与该计划对客户来说非常容易，客户不用担心是否忘记或丢失了会员卡，这样的便捷性让星巴克的应用受到了会员客户的欢迎。

此外，客户注册"星享俱乐部"账户即可免费成为银星级会员，同时也可以在星巴克以外的平台和第三方合作渠道积累"星星"。为了获得更多的忠诚积分（或"星星"），客户必须使用星巴克应用下单或付款。通过这种方式，星巴克将客户交易集中起来，打造了一个包含客户喜好和行为的数据"金矿"。热销饮品、光顾门店频率、周期性偏好……星巴克可以收集这些习惯信息，以更好地向客户提供更多相关优惠和信息，进而培养更多的忠诚客户。

2. 以会员分级促进客户忠诚的培养

星巴克将会员分为三个等级：银星级、玉星级、金星级。金星级会员在星巴克每消费 50 元可以获得一颗"好礼星星"，而客户可以用九颗"好礼星星"来兑换一杯中杯饮品或指定食品,这也为培养客户的消费习惯,以将其转化为忠诚客户提供了可能。

3. 打造品牌 IP

通过对品牌形象 IP 的打造,星巴克在市场中获得了不俗的品牌价值。星巴克的标识对于普通客户来说便具有一定的吸引力,其忠实客户更是会为了购置星巴克的周边而慷慨解囊,而客户对星巴克周边产品的购买又会进一步促进其品牌 IP 的塑造。这不仅促进了星巴克知名度的传播和品牌价值的提升,也进一步激励了忠诚客户的消费,还为星巴克拓宽产品线提供了销售机会。

4. 精准化营销

"星星"只是客户用忠诚兑换价值的货币而已,星巴克追求的"忠诚优先"理念体现在其为客户提供的价值上。如今星巴克的官方应用已经是兼具储值、流量、消费数据等功能于一体的会员平台,星巴克通过对这些数据进行分析,能够更好地了解客户的消费习惯,进而更好地满足客户的需求。同时,星巴克通过"门店+应用+小程序+公众号+微博"的传播矩阵,面向目标客户群进行全方位营销。这让客户和星巴克品牌的交互并不局限于在店面内,而是扩展到社交媒体平台,这就为宣传"星巴克"式的生活方式提供了窗口。

此刻,星巴克向客户售卖的不只是咖啡,还有一种"星巴克"式的生活方式、一种"完美的咖啡体验"。星巴克通过颇具影响力的传播矩阵,将自身塑造成"品质生活"的代表,这精准地贴合了目标客户群体的需求,让他们更加愿意成为星巴克的忠实客户。

由此,星巴克实现了对客户忠诚计划的成功运营,这值得所有期待实现成功的客户忠诚计划的企业学习。

星巴克的客户忠诚计划是怎样打动客户的?

即测即练

第 10 章

客户关系的维护

10.1 客户投诉管理策略

10.1.1 客户投诉的产生

（一）什么是客户投诉

客户投诉是客户对企业提供的产品或服务感到不满，而采取的一系列行为或非行为反应，如提出口头或书面形式的异议、索赔及要求解决问题的行为等。此时，客户在对企业的产品或服务感到不满意的同时，仍对企业抱有期待，希望企业能改善自身的服务水平。

（二）客户投诉的原因

企业处理客户投诉的目标是让客户满意。企业要先弄清楚客户投诉的原因，并根据实际情况给出处理方案。客户投诉的原因主要有以下几个。

1. 客户的期待和需求未被满足

客户在购买企业的产品或服务时，对产品或服务抱有美好的愿望和期待。如果这些期待在收到产品或服务后得不到满足，客户就会产生不满，进而产生抱怨、投诉。

例如，客户在线上购物后发现买家秀和卖家秀差别很大、客户因上当受骗而购买了某种产品等，客户的期待和需求未被满足是客户投诉常见的原因。当然，客户的期待和需求未能得到满足，也可能是客户对企业的产品或服务缺乏了解而造成的误会，这种情况下就会产生无效投诉。

2. 客服人员态度差

客服人员的服务态度或服务方式不佳也是客户投诉的原因之一。在销售过程中，服务人员面对客户的提问应该尽可能耐心一点，向客户仔细介绍产品或服务的相关情况，帮助客户解决问题，这样非常有利于提高客户忠诚度。

3. 客户的感受被忽略

在和销售人员的沟通过程中，客户会因为销售人员无视自己去处理别的事情、提出的要求没有得到处理、说话无精打采等，感觉自己被忽视，进而产生投诉。销售人员需要把客户当作家人和朋友一样对待,让客户感觉到温暖,减少这类投诉的发生。

4. 承诺未能兑现

有些企业由于自身内部沟通出现了问题,向客户承诺的事情不能兑现。不论是谁,对于商家答应过却没有做到的行为都会感到不满意。例如,有的网店承诺"七天无理由"包退换,但是当客户提出退货、换货要求时,店家总是找各种理由拒绝退换货。面对客户的要求,企业如果确实有困难做不到,应事先向客户说明情况,否则就一定要做到。这种情况在现实中较少,但也并非没有。

5. 影响者的力量

这种情况主要指当客户没有太多主见的时候,容易受到他人观点的影响,进而影响自己的满意度。例如,有一位客户的朋友抱怨:"×××网络信号很差劲,上网很慢。"这种影响者的观点会降低客户对瑕疵的容忍度,当客户偶尔遇到相同的网络问题时就会投诉,要求退网等。

6. 客户的性格使然

每位客户的修养和个性都不尽相同,有些客户是追求完美的人,对事物要求很高;有的客户性格急躁、易怒;有的客户需要寻找倾诉、发泄途径等。针对同样的产品或服务,易怒型、完美型性格的客户投诉的概率会远远高于性格平和、宽容的客户。

客户投诉的原因有很多,企业需要了解客户投诉的真正原因是什么,有什么需求没有被满足,才能更好地应对客户投诉。

(三)客户投诉管理的内容

客户投诉管理的内容主要包括投诉预防、投诉受理、投诉处理和投诉分析。

1. 投诉预防

客户投诉管理重要的环节在于投诉预防。因为投诉的问题越严重,挽救的成本越大,失去机会的概率也越大。抱怨是客户不满的信号,投诉预防应从识别并处理好客户抱怨做起。企业应在与客户接触的每个环节处理好客户的不满或抱怨。

2. 投诉受理

投诉受理是一个准确识别客户和准确识别需求的过程。企业要有客户联络中心,建立顺畅的客户投诉渠道,并有规范的处理流程,完整收集客户投诉信息,让最合适的部门处理客户投诉,以提高客户满意度,降低客户流失率。

受理客户投诉后,企业需要着手解决问题,站在客户的立场上寻找问题的解决方案并迅速采取行动。企业对于客户投诉的反应时间,是展现企业对客户关注度的重要指标。

3. 投诉处理

投诉处理是投诉管理的核心,投诉处理可以减少客户流失并挽救那些濒临破裂的客户关系。在对投诉进行处理的时候,处理调查、分析原因和寻求对策环节必须依靠不同部门的协作来解决客户问题。投诉处理时要注重时效性,同时要建立投诉回访制度,监督和追踪投诉的处理效果。

在实践中，企业需要根据实际情况，参照客户的处理要求，提出具体的解决方案，如退换货、维修、赔偿等。在提出解决方案时，要注意使用建议的口吻，并辅以如此解决的益处。若客户对解决方案不满意，还可以询问客户的处理意见。从根本上来说，企业不仅要知悉问题，更要解决问题。与客户就解决方案达成一致后，企业要抓紧实施客户认可的解决方案。

4. 投诉分析

投诉分析的目的是从众多投诉中发现有规律性的问题或有价值的信息，挖掘客户的潜在需求，从投诉中寻找市场商机，让客户投诉转变为企业利润的增长点。回访跟踪是开展投诉分析的重要手段。

企业可以通过电话或微信等方式了解投诉处理的进展是否如客户所愿，调查客户对投诉处理方案实施后的意见，若客户仍不满意，仍可以对处理方案进行修正，重新提出令客户接受的方案。

回访跟踪体现了企业对客户的重视，可以给客户留下更深、更好的印象，还可以将企业对投诉的处理结果告知客户，使客户与企业的发展紧密联系在一起，提高客户忠诚度。

10.1.2 解决客户投诉

（一）了解客户投诉的目的

客户投诉时，看似要与企业"分手"，其实是想要企业"挽留"，希望再度光临时不会受到同样的待遇。但是，很多企业面对客户投诉时，经常超理智地答复对方，或急于找理由打发客户、为自己开脱……这样反而解决不了问题。面对客户投诉，我们需要先了解客户投诉的目的，再对症下药。客户投诉的目的大致有以下几种。

1. 寻求发泄

当企业的产品或服务问题不大，客户主要是因为自身情绪问题而投诉时，主要目的是找人倾诉、寻求发泄，从而获得心理平衡。客户发泄完，心情舒畅了，问题也就解决了。面对这种投诉，我们要做的就是让客户发泄怨气，同时认真倾听。

2. 获得重视、关心与尊重

对于那些因客服人员态度差、客户的感受被忽略而引发的客户投诉，客户投诉的目的一般是想找回被重视、被尊重的感觉。面对这种投诉，企业需要向客户表达歉意，让客户感到自己受到了尊重。

3. 得到补偿或赔偿

对于客户的期待和需求未被满足，或者承诺未能兑现而进行的投诉，客户的目的一般是得到补偿或赔偿。面对这种投诉，企业需要进行相关调查，进而对自己的产品或服务加以改进，并给予客户合理的补偿。

4. 尽快解决现有问题

对于企业的承诺未能兑现而进行的投诉，客户的目的一般是尽快解决现有问题。这种投诉的解决要点是企业要尽快拿出双方都能接受的解决方案。

5. 善意的督促

对于产品或者服务质量、服务人员态度差等原因引起的投诉，客户投诉的目的可能只是善意提醒，以便企业后期能够有效改进产品、服务质量或改善服务人员的态度。

6. 故意刁难

在大量的客户投诉中，也有少部分是因为客户个人原因而进行的刁难。在处理这种非正当理由的投诉时，企业的态度一定要坚决。

客户向企业提出投诉时，有时目的是单一的，有时目的是多重的。对于客户寻求发泄、要求得到重视、关心与尊重，善意的督促，企业必须满足；对于客户要求得到补偿或赔偿、尽快解决现有问题、故意刁难，企业可以选择性满足。

（二）了解客户投诉的类型

1. 一般投诉和严重投诉

按投诉严重程度的不同，客户投诉可分为一般投诉和严重投诉。一般投诉是指客户投诉问题的性质较轻，投诉负面影响不大，并未对企业造成大的损害的投诉；严重投诉是指客户投诉涉及的问题对客户造成了较大的物质上的损失或精神上的伤害，引起客户的愤怒，促使客户做出不利于企业言行的投诉。两者并非相互独立，而是存在一定的联系：针对一般投诉，企业若处理不当，极有可能使其演变成严重投诉；如果严重投诉处理得比较得当，也可以转化为一般投诉。

2. 产品质量投诉、服务投诉、价格投诉和诚信投诉

按投诉内容划分，客户投诉可分为产品质量投诉、服务投诉、价格投诉和诚信投诉四类。产品质量投诉是指客户对企业所提供产品的质量、性能、安全等方面的不满而提出的投诉；服务投诉是指客户对企业所提供的售后服务或销售人员的服务方式、态度等不满意而提出的投诉；价格投诉是指客户认为其所购买的产品或服务价格过高或物非所值而提出的投诉；诚信投诉是指客户购买产品或服务后，发现其使用价值或得到的服务并非如售前或售中所宣传、承诺的那样而提出的投诉。

3. 消极抱怨型、负面宣传型、愤怒发泄型和极端激进型投诉

针对投诉行为的不同，企业可以将客户投诉分为消极抱怨型投诉、负面宣传型投诉、愤怒发泄型投诉和极端激进型投诉。消极抱怨型投诉的主要表现是客户在投诉时不停地抱怨自身对企业各方面的不满意，该类型投诉的重点往往是表达"不满意"；负面宣传型投诉的主要表现是客户在公共场合或在他人面前贬低企业的产品、服务等，该类投诉的重点是客户将企业的缺陷或不足"广而告知"；愤怒发泄型投诉的主要表现是客户在投诉时情绪激动或失控，该类投诉的重点是客户以愤怒、敌对的方式宣泄自身的"不满意"；极端激进型投诉的表现是客户在投诉过程中，以极端的方式与企业有关人员进行沟通，

如发生口角或做出一些过激的行为，不达目的绝不罢休，这类投诉也被称为客户冲突。

4. 建议性投诉、批评性投诉和控告性投诉

按投诉性质划分，客户投诉可分为建议性投诉、批评性投诉和控告性投诉三类。建议性投诉是指客户一般不是在心情不佳的情况下投诉的，恰恰相反，这种投诉很可能是随着客户对商家的赞誉而发生的，即"尽管现在这样也不错，但如果那样做就更好了"；批评性投诉是指客户对企业心怀不满，但情绪相对平静，只是把这种不满告诉企业，并不一定要企业做出承诺；控告性投诉是指客户已被激怒，情绪激动，要求企业做出某种赔偿或承诺。

（三）处理投诉的原则

1. 不争论原则

客户是给企业带来利润的人，而不应是企业争辩或斗智的对象。为此，企业应当真诚地对待每一位前来投诉的客户，并体谅客户的心情。心理专家指出，人在愤怒时，最需要的是情感的宣泄。因而，企业需要在客户投诉时做好聆听和认同两项工作。

2. 隐蔽性原则

在处理客户投诉需要回避营业现场，争取将投诉引起的负面影响降到最低。可以在专门区域找专人处理客户的投诉。

3. 及时性原则

按投诉的严重程度，投诉可分为潜在投诉、一般投诉、严重投诉和危机。及时性原则要求我们重视每一次和客户接触的机会，在事态扩大前尽快解决问题，不要让投诉拖延太长，进而升级，变得更为复杂。

4. 理解性原则

理解性原则要求服务人员站到客户的立场去思考问题，以希望自己被对待的方式去对待客户。充分发挥"移情"的作用，更好地理解客户的感情，明白他们为什么投诉，从而与客户建立理解的桥梁。

企业在处理客户投诉时，要让客户感受到客户的不满及反馈的问题得到了很好的传达，必要时企业需要协助客户表达清楚自身的投诉内容，并进行整理记录。

前沿新知

企业的服务补救和抱怨管理与客户忠诚度之间的关系会因经济、行业、客户—企业、产品—服务以及客户属性而异。

从宏观上看，当经济增长速度越快，行业竞争越强的时候，客户的话语权更强，企业通过良好的客户抱怨管理可以对客户忠诚施加更有效的影响。

从企业—客户关系的角度出发，当客户对企业有着长期的满意或定制化需求时，企业也获得了实行更强的抱怨管理措施的激励，进而企业能够通过改善客户抱怨管理促进客户忠诚的强化。

在产品和服务方面，奢饰品客户通常拥有更多的资金，能够很容易地转向其他企业，因而在企业的客户抱怨管理中，相较于必需品客户，对奢饰品客户的抱怨管理能够更加有效地维持客户的忠诚关系。此外，对于很大一部分制成品，如消费者经常购买的廉价非耐用品，产生不满的客户通常不愿意投诉。因而，相较于服务品，企业对制成品客户的抱怨管理往往能维持稳固的客户忠诚关系。

女性客户对企业的客户抱怨管理更加敏感。此外，客户满意度对忠诚度的影响随着年龄的增长而增加，企业通过客户抱怨管理也可以影响老一代客户群体的忠诚度。

资料来源：Morgeson III F V, Hult G T M, Mithas S, et al. Turning complaining customers into loyal customers: Moderators of the complaint handling-Customer loyalty relationship[J]. Journal of Marketing, 2020, 84(5): 79-99.

10.1.3 客户投诉的意义及预防

（一）客户投诉对企业的意义

客户投诉促使企业进步。如果客户对产品、服务等不满意，那么就会产生客户投诉。面对此境况，企业应积极、认真地处理客户投诉，因为企业可以通过客户的投诉内容及时发现自家产品或服务的不足或失误，同时可以挽留住更多的客户，并借此树立良好的企业形象。具体而言，客户投诉对企业来说具有以下意义。

1. 防止客户流失

市场竞争的实质就是企业之间对客户资源的争夺。但由于种种原因，企业提供的产品或服务有时会无法达到客户的心理预期，进而导致客户产生不满。一些客户向企业投诉，往往是试图寻求公正的解决方案，这说明他们并没有对企业绝望，而是希望再给企业一次机会。因此，客户投诉为企业提供了恢复客户满意的补救机会，企业通过鼓励不满客户投诉并妥善处理这些投诉，以防止客户流失。

2. 降低负面影响

不满意的客户不但会停止购买企业的产品或服务，转向企业的竞争对手，而且会向他人诉说自己的不满，给企业带来不利的口碑传播。众多投诉案例表明，客户投诉若能得到迅速、圆满的解决，客户的满意度就能得到大幅提高，企业会获得更高的客户忠诚度，相关事件的负面影响也会降至最低。

3. 提供免费的市场信息

客户投诉是客户和企业之间的一条重要纽带，它能为企业提供许多有益的信息。研究表明，大量的工业新产品的构思来源于客户的需要，客户投诉一方面有利于纠正企业营销中的失误与不足，另一方面也反映了企业所提供的产品和服务不能满足客户的需要。企业可以通过仔细研究这些客户需求，进而开拓新的市场。从这个意义上讲，客户投诉实际上是常常被企业忽视的一个非常有价值的市场信息源，客户投诉往往比客户的赞美对企业的帮助要大，因为既然存在客户投诉就说明企业在细分领域仍有进步的空间。

4. 危机预警

一些研究表明，客户的每四次消费中就会有一次不满意的消费经历，而只有5%以下的不满意客户会投诉。如果将对企业不满的客户看作一座冰山，那么投诉的客户只是冰山一角。企业要重视客户投诉，因为这些客户投诉为企业发现自身问题提供了可能，重视客户投诉，企业才有可能避免面临更大的危机。

（二）客户投诉的预防方法

即便客户投诉对于企业有诸多积极意义，仍无法抹掉客户投诉的消极意义。客户投诉会致使客户满意度降低，甚至影响企业声誉。在商业实践中，预防客户投诉仍然是企业的"必修课"，企业可以从以下几个方面对可能出现的客户投诉进行有效管理。

1. 制定以客户为中心的投诉处理策略

许多企业制定策略和制度的目的是让企业运营得更顺利、更有效，这是把企业内部体系放在优先位置来考虑。以企业为中心，无疑为客户流失和客户投诉提供了"滋生的土壤"。因此，企业在制定客户服务策略时，首先应考虑客户是否愿意并且便于接受。企业应充分考虑客户的利益、征求客户的意见，制定出客户乐于接受的管理策略。

2. 企业内部协调，执行统一的客户策略

很多客户都有过这样的经历：最初向自己提供服务的明明是某一个部门，最后自己却像皮球似的被"踢"到了另一个部门。如果企业能够协调好处理客户投诉的各个部门的职能范围，高效处理客户投诉，那么客户和企业都会从中受益。

3. 授权一线员工

授权意味着一线员工可以根据不同的情况灵活地为客户提供得体的服务。授权也意味着一线员工可以灵活处理客户的投诉，而不会因为处理程序复杂而激化矛盾。授权还可以充分发挥员工的积极性、主动性和创造性，提高服务质量。

4. 表彰和奖励受理客户投诉的优秀员工

企业应建立相应的表彰机制和员工自主机制，鼓励员工积极处理客户投诉，并对优秀员工进行奖励，使员工能够积极有效地处理客户投诉，为建立高效解决客户投诉的体系打下基础。

5. 从一线员工处了解客户投诉

通常一线员工最先接触客户，也最先接触客户的投诉。管理层应深入基层了解客户的意见。

案例速递

Any Office

Any Office是华为面向企业打造的安全移动管理平台，类似于字节跳动旗下的飞书，主要是用于手机端的办公应用，但其功能更适合大型企业使用。华为在开发Any office

的过程中就遇到了许多客户投诉。

在解决客户投诉的过程中,华为的技术人员开始思考如何关注更多的细节,注重用户的体验。同时华为做了大量竞品分析,针对客户开展调研,还与设计中心的专家合作,开通了针对该应用的测评群,广泛听取客户反馈。改进后,该产品的体验感有了明显的提升,这款新的产品也逐步成熟,获得了广泛的应用。

华为在对产品的修正中不断摸索客户的真实需要,并在版本迭代中用行动不断优化客户体验,化解客户的抱怨。此外,华为并未止步于问题的解决,而是主动从产品的使用场景出发,主动发现问题,创造性地解决问题,为客户提供臻于至善的使用体验,成功化解了客户投诉。

如何多维度分析客户投诉原因,进而解决并预防客户投诉?

10.2 基于社群的客户关系维护

10.2.1 消费者的群体化

(一)消费群体的概念

消费群体是指由在消费心理、购买行为和购买习惯等方面具有某种共同特征的若干消费者组成的集合体。根据多种特征对消费者进行区分,就形成了不同的消费群体。企业通过收集与分析消费者的各种自然属性和社会属性,以及相关的消费习惯等重要的行为数据,把这些数据标签化,对消费者进行群体划分,进而实现精准化营销。

(二)消费群体形成的原因

消费群体的形成是消费者内在因素和外部因素共同作用的结果。

1. 消费者因生理、心理特点不同形成不同的消费群体

消费者在生理、心理方面存在诸多差异,这些差异促成了不同消费群体的形成。例如,由于年龄的差异,形成了少年儿童消费群体、青年消费群体、中年消费群体、老年消费群体。由于性别的差异,形成了女性消费群体、男性消费群体。这种根据消费者的生理和心理特点划分的消费群体,在消费需求、消费心理、购买行为等方面有着不同程度的差异,而在其群体内部又有许多共同特点。

2. 不同消费群体的形成还受一系列外部因素的影响

消费群体的形成也受生产力发展水平、文化背景、民族、宗教信仰、地理气候条件等因素的影响,这些外部因素在不同消费群体的形成中发挥了重要作用。

以生产力发展水平为例,生产力的发展对于不同消费群体的形成具有一定的催化作用。随着生产力的发展和生产社会化程度的提高,大规模劳动成了普遍的社会现象。这就要求劳动者之间需要进行细致的分工,分工的细化就使社会经济生活中的职业划分越来越细,如细分出了农民、工人、科研人员等。不同的职业导致人们所处的劳动环境、

工作性质、工作内容和能力素质各不相同，心理特点也有差异，这种差异必然要反映到消费习惯、购买行为上。久而久之，便形成了以职业划分的农民消费群体、工人消费群体、科研人员消费群体等。

又如，在商业社会中，收入不同的消费群体会形成不同的消费习惯，进而演化出了低收入群体、中等收入群体、高收入群体这样的消费群体。同理，文化背景、民族、宗教信仰、地理气候条件等方面的差异也可以使一个消费群体具有一定的唯一性特征，从而与另一个消费群体区别开来。

（三）消费群体形成的意义

消费群体的形成对于企业的生产经营和消费活动都有重要的影响。

一是，消费群体的形成能够为企业提供明确的目标市场。通过对不同消费群体的划分，企业可以准确细分市场，从而减少经营的盲目性和降低经营风险。企业一旦确认了目标市场，明确了服务的消费群体，就可以根据其消费心理，制定出正确的营销策略，提高企业的经济效益。

二是，消费群体的形成对消费活动的意义在于调节、控制消费，使消费活动向健康的方向发展。任何消费，当作为消费个体的单独活动时，对其他消费者的影响及对消费活动的推动都是极为有限的。当消费活动以群体的规模进行时，不但对个体消费产生影响，而且会推动社会消费的进步。因为消费由个人活动变为群体行为，将使消费活动的社会化程度大大提高，而消费的社会化又将推动社会整体消费水平的提高。

此外，消费群体的形成还为有关部门借助群体对个体的影响力，对消费者加以合理引导和控制，使其向健康的方向发展提供了条件和可能。

10.2.2 品牌社群

（一）品牌社群的起源

品牌社群的概念由社区一词发展而来，消费社区是客户在消费过程中自然而然形成的某种社会集体，他们聚集一处讨论消费决策与使用体验。这些消费群体更多因消费同品牌产品而聚集，当某一品牌成为其主要消费产品时，品牌社群便初现雏形。

（二）品牌社群的定义

品牌社群是将对某一品牌有共同意识与责任感，且愿意为品牌付出成本的品牌爱好者聚集一处，以他们间的社会关系结构为基础，以维系品牌支持者间的关系为核心，在互动交流中形成的专门的、不受地域限制的群体。品牌社群以人为中心，突出了人与人的关系和联结，是关系营销的体现（见图 10-1），其实质是一种由品牌、消费者及其他消费者组成的，存在深厚情感与共同意识的社会联结实体，即品牌人脉。

品牌社群的传统载体是社会团体等实体社群，是消费者因为共同的品牌偏好而自发在线下聚集形成的社会群体，与强调以折扣来吸引客户的"会员"群体有着本质上的区别。随着互联网在消费者中的普及，品牌社群依靠互联网平台突破了地域和时间的限制，

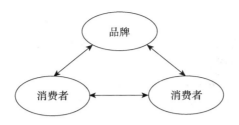

图 10-1　品牌与消费者的关系

拓宽了社群维系方式和信息交换体量，实现了社群内与社群外的高效率传播。

不少企业将传统的线下社群活动与虚拟的社群交流相结合，利用线下交往将弱关系转变为强关系，使陌生人社交转变为熟人社交，从而搭建长久关系。传统的线下品牌社群的载体也逐渐演变为微信群、QQ 群、小程序、微博超话等以论坛和移动平台为载体的线上社群，其是线下品牌社群在线上的延伸。

品牌社群在线上大体量的信息交换和全覆盖面所带来的传播效益与线下聚合所带来的情感连接在一起，同时作用于品牌社群的维系和成长，核心目的就是让更多的消费者在互动交流中与品牌产生稳定的情感联系，使得他们与品牌的关系更加紧密。

综上，品牌社群实际上是一种不受地域限制，在消费者之间形成的社会联结，消费者在互动交流的过程中产生稳定的情感联系和价值共鸣，进而与品牌的关系更加紧密。

（三）品牌社群的形成动因

企业与消费者在品牌社群中占据核心地位，对品牌社群的形成起着至关重要的作用。

从消费者角度出发，其动机大致可分为获得信息与经验、参与社群互动交流、获取经济利益。品牌社群的系统质量、信息质量和奖励机制是影响消费者在品牌社群中参与意愿的重要原因。品牌社群向消费者传播品牌文化，促进消费者的价值认同，培育品牌忠诚，进而在社群中满足了消费者获得自身价值的需要，这也是消费者加入品牌社群的主要驱动力。

从企业角度出发，企业搭建或参与品牌社群是以提高品牌价值、培育品牌忠诚为主要目的，消费群体是潜在的价值创造者，能为企业或品牌提供源源不断的创新资源。使品牌贴近消费者需求是企业参与品牌社群的主要动机。

（四）品牌社群的形成进程

学者们普遍认可消费者组织与企业支持对品牌社群的创建作用和成员互动对品牌社群形成的推动作用，稳定的社会网络是品牌社群形成的结果，实现品牌忠诚则是其最终目的。

品牌社群在本质上是一个以品牌为主题的消费社群，其核心在于使用（或关心）同一品牌产品的人们所结成的非地缘的社会关系。品牌社群的出现并不一定是企业营销活动的结果，在企业不介入的情况下，活跃的品牌支持者也会汇聚成一个品牌社群来彼此沟通和分享信息。品牌社群概念的出现可以将"消费者—品牌"的二元结构扩展为"消费者—品牌—消费者"这样的三元关系。

在此三元关系中，品牌的内涵与文化等客观条件对品牌社群的形成具有重要作用。消费者在消费前对品牌文化的期许、与品牌的互动是品牌社群形成的一大前提；而消费者在消费后的品牌体验、内涵感知、品牌依恋是品牌社群形成的另一前提。这两大前提促进了品牌社群形成的标志——社群意识的形成。

（五）品牌社群的优势

1. 社群具有独立运行的生态

品牌社群中聚集的消费者都对品牌的产品、价值观念等具有一定认同感，群体不局限于某一地域范围内且具有一定的凝聚力，对品牌具有一定忠诚度，且内部独立有交流活动，品牌可有针对性地对消费者进行活动安排、推广宣传，对品牌的打造和宣传有一定推动作用。

2. 群体之中容易对彼此的消费行为产生影响

企业通过打造品牌社群，为消费者提供了良好的分享交流环境。在此，消费者之间能进行良好的沟通互动，消费者在社群内通过发布、分享内容，在局部形成某种潮流风尚或审美趋势，进而消费者有可能因为从众心理而产生购买行为，从而为企业创造更多价值。

3. 能够通过直接的交流建立联系

社群的建立者即品牌方能够在社群内直接和消费者进行近距离的交流沟通，同时为消费者参与品牌活动提供了更多机会，这样的互动能够有效培养客户忠诚度，培养私域流量。

4. 社群具有自身的核心价值观

社群形成的前提是消费者有一个统一的目标。消费者在形成社群的过程中也形成了群体的核心价值观，进而容易对彼此的消费行为产生影响，即社群中的消费者有可能因为从众心理而产生购买行为，能够推动企业销售额的增长。

5. 群体内品牌认同的构建

品牌社群的价值在于将更多的品牌创建和传播权转移给消费者。通过品牌社群，企业将产品的开发设计、生产传播以及社群活动的策划筹备权下放给社群成员。在沟通、传播中消费者有机会将心仪的品牌打造成自己满意的形象，使其在深度参与的过程中充分感知品牌理念与价值，在共创中完善品牌的价值。

10.2.3 品牌社群管理

（一）加强对在线品牌社群内的互动参与

社群成员的活动参与程度越高，对品牌社群的认同感也越高。因此企业在建设和管理在线品牌社群时，应尽量引导消费者进行较为深入的互动参与。当消费者深入参与到品牌活动中时，对品牌也就有了更为深入的了解，企业应当引导社群成员参与品牌活动。

比如，对于新入社群成员和从未进行过互动参与的成员，可以适当给予奖励，引导他们进行互动参与，如华为花粉俱乐部曾为鼓励社群内的成员交流，设置了发帖可获新品手机的抽奖活动。

此外，社群管理者需积极对成员发布和交流信息的行为给予肯定性反馈，对于积极性高、深度参与的成员，在社群中公开的认同是一种基础的精神奖励方式。此外，社群管理者扮演着引导者角色，可以根据新推出的产品或者当下热点发起话题，引导鼓励成员开展深入的交流沟通。例如，2018年七夕节期间，星巴克在微博上发起了"哪一个瞬间让你觉得你恋爱了？"的话题，鼓励社群成员分享自己的故事。

（二）结合自身产品类型构建社群

对于搜索品，企业可在社群详细介绍产品信息，提升社群的有效信息水平，并降低成员进行非互动参与的成本，保证成员在社群可以获得充分资料，从而对产品有一个大致的了解。构建社群时，应当设置导航地图和新手指南，协助新成员快速熟悉社群内的内容板块，以便成员尽快掌握信息搜集方法。同时，应当对品牌社群内纷繁复杂的内容标签化，方便查找与浏览产品信息。例如，华为花粉俱乐部的论坛板块，会根据华为手机的不同型号，对讨论内容进行分组，方便对某一机型感兴趣的社群成员迅速找到所需的内容。

对于体验品，社群管理者应注重丰富社群内的讨论和活动板块，鼓励成员积极互动并深入参与社群讨论，建立社群成员间的情感纽带。企业可多鼓励成员进行互动参与，发起相关热点话题，引导成员在社群分享产品的使用感受，交流生活中与品牌有关的趣事等。在互动论坛模块的构建中，不仅包含专家或达人参与的讨论，也可以设立普通成员的聊天室，方便成员之间无障碍的交流。例如，针对兰蔻玫瑰社群，企业管理者可大力拓展社群内的交流互动板块，通过奖励等方式鼓励成员分享化妆品使用心得、彩妆教程等，并使社群内的活动多样化，如增加产品试用申领名额发布的频率，举办品牌彩妆比赛等。

（三）结合自身品牌熟悉度构建社群

对于新兴品牌或者小众品牌，如果企业经营的产品是搜索品，管理者应通过品牌社群来宣传自身的品牌理念，着重构建信息发布板块，传递产品的真实信息等。例如，对肯橙手机、创客手机等低熟悉度的电子类产品来说，在线品牌社群应该全面地描述产品信息，发布使用测评，提供手机前沿热点事件新闻等，并通过设置高级搜索、导航等功能使消费者能够快速、有效地获取信息。目前许多企业会利用社交媒体平台与消费者进行沟通和互动，但这种形式的"虚拟社群"会增加消费者搜寻、获取信息的成本与难度，因此对于低熟悉度的搜索品品牌社群，充分的产品和品牌信息对消费者通过非互动参与产生品牌社群认同有着重要意义。

对于小众体验品的在线品牌社群，以及品牌熟悉度高的品牌社群，企业管理者应该多引导成员进行交流和互动。例如，对于卡诗、施华蔻洗发产品等熟悉度相对低的体验品品牌，企业应在保持现有社群信息量的基础上，多拓展互动活动，如新产品的使用申领、"秀发大赛"等,并设置相应的活动奖励,提高成员参与的积极性。社交媒体作为移动互联网带来的另一用户聚集地,可以将其与在线品牌社群充分结合起来,对在线品牌社群的拓展产生积极作用。

(四)利用私域流量开展品牌社群营销

1. 导流活源:构建多元联通的交流场域,拓宽流量渠道

由于私域流量的声量较小,且运营和维护成本较高,增加私域流量的获取来源,促进私域流量的流通与裂变,成为品牌社群营销向私域流量倾斜时需要重点考虑的问题。

私域流量并非完全独立,它依托并形成于公域流量平台,与公域流量平台的生态密切相关。因此,可以充分利用公域平台中开放、免费的流量,寻找、建立高效的流量出入口,发挥公域流量平台为私域流量平台导流的作用。首先利用公域流量平台开展公域社交,然后通过品牌社群运营等方式将公域流量沉淀为私域社交,再聚集私域流量。公域流量的引流为品牌社群的运营提供了核心用户群体,促进了公域流量向私域流量的转化。

此外,在公域流量实现充分引流,品牌社群与客户建立了一定信任关系的基础上,品牌还可通过跨界合作,在不同品牌私域流量池之间相互引流,在充分挖掘私域流量池价值的基础上,打造多渠道的私域流量流通生态系统,扩展品牌营销的影响力,为开拓新的目标消费群提供更为广阔的场域。

2. 创新机制:形成品牌社群 KOC 矩阵,促进口碑传播

与 KOL 单向的话语传递相比,KOC 作为消费群体的一员,更具有亲和力,与消费者距离更近。因此,KOC 更容易通过分享真实的产品经验、表达品牌偏好等方式获取用户群体的信赖,产生情感共振,促进购买行为转化,并形成口碑传播效应。此外,不同于 KOL 的高投资,成为 KOC 的门槛较低。

优秀的 KOC 需要坚持长期输出优质内容,而作为消费者的 KOC 多是出于兴趣爱好进行内容生产,缺乏持续更新的动力,制定有效的运营策略有助于 KOC 的培育与成长。为充分挖掘 KOC 并发挥优质 KOC 在私域流量品牌社群中的作用,应从用户和品牌两方面打造 KOC 矩阵。

一方面,品牌要建立专门的 KOC 管理机制,组织培训,提高 KOC 的创作技巧和品牌知识,建立标准化的内容评价体系,提高 KOC 的生产积极性,保证内容质量。另一方面,品牌运营者也应注重多维度能力的提升,维护和提高品牌私域平台的内容创作水平和运营模式。品牌运营者通过在微信、QQ、微博、小红书、抖音等应用软件(App)上进行内容运营,形成品牌的社交媒体账号矩阵,根据不同平台的运营逻辑,进行品牌战略上的内容创作规划;总结每个平台各自媒体的技能模型,针对不同平台的特点,构建运营团队,学习专属平台运营规则,创作专业化内容,打造重点人设,孵化有代表性的KOC。

3. 品效合一：挖掘私域社群的附加价值，升级用户体验

相较于公域流量，基于私域流量运营的核心价值是与客户建立可信任、高黏性的互动关系。传统品牌社群营销主要是一对多的互动，而私域流量中的社群营销更关注用户的个体体验，提供有专属感的增值服务。

私域流量形成了天然的核心用户池，核心客户往往具有较高的品牌认同，其情感唤起成本较低。一是针对私域流量中客户的消费取向，企业提供有品质的增值服务，不仅能够满足客户深层次的消费需求，也能提高用户的感知独特性、丰富用户体验、提升用户转化、促进核心用户的长期留存。二是打造用户协作的内容生产激励机制。基于用户的协作式内容生产方式，通过关系赋能对私域流量进行深度挖掘，将"弱关系"转化为"强关系"，提升单一用户的可持续性消费能力。因此，鼓励用户进行原创内容发布、评论回帖等内容生产行为，不仅有助于丰富私域平台的内容，更有助于提升用户的参与度，促进用户完成从接受者向生产者的身份转化，增强用户与品牌社群的黏度和对品牌的认同。

品牌社群营销的本质，在于通过客户关系为客户传递品牌价值，提高客户对品牌的信任度和美誉度。站在流量争夺的风口，基于信任关系和情感共鸣而沉淀的私域流量，为品牌社群的变革与运营提供了新的机会，也为品牌用户关系管理的良性发展注入了强劲的动力。我们应该充分利用大数据的智慧，创新"人工智能+私域流量"的玩法，推动私域流量赋能品牌营销，助推品牌营销整合模式的精准化升级。然而，对于如何利用私域流量维持稳定的品牌社群用户留存、延长品牌社群的生命周期、实现更有针对性的品牌社群服务等问题，仍有待进一步探索。

案例速递

百 果 园

在无数企业"倒下"的疫情风暴中，百果园却实现了逆势增长，靠着社群运营，其自营电商订单增长2.5倍，小程序订单增长5倍，线上商品交易总额（GMV）占总体GMV的25%。这些成就都要归功于百果园成功的社群运营。

百果园社群体系的搭建离不开公域流量的布局以及私域运营长远的规划。百果园拥有4800多家线下实体店，门店覆盖全国80多个城市，这是一个巨大的天然公域流量池。他们对目标人群的定位是受教育程度较高、注重生活质量的年轻人群。

对于私域流量的留存，百果园门店将每周二作为社群用户的"果粉"日，用88折优惠回馈社群，以保持社群黏性。为了增加社群的活跃度，群内会不定时组织一些活动，玩法有摇骰子、晒单抢红包等，客户可以直接获得现金奖励，或者优惠券奖励，可以直接用于线上、线下消费抵扣。百果园也经常做私域生态内的裂变活动，如"朋友圈分享获取优惠券""百果园一元吃水果"等，进行用户裂变尝试。

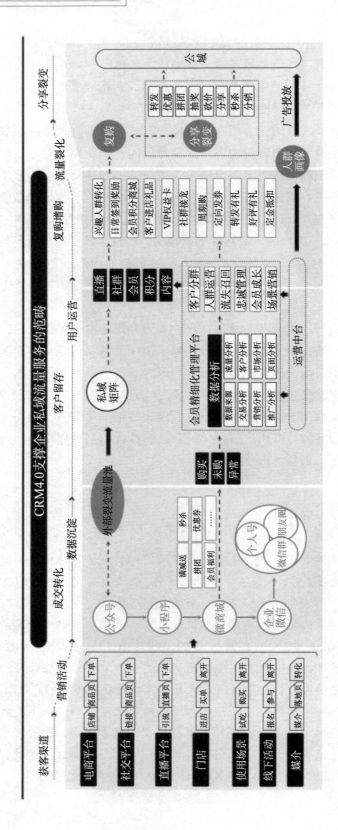

图 10-2 CRM 对企业私域流量服务的支撑

图片来源：T 研究整理绘制

10.3 客户关怀

10.3.1 客户关怀概述

（一）客户关怀的定义

客户关怀是在对客户（老客户）的需求做出识别的基础上，采取一系列符合其需求的情感投入、特别关注、利益回馈等增值服务和附加价值服务，提供给客户包括经济价值和非经济价值在内的各种服务回馈，从而维系长久和良好的客户关系，提高客户满意度和忠诚度，实现企业可持续发展。

（二）客户关怀的内容

客户关怀贯穿了从售前、售中到售后的客户体验全过程，也贯穿了市场营销的所有环节。

1. 售前客户关怀

售前客户关怀主要是企业通过宣传的方式，增强客户对产品的了解，为客户提供产品信息、使用建议等。售前客户关怀直接关系到企业能否争取到客户资源。

2. 售中客户关怀

售中客户关怀与企业提供的产品或服务联系在一起。产品订单的处理以及各种有关细节都要与客户的期望相吻合。售中客户关怀可以为客户提供各种便利，在客户购买产品的过程中，让其在轻松的气氛中享受优质的服务，如良好的洽谈环境、简化的交易手续等。在产品质量达到一定程度并相差无几的竞争中，售中服务就会显示出差别，影响企业产品的竞争力。

3. 售后客户关怀

提供优质、全面、周到的售后服务不仅是客户关心的内容，也是企业争夺客户资源的重要手段。售后客户关怀集中体现在能否高效地跟进和圆满地完成产品的维修等相关服务上，其目的是促使客户产生重复购买行为。

（三）实现客户关怀的手段

1. 俱乐部活动

通过办理会员卡的形式建立会员俱乐部，方便企业对会员的信息、积分、兑奖等进行管理，有利于促进销售、拉近客户关系。积分是商家评估客户价值的重要依据。根据积分对客户进行奖励，或者让高额积分的客户享受更优惠的价格，既可以有效提升客户黏性，又可以增强客户的消费积极性。

2. 特殊客户优惠活动

企业可以选择一些有特殊意义的日子，如元旦、春节、五一劳动节、母亲节等以及企业周年庆典等有象征性意义的日子，向新老客户推出返利优惠活动，也可以针对不同客户群体（如学生群体）进行优惠。

3. 情感服务

商家可以抓住时机在客户的生日或在重要的节假日向客户寄送祝福短信、提供特殊优惠等，让客户对企业留下深刻印象，提高客户满意度。

4. 个性化服务

为客户提供个性化服务，如提供日常经营技术支持、开展客户需求研讨、进行客户需求评估等。

10.3.2 客户关怀计划

客户关怀计划是对未来客户关怀工作的安排。企业通过制订客户关怀计划，可以与客户进行深入沟通，倾听客户意见，关注客户需求，解决客户难题，实现客户关系的长期发展。

通过客户关怀计划，客户可以选择以自己喜欢的方式，同企业进行交流，方便地获取信息、得到更好的服务，使客户的满意度得到提高，这不仅可帮助企业更好地挽留现有客户，还可使企业寻找回失去的客户，并吸引新客户。

同时，企业可以根据客户的实际情况和历史服务情况，为有不同需求的客户提供差异化服务，执行周期性的客户关怀计划，降低销售成本，并通过科学的客户关系分析，实现客户价值管理，有效预测市场需求和经营状况，使企业的客户关系管理工作更上一层楼。

企业可以从以下几个方面制订客户关怀计划。

（一）确定客户关系工作目标

企业通过确定客户关系工作的目标，可以系统评估不同客户对企业的价值和贡献，进而确定需要持续跟踪的客户。同时，企业需要根据自身资源和核心能力，确定可以为客户提供的产品、技术和服务的范围。根据市场竞争态势，明确客户关怀计划上的投入产出指标。

（二）提出客户关怀工作任务

根据确定的客户关系工作目标，企业可以通过提供一系列客户关怀行动和其他针对客户的个性化服务措施，让客户充分了解企业对客户的价值和贡献。企业可以通过以下项目实现客户关怀。

1. 亲情服务

根据客户的基本信息选择出特定的客户列表，在客户的生日或在重要节假日，寄送企业的贺卡、小礼品等，以示祝贺。

2. 产品推荐

根据对客户分析得到的各类客户群体特征，针对不同的群体，宣传企业提供的最适合该类客户的各项服务和产品。

3．客户俱乐部

如果客户群非常集中，单个客户创造的利润非常高，而且与客户保持密切的联系非常有利于企业业务的扩展，企业可以采取俱乐部的形式和客户进行深入的交流。作为忠诚计划一种相对高级的形式，通过互动式的沟通和交流，可以发掘客户的意见和建议，有效帮助企业改进设计、完善产品。同时，用俱乐部这种相对固定的形式将客户组织起来，在一定程度上也是有效阻击竞争者进入的壁垒。

4．优惠推荐

根据客户分析结果，针对不同的客户群体，采取不同层次的优惠策略，并主动推荐给客户。

此外，事件活动也是实现客户关怀的重要手段。事件活动可以是商业和公益两种性质，目的是在目标市场中产生影响。活动成功的关键是抓住社会热点，制造轰动效应；难点是如何利用企业资源和社会免费资源，花小钱办大事。

具体操作程序如下。

（1）分析市场上存在的沟通障碍，确定市场难点。

（2）分析目标客户群的关注点，确定当前的社会热点、活动议题。

（3）结合企业资源和社会免费资源，确定活动性质。

（4）根据企业的市场能力，确定活动范围，开展计划并实施。

案例拓展

小　　米

（一）重视价值共创，以用户定位产品

小米品牌定位阶段，就已经具有"以客户为中心"的意识，一开始就决定把客户纳入价值创造和价值传递的过程，而这正体现了价值共创的核心思想。

（二）搭建互动平台，聚合领先用户

小米邀请用户参与产品研发，满足用户多样化、差异化需求。小米构建了寻找、管理、激励"发烧友"成为领先用户的机制，让其参与MIUI的设计、研发、测试等工作，集合了领先用户的许多意见。

（三）打造众包模式，推动开放式创新

小米公司通过社群将用户纳入产品设计和创新中，实现和用户深度互动。这种策略，不仅提高了社员对品牌的参与度和忠诚度，还为小米提供了许多有价值的创新思路，推动小米持续发展。

（四）挖掘用户数据，打造定制产品

小米将品牌社群作为与消费者和潜在消费者互动的场所，获取消费者需求和偏好数据，用于产品设计和研发。同时，通过扩大社群规模，为消费者数据库提供更多数据。

通过与用户交流互动,不断改进定制产品,让产品符合消费者需求。

(五)设置参与环节,推动社群互动

通过论坛、微博、QQ 空间等社会化媒体,打造参与感游戏环节,促进企业与客户、客户与顾客的互动交流,提升品牌认知度。论坛和微博设置用户等级、积分、虚拟货币等功能,吸引用户参与社群活动,满足体验需求。员工、产品经理、客服和创始人都在论坛和微博上与用户互动交流。

(六)协同线上线下,强化用户体验

在体验经济时代,小米注重消费者的参与和体验,开展各种线上和线下活动,如小米手机摄影大赛、小米年度配音大赛等,满足用户展示才华和获得群体认同的需求,强化用户体验和社会认同感,提高品牌忠诚度。

小米是怎样维护客户关系的?

即测即练

第 11 章

客户流失与赢回管理

11.1 客户流失

随着信息技术的高速发展,客户对产品或服务的信息获取越来越充分,客户的需求也因此更加多样化。尤其是电子商务的兴起,令客户对产品有了更多的选择,激烈的市场竞争,使得客户流失已经成为许多企业必须面对的问题。

11.1.1 客户流失概述

在当今市场竞争环境下,企业对于消费者价值创造过程中的地位认知发生了转变。传统的企业通过销售优质的产品或者提供服务来进行价值创造,而当今的企业在此基础上通过客户关系管理进行更大的价值创造。

不同行业针对不同领域所给出的客户流失的定义存在差异。例如,在电信行业,根据"转化意愿"来表达客户流失,客户流失指客户不再重复购买或停止使用原有的服务或产品的行为;在电子商务行业,将半年内没有任何行为的客户视为流失客户。总而言之,普遍认为客户流失是指客户由于企业或自身的原因不再对企业忠诚,中止与企业的关系或转向购买其他企业的产品或服务的现象。

根据客户与企业之间的行为,可以将客户生命周期分为五个阶段:获取阶段、提升阶段、成熟阶段、衰退阶段、流失阶段。客户生命周期价值曲线与各阶段客户生命周期如图 11-1 所示。

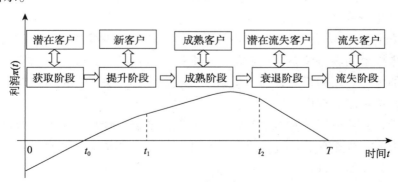

图 11-1 企业各阶段的客户生命周期

（一）获取阶段

在获取阶段，企业需要从大量用户中发现潜在客户，并确定目标客户。此时企业与客户之间存在信息不对称，企业需要投入成本消除这种信息不对称，如做大量的市场调研与广告。潜在客户不能为企业贡献利润，因此此时企业利润为负。

（二）提升阶段

在提升阶段，需要引导潜在客户正式购买企业的产品或服务，提升客户价值。当客户成功购买企业产品或服务时，视为客户获取成功，潜在客户成为新客户。客户生命周期进入提升阶段后，若企业采取措施得当，一般客户与企业之间的业务往来逐渐密集，双方关系纽带逐步强化，而此时客户开始购买企业产品，为企业带来利润，企业从客户交易所获得的利润大于所付出的成本，客户价值呈现上升趋势。

（三）成熟阶段

随着客户与企业之间的信息差逐渐减少和信任逐步加深，双方的关系日趋成熟，客户与企业的交易不断增加。客户与企业都愿意承担更高的风险，保持承诺一种长期关系。此阶段的客户关系有以下三种特征。

（1）互相对对方提供的价值感到高度满意，客户忠诚度和满意度较高，形成"双赢"局面。

（2）双方趋向长期维持稳定的双赢关系，会各自主动投入无形和有形成本。

（3）双方的交易较为频繁，且交易量较大。

在成熟阶段，双方的关系达到峰值，关系稳定且良好，客户为企业贡献的利润是整个周期中的最高点。此时企业的任务主要是稳定、巩固与发展已有的良好的客户关系，进一步发展和拓宽客户价值，通过合适的策略将客户尽可能保留在此阶段。

（四）衰退阶段

衰退阶段是客户生命周期中客户关系逆转的阶段。该阶段的主要特征是企业的利润呈现下降趋势。引发关系衰退的原因有很多：有客户或企业的原因，也有外部环境变化的因素。一旦发生客户关系衰退的苗头，双赢的局面将被打破，客户满意度和忠诚度将持续下降。在衰退期客户关系有以下两种特征。

（1）交易量下降。

（2）双方或其中一方开始表达结束关系的意图，并考虑寻找新的合作伙伴。

面对即将结束的客户关系，企业可以采取措施挽留客户，通过分析客户关系出现问题的原因，加大对客户的投入，与之重新恢复或建立客户关系；也可以及时中止对客户关系的投入，选择放弃客户。

在此阶段，企业应当及时识别与评估客户关系的衰退情况，采取有效措施挽留有价值的潜在流失客户或是理性放弃，避免给企业带来更大的损失。同时，企业应当分析与评估客户流失的原因，以改善自身。

（五）流失阶段

当企业与客户选择彻底终止业务合作关系，即进入客户流失阶段。客户流失阶段意味着客户生命周期的结束，流失的客户将不再为企业贡献利润。实际上客户流失阶段并不总发生在衰退阶段后，它可能发生在任何阶段，有些客户关系甚至在提升阶段就因为某些原因早早夭折。

11.1.2 客户流失的分类

（一）自愿程度分类

流失客户可分为两种，一种是自愿流失，另一种是非自愿流失。非自愿流失是由于滥用服务或者未对服务付费等被企业撤销的用户，非自愿流失的客户容易识别。自愿流失是指客户主动决定和这家企业结束关系，转与另一家企业合作的流失行为，自愿流失的客户是企业流失管理的重点对象。

（二）流失原因分类

根据客户流失的原因可以将流失客户分成四类，具体如下。

第一类流失客户是自然消亡类。例如，客户破产、身故、移民或迁徙等，使客户无法再享受企业的产品或服务，或者客户目前所处的地理位置位于企业产品或服务的覆盖范围之外。

第二类流失客户是需求变化类。客户需求发生了变化，需求变化类客户的大量出现，往往是伴随着科技进步和社会习俗的变化。

第三类流失客户是趋利流失类。由于被企业竞争对手的营销活动诱惑，客户终止与该企业的客户关系，转变为企业竞争对手的客户。

第四类流失客户是失望流失类。因对该企业的产品或服务不满意，客户终止与该企业的客户关系。客户因失望而流失的具体原因可能是多方面的：该企业的产品或服务价格偏高，很可能是客户流失的主要原因；可能是客户感到该企业的产品主要性能不足或服务不足（如不回答客户问题、随意回答客户问题、回答客户问题时与客户产生争执、把产品或服务缺陷的责任归于客户误操作等）；也可能是其他方面出了问题，如未能处理好投诉（不及时或不恰当、消极的服务接触，如职员不能尽力满足客户需求）、不适的事件（服务不好的事件对客户产生影响）、伦理道德问题（客户认为企业有违法违规、越权等问题）等。

（三）重要程度分类

按照流失客户的重要程度分类，可分为关键客户、普通客户、小客户和劣质客户。不同类型的客户有不同的特点，企业在应对时也应采取不同的策略。

关键客户指能够为企业带来较大价值的客户，根据"二八"原则，这类客户是企业利润的主要来源，是企业挽留的重点，即便其处于衰退阶段或流失阶段，及时采取策略挽回后仍能为企业带来较大价值。

普通客户是指重要性仅次于关键客户的客户，且其存在升级为关键客户的潜能。企业应当尽力挽回普通客户，因为这些客户存在升级的可能性，也能够为企业带来一部分价值。

小客户是指对企业的价值贡献较低且零散的客户，这类客户往往数量多且不易管理。企业应当顺其自然，见机行事，不宜花费过多成本挽留小客户，如果是顺水推舟，也可以采取行动挽留。

劣质客户是指无法带来利润或者很可能损害企业业务、品牌形象的客户。对于这类客户，企业应当清醒和理智地说断则断。对于劣质客户，不仅不值得投入成本挽留，甚至需要在发展前对客户进行评估。

总而言之，对企业价值越高的客户越值得企业花费成本挽留。即使企业主动放弃或挽留失败的客户，也应当做好善后安抚工作，尽可能减少流失的客户对企业的负面影响。对于损害企业发展的劣质客户，企业则应当主动识别和放弃。

11.1.3 客户流失的原因

（一）企业角度

从企业角度看，客户流失主要源于以下几种原因。

（1）企业产品质量不稳定，使客户的利益受损。

（2）企业缺乏技术创新，导致客户选择其他产品作为替代。所有产品都有生命周期，随着技术发展与市场成熟，同质产品更新迭代的速度快。若企业产品带给客户的利益空间不及其他同质产品，客户自然会选择其他产品。

（3）企业的售前、售后服务意识淡薄。当客户提出问题不能得到及时解决、咨询无人理睬、投诉无人处理，或者服务人员的态度傲慢、工作效率低下时，会降低客户的满意度。据调查，企业服务质量同客户行为忠诚呈正相关，流失客户中约有70%是因为服务质量问题而选择与企业终止业务关系。

（4）企业营销策略失误。部分企业认为利润由业务规模与市场份额决定，因此采取扩大市场规模的战略，如新客优惠和折扣促销等。将多数成本投进新客户的吸引，导致无法顾及老客户的维护，企业虽然得到了许多新客户，但也在流失老客户，这种策略很可能导致企业的有效资源被消耗，因为新客户带来的净利润可能不如老客户。

（5）员工"跳槽"导致客户流失。业务员工是企业与客户之间的桥梁，当企业自身对客户的影响力小于业务员工对客户的影响力时，业务员工一旦"跳槽"，客户便会随之离开。

（二）客户角度

从客户角度看，客户流失的主要表现包括但不限于以下几种。

（1）客户从忠诚态度中获得的利益较少。

（2）客户对企业的信任和情感不够，这使得客户转换成本较低。转换成本指客户从一家企业转向另一家企业所耗费的时间、精力、金钱等代价。例如，在电信行业，由于其性质以及各运营商推出了"携号转网"服务，客户的转换成本大幅度降低。

（3）客户的死亡或破产。

（4）客户搬迁至企业销售网络无法覆盖的地区。

针对多种多样的客户流失原因，学者们在这方面展开了大量研究。其中，推—拉—锚定模型（push-pull-mooring，PPM）对客户的转移行为进行了概括和总结。

PPM 是人口转移研究中常用的模型（见图 11-2）。推力是指导致人们离开原居住地的消极因素，拉力是指吸引人们迁移到新居住地的积极因素，锚定力是指妨碍转移决策的阻力。锚定力不但会直接阻碍转移决策，还会削弱推力和拉力的作用。

这一框架将零散的转移预测因素整合到统一框架内，帮助研究者厘清矛盾，从而更清晰地分析转移现象。客户的转移行为即客户由选择某一服务提供商的服务转为选择另一企业的服务，这对于原来的服务提供商而言即为一种客户流失。通过对 PPM 模型（见图 11-2）的分析，我们可以了解客户流失的大致原因。

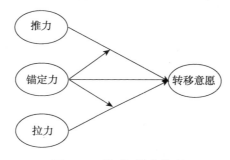

图 11-2　推-拉-锚定模型

根据图 11-2，我们可以将推力因素归结为六个方面，具体如下。

（1）满意度。客户对服务提供者的满意度影响客户的转移意愿，越低的满意度，越容易导致客户转移。

（2）质量。服务质量对客户的再次购买行为产生直接或间接的影响，越低的服务质量，越容易使客户发生转移行为。

（3）价值。价值是服务转移行为的一个直接影响因素，价值越低，客户越可能发生转移行为。

（4）信任。信任是客户对服务提供者能够履行承诺的一种感觉，是客户未来行为意愿的先决条件之一，若客户对服务提供者的信任降低，则客户极有可能发生转移行为。

（5）承诺。承诺是客户认为与商家持续的关系值得投资的一种信念，服务提供商经常向客户提出一些承诺，而这些承诺若无法实现，必然导致客户对商家的信任降低，也使其更容易发生转移行为。

（6）价格。当客户需为服务支付偏高的价格时，或者客户认为该服务不值得支付高价时，客户便会转移购买价格更低的服务。

至于锚定力，研究将其归结为以下五个方面。

（1）转移成本。当转移行为发生时，客户必须承担经济、时间、情感等方面的成本，这些成本会对客户的转移选择造成影响。若转移成本偏高，客户的转移意愿会被削弱。

（2）寻求多样性的倾向。寻求多样性可以理解为尝试不同的服务组合，体会多样化的效果。个体的选择偏好会部分受到该倾向的影响，若能削弱这种倾向，客户转移的可能性会降低。

（3）客户的态度。客户对于转移服务提供商这一行为的态度会影响其转移意愿，当其并非很愿意、很赞成这一转移行为时，转移的可能性会降低。

（4）客户的主观规范（subjective norms）。主观规范是指一个人对施加某种行为的社会压力的感知，若主观规范不支持客户的转移行为，那转移行为就不太可能发生。

（5）过去的经历。过去的消费行为会对客户现在的消费决策产生影响。若客户在过去并未经常发生转移行为，那么现在也不太可能转换服务的提供商。

同时，研究还证明了上述五方面的锚定力均能削弱推力和拉力的作用，锚定力越强，推力和拉力对转移意愿的影响就越弱。Bansal 等的研究结果如图 11-3 所示。

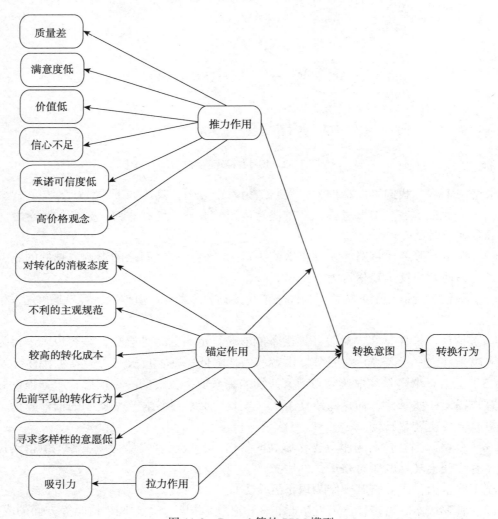

图 11-3　Bansal 等的 PPM 模型

综合上述对 PPM 模型的研究，客户流失有企业的原因（产品质量、产品价格、客户的满意度和信任），也有客户的原因（态度、行为规范准则、过去的经历、偏好倾向），还有竞争对手的原因。认清原因之所在，才能有针对性地构思出对策。

（三）其他原因

除了基于 PPM 模型的客户流失原因分析，还可以从以下四方面对客户流失的原因进行概括。

1. 公司人员流动导致客户流失

这是现今客户流失的重要原因，特别是公司的高级营销管理人员的离职变动，很容易带来相应客户群的流失。因为这些营销人员手上有自己的渠道，也是竞争对手企业所看到最大的个人优势资源。

2. 市场波动导致失去客户

任何企业在发展中都会遭受震荡，企业的波动和市场的波动往往导致客户的流失。

3. 店大欺客，客户不堪承受压力

店大欺客是营销中的普遍现象，一些著名厂家苛刻的市场政策常常会使一些中小客户不堪重负而离去。

4. 企业管理不平衡，令中小客户离去

企业在经营管理中都遵循着"二八"法则，很多企业设立了大客户服务中心，对小客户则采取不闻不问的态度。广告促销政策也是向大客户倾斜，使得很多小客户产生心理不平衡而离去。

11.1.4 正确看待客户流失

（一）客户流失给企业带来负面影响

客户流失会影响企业的财力、物力、人力和企业形象，给企业造成巨大损失。流失一位重复购买的客户，不仅使企业失去利润，还有可能影响企业对新客户的开发。当客户流失成为事实时，如果企业不能尽快、及时地修复客户关系，就可能造成客户的永远流失，使他们成为竞争对手的客户。

（二）有些客户的流失是不可避免的

客户发展是一个新陈代谢的过程，有的客户进来，有的客户离开，客户具有一定的流动性。在各种因素的作用下，客户流动的风险和代价越来越小，客户流动的可能性也就越大。无论是新客户还是老客户，在任一阶段、任一时点都有可能流失。特别是客户原因造成的流失，企业是很难避免的。企业产品或者服务不可能完全得到所有客户的认同，因此，留住所有的客户是不现实的。企业应当正确看待客户流失，确保客户流失率控制在较低水平。

(三)流失客户有被挽回的可能

研究显示,向四位流失客户销售产品,会有一位可能成功,而向十六位潜在客户销售产品才会有一位可能成功。可见,争取流失客户的回归比争取新客户容易得多。在客户流失前,企业要有防范意识,努力维护客户的忠诚度。

11.2 流失预警与挽救策略

11.2.1 客户流失预警

客户流失预警是通过对客户一定时间段内的支付行为、业务行为及基本属性的分析,揭示隐藏在数据背后的客户流失模式,预测客户在未来一段时间内的流失概率及可能的原因,指导客户挽留工作。流失预警对大多数企业而言具有重要的作用,它可以帮助企业在早期预测未来即将流失的重要客户,从而及时进行相应的营销活动以挽回客户。

(一)基于传统统计学的预测

1. 决策树

决策树模型(见图11-4)提供了较高的命中率和覆盖率,具有良好的预警功能。通过加强对高流失概率用户的提前预警维系,可帮助企业及时发现有可能流失的客户,最大限度地减少客户流失。

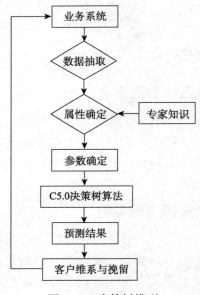

图11-4 决策树模型

2. 贝叶斯

使用贝叶斯模型(见图11-5)可以定期分析业务数据,直接在普通样本中建模,将客户流失倾向的概率值由大到小排序。同时，通过贝叶斯网络还可以直观得到与流失状态相关的因素变量，在客户流失分析中进行有效的预测。

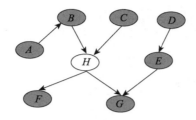

图 11-5　贝叶斯模型

（二）基于特征属性的预测

1. 客户价值特征和情感特征

客户价值是目标客户在一定的竞争市场环境下为企业带来的收益期望值，客户对商品的文本评论是企业接收客户反馈的主要渠道，其中往往带有强烈的个人感情色彩，体现了客户对网站体验的情感倾向。网络客户流失中的客户行为特征问题对于网络客户落实预测的应用具有重要影响。该模型结构（见图 11-6）在一定程度上考虑了客户行为特征、计算成本、模型的准确性和可解释性，为较好地预测网络客户流失提供了有效途径。从模型结构上看，将客户价值特征和情感特征作为预测指标，能够充分提取网络客户行为信息。同时，以 SVM 为预测方法，也能够保证模型的可靠性和泛化能力。

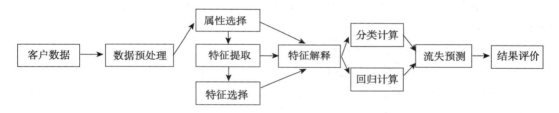

图 11-6　基于客户特征的流失预测模型

2. 满意属性选择

将满意优化思想引入客户流失预测中，用满意属性评价准则对所提取的属性和挑选出的属性子集进行满意程度评价，并用满意属性选择方法（SASM）从大量属性中选择出具有维数少、复杂度低和预测能力强的满意属性集，有更高的命中率、覆盖率、模型准确率和提升系数。

11.2.2　客户流失的量化指标

对于企业而言，进行数据导向的客户流失管理工作是数字时代的客观要求，从客户开发、分析到在服务客户过程中培养客户忠诚，甚至是倾听客户反馈，都需要数据分析参与其中。

(一)客户保持率

客户保持率是企业继续保持与老客户交易关系的比例,是对客户保持能力的定量描述,也是判断客户流失情况的重要指标。

$$客户保持率 = (客户保持数/原有客户数量) \times 100\%$$

(二)客户流失率

客户流失率是指流失的客户数与客户总数的比例,有绝对客户流失率和相对客户流失率之分。

1. 绝对客户流失率

绝对客户流失率是把每位流失的客户按同等重要性来看待。

$$绝对客户流失率 = (流失的客户数量/全部客户数量) \times 100\% = 1 - 客户保持率$$

2. 相对客户流失率

相对客户流失率是以客户的相对贡献价值(如购买额)为权数来计算客户流失率。

$$相对客户流失率 = (流失的客户数量/全部客户数量) \times 流失客户的相对贡献值 \times 100\%$$

11.2.3 客户流失挽救策略

(一)关于客户流失挽救策略的相关研究

当某位客户流失时,企业可根据流失类型判断能否挽救,若能挽救,则确定挽救方案。客户流失挽留研究集中于基于定性分析的客户挽留措施研究和基于定量分析的挽留资源配置研究。

基于定性分析的客户挽留措施研究主要从客户流失原因出发,针对客户流失的原因提出具体措施,从而为挽留客户提供参考。但是,定性化挽留研究没有从定量的角度分析和评估挽留资源配置的科学性,无法分析和评估客户流失挽留措施的优劣,也就无法给企业提供更为科学的决策依据。

基于定量分析的挽留资源配置研究主要从影响客户价值的因素出发,采用定量分析的方法对客户价值、客户挽留收益和客户挽留成本等方面进行建模,分析客户流失挽留措施的经济价值,从而为挽留管理实践提供重要的决策依据(见图11-7)。

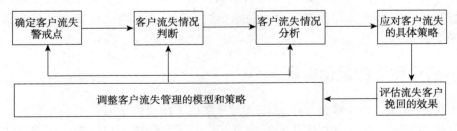

图11-7 客户流失的挽救策略

（二）流失客户的挽回策略

客户流失会给企业业绩带来一定的影响，企业应对流失客户进行管理，尽可能挽回客户。不可能每一位流失客户都是企业的重要客户，在资源有限的情况下，企业应该根据客户的重要性来区别对待流失客户，要把资源重点放在能给企业带来较多利润的流失客户身上。客户流失挽回策略的制定要符合两项基本原则，一是针对流失原因采取相应的措施，二是不超过挽救费用的上限。

客户流失大致可以分为以下三类。

1. 自然消亡类、需求变化类

对自然消亡类、需求变化类流失客户挽救成功的可能性不大，一般可不必去挽救。

2. 趋利流失类

趋利流失类又可分为两种类型：恶意流失和竞争流失。

恶意流失是客户为了实现某些私利而流失，会给企业造成一定的损失。例如，电信用户拖欠了大额通信费之后离开了原来的电信运营商，转投别家。通常可通过完善客户信用管理制度来设法避免这类客户的流失，如在初次交易时登记客户个人资料并验证其有效性，建立详细的客户信用档案并经常进行客户信誉评估。

竞争流失是指客户因为竞争对手产品或服务的影响而流失。对于这类客户，企业一般可以采取相应的竞争策略予以回应，如提高产品和服务质量、提高产品声誉、增强品牌优势，或在提高服务水平和质量的同时，实行价格优惠，保持和巩固现有市场等。

3. 失望流失类

失望流失一般是指客户因企业产品或服务存在的问题没有得到很好的解决而造成的客户流失。该类型的流失占客户流失总量的比例最高，造成的影响也最大，是企业挽救的重点。

减少这类客户流失的措施有以下几种：①以优惠的价格向客户提供合适的产品；②以全面质量管理提供高额客户让渡价值；③与客户建立感情；④通过技术标准增加产品或服务使用的转换成本；⑤不断创新产品和服务，满足客户"喜新厌旧"的心理；⑥树立良好的企业形象。

（三）不同类别流失客户的挽回策略

1. 关键客户

一般来说，关键客户在流失前能够给企业带来较大价值，被挽回后也能继续给企业带来较大价值。因此，这类客户应是流失客户挽救的重点，企业要不遗余力地做好对关键客户的挽回工作，避免关键客户流向竞争对手。

2. 普通客户

普通客户的重要性仅次于关键客户，而且普通客户具有升级的可能。因此，对普通客户的流失要尽力挽回，使其继续为企业创造价值。

3. 小客户

由于小客户的客户价值低，数量多且零散，对企业的要求又很苛刻，企业对这类客户可持顺其自然的态度。

4. 问题客户

问题客户一般是不值得企业挽回的，如不再给企业带来利润的客户、无法履行合同的客户、企业无法满足其要求的客户、妨碍企业为其他客户服务的客户，以及与之建立业务关系会损害企业形象和声誉的客户，均属此类。

总之，对有价值的流失客户，企业应当竭力挽留、最大限度地争取；也要安抚好即将流失的客户，防止他们给企业造成不良影响；对企业没有价值，甚至会产生负价值的流失客户，则可以放弃。

前沿新知

如何优化客户参与和体验，仍然是当今所有企业在防范客户流失时关注的重点。技术的进步使得企业更容易提供优质的客户体验。根据研究，企业可以在以下方面利用技术洞察和分析来防止客户流失。

（一）认真对待客户体验过程和数据收集

收集客户体验反馈的相关数据，进而缩小客户期望与实际体验之间的差距，对于企业找到客户流失的潜在风险，并防止客户流失是至关重要的。

（二）利用客户数据揭示客户体验的不足

企业掌握的客户数据越多，就越容易在销售、营销和服务之间创建高效的客户体验。企业应当采取纠错行动，从客户数据中寻找存在的客户体验问题，并积极解决，避免客户的进一步流失。

（三）统一销售—营销—服务数据

企业中各部门共享客户关系管理数据平台和商业智能系统，为企业的销售、营销和服务团队在整个客户旅程的每个关键触点上采取果断行动提供可行的决策选择，进而避免给客户带来不良体验，降低客户流失的可能性。

（四）让 CRM 系统更易使用

先进的 CRM 服务平台提供了基于人工智能技术的解决方案，为企业提供了更好的技术运行环境，可优化客户体验并防止客户流失。

（五）改进方案质量

企业可以通过记录市场机会、跟踪销售转化率和开展客户偏好洞察，使营销团队同步其策略，以产出并执行最有价值的营销策划案。

（六）通过人工智能和预测分析防止客户流失

部署人工智能可以帮助企业将客户关系管理数据转化为有用的信息，从而改善企业决策并预测客户需求。

资料来源：Christian Wettre. Seven Ways Businesses Can Harness the Speed of Technology to Reduce Customer Churn [EB/OL]. (2022-9-9)[2023-10-4]. https://www.marketingprofs.com/ articles/2022/48284/reduce-customer-churn-with-technology.

案例速递

美　团

美团曾经历了一次严重的客户流失危机。美团平台在追逐利益最大化的过程中，将配送过程中的风险转嫁到了最缺乏议价能力的骑手身上，让配送骑手承担了绝大多数的压力。这激起了美团客户的同情心，引起了客户公愤，进而导致了美团的客户流失。

客户流失危机发生后，美团迅速发布公告对舆情进行回应：将更好地优化平台配送系统，更好地保障骑手安全，认真听取客户意见，并对骑手及其家人开展关怀行动。

在此次美团的客户流失挽留实践中，美团平台积极承认自身不足，并不断提供解决方案，在此过程中，美团平台塑造了"有责任""有担当""有人情味"的企业形象，也让客户看到了美团的改进和努力，重新信任美团。

11.3　客户赢回策略与实践

11.3.1　客户保持含义

（一）客户保持的概念

客户保持（customer retention）是指企业维持已建立的客户关系，使客户不断重复购买企业产品或服务的过程。客户保持与客户流失是相对概念。传统上的客户保留率是指在一个财政年度结束时与一家公司做生意的客户数量，以在年初成为活跃客户的百分比表示。但测量保留率的适当时间间隔并不总是一年，这取决于客户的回购周期。

（二）客户保持的意义

客户保持所带来的不只是客户保留，还能使企业从现有客户中获取更多市场份额，增加企业的产品赢利、降低企业的销售成本，并能赢得口碑，提高企业的信誉度、美誉度。从企业的角度来看，客户保持比客户吸引成本要低。客户保持策略有利于保持有价值的客户，并提高现有客户的价值。因此，越来越多的企业将客户重点转向保持老客户。但许多公司并没有明确的客户保持计划，并将大部分时间和资源用在新客户的挖掘上。

11.3.2　客户保持模型

客户保持分为客户主动保持和客户被动保持（见图11-8）。客户主动保持与客户剩余价值和心理依附因素有关；客户被动保持与阻力因素有关，如沉没成本、交易成本、转移成本、机会成本和终止壁垒等。

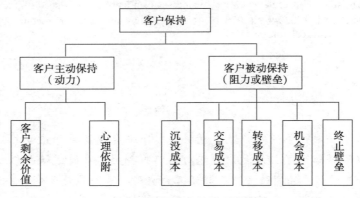

图 11-8　客户保持价值模型

（一）客户主动保持动力的构成

1. 客户剩余价值

客户剩余价值是指客户为取得某商品愿意支付的价格与取得该商品实际支付价格的差额。产生客户剩余价值的原因在于客户基本期望和潜在期望的满足。基本期望包括高质量的核心产品以及配套的必要辅助服务。潜在期望包括获得更大的物质利益、企业服务补救、行业内最专业的服务以及完善的一体化解决方案等。

2. 心理依附

心理依附是指客户在心理上对企业产生良好的印象，具体包括企业的品牌定位、良好信誉、企业客户关怀、客户对企业文化的认同等。

（二）客户被动保持阻力的构成

1. 沉没成本

沉没成本是指做任何选择都不可能收回的、已经花费的成本。理性的决策者往往对沉没成本忽略不计。对于客户来说，沉没成本是指过去交易已经发生的各种不可收回的费用，这种成本只有在客户关系继续维系的情况下才能创造价值。沉没成本包括基础性投资、专用性投资或耐用品投资以及学习成本（对特定品牌所花费的时间、精力以及培训费用），若不能向其他品牌延伸，就会转变为沉没成本。沉没成本越大，越有可能给客户心理上造成不肯割舍的依赖性。

2. 交易成本

交易成本是指进行交易时除价格以外的额外成本，包括花费的时间，还有造成的不便等。交易成本包括对交易过程各个环节的熟悉，谈判时所花费的时间、精力、金钱，由于客户长期购买或大宗购买而得到的各种优惠或折扣，由于销售渠道重新选择而增加的成本等。若客户更换供应商后的交易成本越大，则原供应商对客户的吸引力也越大。

3. 转移成本

转移成本是指客户从一个供应商转移到另一个供应商的过程中所付出的成本。客户要转换供应商必须增加一些附加成本，如新信息的收集成本、新渠道的构建成本、新的谈判所花费的时间和精力成本等。

4. 机会成本

机会成本也就是放弃其他产品或服务的价值。例如，客户更换原供应商，意味着必须放弃如下几个方面的利益：原供应商的各种配套服务，与原供应商建立的良好关系，原供应商已经为该客户建立起来的一整套解决方案，原供应商在未来由于创新可能为该客户带来的新的收益等。

5. 终止壁垒

终止壁垒是指客户退出时所遇到的各种阻碍因素，包括违背契约所必须付出的赔偿、人际关系的阻力等。

11.3.3 客户保持策略

企业可以从以下几方面来提高客户保持水平。

（一）提高产品的整体价值

产品的整体价值包括产品核心层、产品形式层、产品附加层三个层次。产品核心层包括产品的主要效益和功能、产品质量；产品形式层包括品牌、包装、式样、特色；产品附加层是指信贷服务、品质保证、免费送货、售后维修等与产品相关的服务项目。要提高产品的整体价值，就要从这些方面入手，追求更好的品质和完善的服务，提高产品带给客户的效用。

（二）降低买方成本

企业只有降低买方成本，才能在价格和客户评价上获得竞争优势，从而提高企业带给客户的价值。降低买方成本的方法包括降低生产成本、发货成本、安装费用，以及降低产品的直接使用成本等。

（三）了解客户偏好，实行关系营销

企业可以在客户数据仓库的基础上对客户的消费行为、特征、偏好等进行分析并推行个性化服务，实行客户关怀等，满足客户需求，同时建立灵活系统的反应机制、管理机制，妥善处理客户意见，科学存储客户信息，并将客户的信息与企业的生产、营销、服务等工作联系起来。

（四）增加客户参与，加强与客户的联系

企业可以建立社群，将社群作为品牌的一个生态圈。在社群中，客户可能作为"企业公民"参与活动，如给企业无偿倡导积极口碑，提供频繁的反馈并参与企业研究，推

动一款新产品或一项新服务的开发,宽容企业的犯错或服务失败并参与在线社区和用户组织。同时,企业可以在各大社交媒体平台上与客户进行互动。这些措施能使客户和企业产生较强的联系,对其他品牌或企业的竞争性影响有较强的抵抗力。

客户保持策略在竞争激烈的保险行业被广泛应用,如太平洋保险就通过全面实施质量管理,重视客户的抱怨,对太平洋保险流失客户实施保持及赢回策略。根据客户偏好,通过实行实物补偿策略,提高客户忠诚度;通过实行服务创新策略,增强企业与客户间的信任感;通过实行人际沟通策略,提升客户满意度;通过实行服务补救策略,有效赢回流失客户。

太平洋保险根据对客户流失原因的分析,向流失客户提供的实物补偿主要有低价车险产品促销、免费洗车服务、免费馈赠额外险种等,同时采用更优质的服务、赠送礼品和车险优惠等方式向客户提供补偿,以此来赢回流失客户。向那些因服务抱怨而流失的客户提供实物补偿,不仅提高了客户的满意度,而且极大提高了客户的忠诚度。

服务创新是指企业为了赢回流失客户而把与企业有关的信息直接或间接传递给客户。太平洋保险针对客户流失及保持战略的服务创新主要有上门拜访、发送电子邮件、电话回访、社媒宣传、网络沟通等。太平洋保险积极与客户建立情感联系,使客户与之产生共鸣,同时客户可以从情感上感受到企业对自己的重视,从而对企业产生信任感和依赖感。

太平洋保险对流失客户实施的服务创新策略对赢回流失客户产生了积极的影响。通过太平洋保险工作人员与流失客户真诚的沟通,企业发现了客户流失的原因,从而给予客户经济补偿和服务补救,最终挽回了流失客户。

太平洋保险员工认真倾听客户反馈,在倾听中建立与客户沟通的桥梁,获取有效信息,进而与客户相互了解,调整自己的行为,最终促成合作。在客户再次购买本公司产品的过程中,员工再次感谢客户对太平洋保险的支持,并为其提供所需的信息,同时向客户展示太平洋保险的改变,表达公司希望可以为客户提供更好的产品和服务的意愿,提高其对公司的满意度,进而提高客户忠诚度,防止客户流失。

案例拓展

中 国 移 动

中国移动通信集团公司(以下简称"中国移动")是中国专注于移动通信运营的运营商,拥有全球第一的网络和客户规模,但2020年,中国移动的客户数净减835.9万。从中国移动方面看,自从开放"携号转网",客户流失问题一直困扰着中国移动,虽然流失率不高,但也给中国移动带来了较大的营收压力。

为此,中国移动通过内部信息系统定期分析客户流失情况,查找客户流失原因。根据分析,客户流失原因大致分为自然流失、商业竞争流失、企业服务质量不佳、细节疏漏。据此,中国移动采取了相应的挽救措施。

面对同类企业的商业竞争,中国移动通过对现有个人用户消费行为的分析,设计了针对性的个性化套餐和服务以吸引并挽回用户。中国移动通过与各种合作伙伴的深度捆绑，吸引客户并维持客户关系。例如，中国移动同音乐平台开展"免流卡"合作，与商家建立会员联盟，为客户提供会员优惠等。

针对服务质量问题，中国移动坚持深化员工的职业道德建设，树立"客户至上"的服务意识，向员工传达服务理念。在具体服务工作中，中国移动要求员工改善对待客户投诉意见的态度，改善员工服务态度，从而改善客户对移动的印象，提升品牌形象。

针对细节工作，中国移动建立了强大的客户流失支撑系统，利用先进的数据库管理技术，提高企业管理水平。其中，中国移动的两级结构经营分析系统为企业高层的宏观决策提供了坚实的数据支持，保障了资源管理系统集团客户线路资源的一致性、准确性和完整性。

同时，中国移动实施客户经理技能评级策略，有效激励并持续提升客户经理服务技能，对客户经理能力进行细分，针对不同等级的客户经理提供不同的职业通道、分配不同质量的客户进行维护，并分别实施不同的能力培训计划，提升服务细节。

通过以上调整，中国移动赢回了部分客户，2022年1月，中国移动5G套餐用户数量达到了4.01279亿，1月净增达1447.1万，客户赢回战略取得了一定收获。

中国移动针对客户流失，采取了哪些客户赢回策略？

即测即练

第 4 篇

数字化实践

第 12 章

数字化时代的客户关系管理实践

12.1 社会化媒体在客户关系管理中的应用

12.1.1 基于微信的客户关系管理

(一)演变历程

近年来,企业客户关系管理的线上化转移成为一种必然趋势,很多企业踏上了数字化转型的道路,力求通过搭建私域流量池,获取更多客户流量,发挥客户最大价值,实现客户留存、转化和变现,由此也催生了 SCRM 系统(Social CRM),即社会化客户关系管理系统。

目前基于企业微信生态下的 SCRM 系统是行业内常见的一种客户关系管理模式。针对个人微信"封号"严重,且微信存在添加好友人数限制、员工离职带走客户资源、工作手机运营管理成本高等劣势,企业不得不选择更加高效的企业微信来开展客户关系管理工作。

在企业微信 3.0 版本的更新中,进一步加强了与微信的互联互通,完成了企业微信 OA 系统转型升级 CRM 系统的跨越,新增了客户群、客户连接、客户朋友圈等多项功能,直接触达微信 12 亿用户,帮助企业打造私域流量池,也为基于企业微信的 SCRM 系统发展打下了基础。企业需要借助企业微信平台的社会化场景功能,整合客户资源数据,形成用户"触达获取—沉淀'种草'—购买转化—留存复购"的正向闭环,让企业借助 SCRM 系统玩转客户私域流量池,建立一个更加智慧、高效的新型营销关系。

(二)应用效果

基于企业微信的 SCRM 系统,具备灵活的客户分配机制和多样化的营销推广渠道,它可通过激活码将不同渠道的客户流量统一接入企业微信进行管理;它能够整合多触点客户数据,积累用户画像;它可对客户进行标签设置,分级管理,引导用户逐层转化等。如按忠诚度可将客户分为潜在客户、一般客户、忠实客户、会员客户等层级,企业员工在跟进客户的过程中可对客户进行标签设置,开展精准运营,实现效果转化。

大数据时代下,企业发展越来越依赖高效、智能化的工具和手段。搭建基于企业微信的SCRM系统（见图12-1）是企业发展的需要。SCRM系统能够帮助企业实现对内部组织的高效协同和与外部客户的有效连接，更好地运营、服务、管理客户资源。

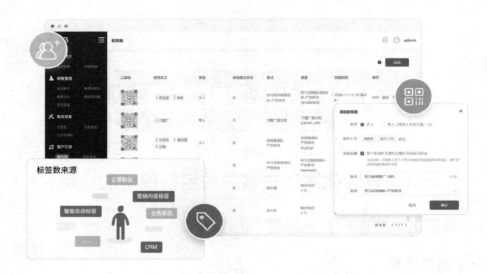

图12-1　基于企业微信的客户关系管理系统（示例）

12.1.2　基于微博的客户关系管理

微博，即微博客的简称，是一个基于用户关系的信息分享、传播以及获取平台，用户可以通过各种客户端组建个人社区，以140字左右的文字更新信息，实现即时分享。最早也是最著名的微博是美国的推特（Twitter）。

当今时代，无论是个人还是企业一般都开通了微博。微博已经成为社会大众生活的一部分。不可否认，微博是一种新兴的互联网方式，它通过网络应用促进信息交换，生成新的沟通方式。

微博的出现为广大商家提供了一个难得的社交推广平台。随着微博的发展，微博的认知度和使用度不断加深，可以说微博已经成为人们生活中不可缺少的一部分，其中蕴含的商业价值不言而喻。与传统的博客、论坛等形式相比，微博所创造的价值更加直接和即时，同时用来进行客户关系管理的成本将更加低廉。

（一）企业信息发布平台

2007年3月戴尔公司就接触了Twitter平台，主要形式是订阅戴尔公司的信息服务。根据有关统计数据，戴尔利用Twitter平台发布打折信息等，获取营业收入达100万美元。随后，捷蓝（JetBlue）航空、通用汽车、柯达等多家公司相继与Twitter平台展开合作，直接和消费者进行交流，然后售出商品。通过这些案例可以看出，微博平台的特性直接决定了它是一种更加直接、更加即时的企业信息发布平台。

（二）企业客户管理通道

与传统的客户管理方式相比，微博平台有着很大的优势。以往客户遇到产品质量问题或服务等问题时，只能通过拨打企业客服电话或走访质量主管部门进行信息交汇，但由于信息量过大或信息不对称，企业往往不能在第一时间给予回复或解决，久而久之客户忠诚度变低，对企业造成损失。通过微博平台，企业可以第一时间得知客户需求，并且以最短的时间回复。这样不仅可以解决客户满意度降低的问题，还可以进行日常的微博交流，了解客户需求的变化，有利于客户满意度的提升。

（三）企业消费者的互动平台

微博平台可以使企业有效聆听及了解客户的需求方向。客户在微博平台上表达自己的想法、爱好、需求等，都是在真实地反映自己的偏好、状态和态度。这样企业可以随时掌握消费者对产品或服务的需求变化、期望和态度，有助于企业更加深入地掌握消费者动态，从而制定出符合市场变化的产品和营销战略。

（四）企业口碑管理平台

对于企业而言，网络间流传的负面信息是非常可怕的，互联网自带广泛传播性，使得这些负面信息可以在客户之间传播，导致企业品牌危机。因此，利用微博平台对客户进行品牌口碑管理是非常重要的。

企业基于微博平台对企业账号粉丝社群画像进行整合，可以明晰自身市场受众的聚类画像。同时，企业可以利用微博平台监测用户对不同原创博文的反应情况，进而分析不同产品在受众群体里的口碑状况。此外，微博平台提供的监测数据也为企业预防社媒舆情、优化互动策略提供了可靠的数据参考。基于微博数据的客户关系管理如图12-2所示。

图 12-2 基于微博数据的客户关系管理

12.1.3 基于抖音的客户关系管理

从上线到崛起再到商业化，抖音用了不到两年时间就完成了产品的生态搭建，日活过亿的流量势能绝对不容任何企业小觑。抖音 App 的使用特点包括：①竖屏的视频播放；②以音乐搭配舞蹈为主要内容；③视频时长基本在 5～15 秒之间。

（一）评论管理

企业在运营抖音企业号时，都希望与客户通过评论、私信等做进一步的沟通交流，这也是企业直接接触客户、传递企业产品信息，并深入了解客户需求的重要手段。企业可以在抖音电脑端对视频评论进行管理，如对客户的争议点、视频内容未表达清楚的内容，企业可以通过评论进行阐释补充，将企业回应在评论区置顶展示，从而实现对社会舆论的便捷、高效管理。

此外，企业也可以对视频评论区中的优质评论有针对性地点赞、回复，甚至可以将这些评论置顶，增强客户的体验感、参与感，让客户在与企业的互动中感受到自身价值的实现。

（二）私信管理

企业可以利用抖音平台的消息管理功能，提高企业与客户间的互动、沟通效率，减少运营工作量。通过制定私信菜单、私信对话、卡片管理等设置选项，企业可以实现低成本的客户开发和客户引流。

在抖音平台的自动回复设置中，企业可以在"自动回复"选项下选择"进入对话""主页预约""提交服务业""电话拨打""关键词匹配"等，进而对常见问题进行分类等，更好地实现客户沟通。

（三）客户管理

抖音企业号当前支持企业对有过私信沟通、预约的客户进行管理和标注，便于企业自建 CRM（见图 12-3），对目标客户进行分层细化营销。企业可以在后台记录包括抖音

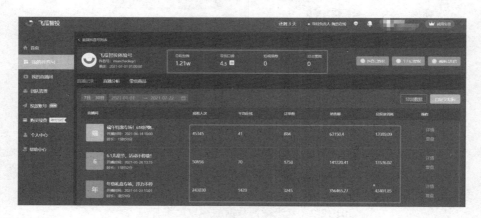

图 12-3　基于抖音的客户关系管理系统

昵称、抖音号、客户状态、联系方式、地区、最近互动时间、客户标签、客户来源、操作（客户详情、互动记录）在内的客户信息。企业也可以根据客户的意向进行标记，如有兴趣、无兴趣、了解、有意愿、已转化，这些客户状态标记可以方便企业进一步管理客户。

此外，企业也可以自定义客户标签，或在时间栏、状态栏、地区栏进行粗略的客户检索，或输入客户抖音号或联系方式进行精准检索。这些功能都使企业在抖音后台对客户进行分类管理和检索的工作更加便利。

12.2 数字化客户关系管理工具

数字化时代，数据是客户管理和营销应用最重要的资源之一，其在帮助企业更好地理解目标客户、准确预测客户的行为偏好、制定有效的营销策略、精准传递产品和服务信息、获得客户反馈、优化再营销策略等过程中发挥了重要作用，是将这些过程贯穿起来的关键资源。

数字化技术的发展正在深化社会经济发展和商业模式转变，云计算、智能连接和大数据技术的发展让我们离智能时代更近，客户产品和服务正在加速实现数字化转型，在这样的趋势下，数字化客户关系管理（见图 12-4）的重要性日益凸显。

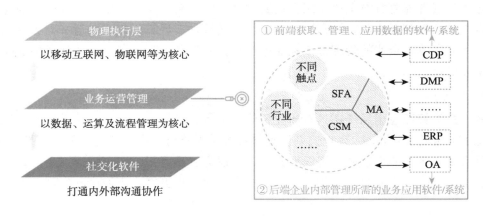

图 12-4　数字化 CRM 业务架构及系统

12.2.1　客户关系管理系统

（一）客户关系管理系统的定义及功效

客户关系管理系统（customer relationship management，CRM）是以客户数据的管理为核心，利用信息科学技术，实现市场营销、销售、服务等活动自动化并建立一个客户信息的收集、管理、分析、利用的系统，帮助企业实现以客户为中心的管理模式。客户关系管理既是一种管理理念，又是一种软件技术。

客户关系管理系统的本质是企业需要根据客户的偏好以及需求等属性,为客户提供有针对性的产品或服务,通过这种方式来提高客户的满意度和忠诚度,吸引和保持更多客户的一种管理模式。因而,客户关系管理系统能够促进企业实现以客户需求为中心的管理模式,推动企业市场营销、销售活动以及销售服务等活动向自动化和智能化方向转变。

企业可以通过构建高效的客户关系管理系统,搭建起企业与市场的交流桥梁,进而全面掌握市场动向、了解竞争对手状态、明晰行业发展态势。由于有了充分的信息储备,企业能够搭建起更为完善的企业运营管理风险机制,有效降低企业运营风险。

(二)客户关系管理系统的特点

1. 综合性

客户关系管理系统综合了绝大多数企业有关客户服务、销售和营销管理系统自动化和优化的需要,通过具有多媒体、多渠道的联络中心实现了营销与客户服务功能,同时通过系统具备的为现场销售和远程销售提供的各种服务实现了其销售功能。客户关系管理系统使企业拥有了畅通高效的客户交流途径、综合面对客户的业务工具和竞争能力,从而使企业顺利实现从传统的企业模式向以电子商务为基础的现代企业模式的转变。

2. 集成性

客户关系管理要有效发挥作用,还要与企业的后台系统进行集成。在电子商务背景下,客户关系管理系统与企业资源计划、供应链管理、计算机集成制造、财务等系统的集成,将彻底改革企业的管理方式和业务流程,确保各部门、各系统的任务能够动态协调和无缝链接。

3. 智能化

客户关系管理应用系统还具有商业智能的决策和分析能力。客户关系管理系统获得并深化了大量的客户信息,客户关系管理系统通过加强对数据库的建设和数据挖掘工作,可以对市场和客户的需求展开智能性分析,从而为管理者提供决策依据或参考,如改变产品的定价方式、产品组合方式、提高市场占有率、提高客户忠诚度和发现新的商业机会等。

4. 高技术

客户关系管理系统涉及种类繁多的信息技术,如数据库、数据挖掘、多媒体技术等,同时为实现与客户的全方位交流,在方案部署中要求实现呼叫中心、销售平台、远程销售、移动设备,以及基于互联网的电子商务站点的有机结合,这些不同的技术、不同规则的功能模块和方案要结合成一个统一的客户关系管理环境。

(三)建立客户关系管理系统的目的

在现代信息技术、网络技术、电子商务、智能管理、系统集成等多种技术的支持下,把客户数据的管理作为核心,记录、利用企业在市场营销与销售过程中和客户发生的各种交互行为以及各类有关活动的状态,用各类数据模型建立起客户信息的收集、管理、分析、利用系统，从而建立能为后期的分析和决策提供支持的客户关系管理系统（图 12-5 为客户管理信息系统案例）。

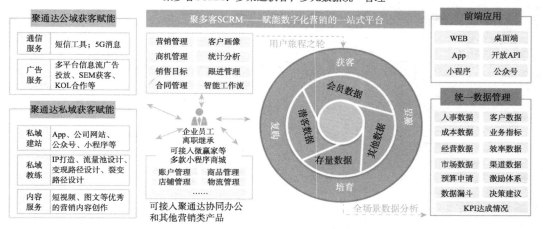

图 12-5　客户管理信息系统案例

客户关系管理系统的建立主要是为了以下几项工作。

（1）实现营销自动化，帮助记录并管理所有企业与客户交易和交往的记录，并通过分析辨别哪些客户是有价值的以及这些客户的特征等。

（2）实现销售自动化，动态跟踪客户需求、客户状态变化直到客户订单，记录客户意见。

（3）通过自动的电子渠道，如短信、邮箱、网站等承担对客户的某些自动化管理任务。

12.2.2　全域营销工具

全域营销（uni marketing）指以客户运营为核心，以数据为能源，实现全链路、全媒体、全数据、全渠道的营销方法论，即帮助品牌商以客户为中心进行数字化品牌建设。通过数字化管理客户关系、分析客户行为，最终把客户和品牌的关系用数据表达出来。

全域营销工具常以全域营销平台（见图 12-6）的形式出现在企业的商业运营中。其致力于打通所有客户触点，记录全渠道数据，构建全景客户画像，深入洞察消费者。企业借此可以根据客户所属阶段，以多元化内容形式进行场景化、个性化、自动化的实时营销互动，对用户进行贯穿生命周期的持续运营和孵化，个性化触达客户群体，驱动业务高效增长。

全域营销工具可以通过对接第三方客户平台，沉淀客户数据资产，构建由公域到私域的全链路数据监测，让数据在客户旅程全周期、业务各阶段自由流转，帮助企业构建私域流量运营体系。通过全渠道客户数据连接，企业可以打造全域流量池，形成统一客户画像，记录全渠道客户订单、行为、交互等数据，根据客户全渠道行为及需求特性，实现丰富多样的用户标签，充分利用整合数据，实现灵活自定义的营销效果分析和客户画像分析等。

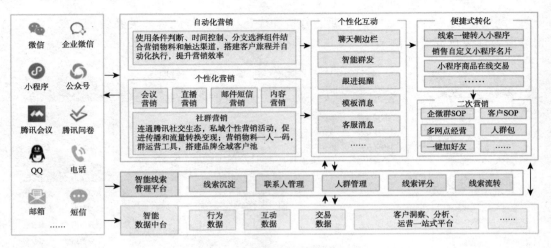

图 12-6 企业的全域营销平台

企业通过全域营销工具，可以集成客户与品牌的各个触点，通过私域用户和内容营销的双重精细化运营，结合消费者意向分析动态分层，围绕客户生命周期，制定针对性运营策略，提供自动化运营触达，实现千人千面式营销。同时，企业也可通过对客户的会员积分、近期消费、消费金额、消费频率、购买次数、平均购买额等商品购买行为的分析，帮助企业挖掘私域高价值潜在会员，实现个性化精准营销，驱动企业销售额的高速增长。

此外，企业通过全域营销工具，可以对全链路客户体验进行更好的管理，使企业的营销服务涵盖客户购买前的认知、考虑，购买决策过程中的选择、支付，以及购买结束后的使用、售后服务、评价和复购等。由此企业可以提升客户的全链路体验，提高客户的品牌忠诚度。

全域营销工具的应用场景主要有以下几种。

（一）客户拉新

企业通过全域营销工具，可以实现用更低的成本、更高效地获取目标客户。

私域引流拉新是企业运用全域营销工具的重要场景。企业通过运营动作增进客户联系，提升私域引流加粉成功率。寻找 KOC 并引导生产用户原创内容，通过 KOC 转化更多粉丝。通过设计运营链路，引导已购客户入会或成为品牌粉丝。

全域营销工具将为企业提供种子人群在基础属性和行为偏好等维度的标签，并支持手动添加各维度权重。将私域内的超级粉丝人群特征进行输出，在公域内通过算法寻找相似人群进行拓展，实现客户人群的放大。

找到大量的潜在客户群体后，企业可通过全域营销工具，将媒体方提供的投放客户群包和乙方数据进行匹配，针对命中的客户群进行投放。结合乙方画像报告和营销效果分析，向各大广告平台输出特征库，触达精准目标客户群。同时，追踪和识别目标客户访问过的网站、渠道，有针对性地在第三方平台进行精准投放。

（二）客户促活

在完成客户拉新的基础上，企业通过客户标签和行为表现，识别客户价值，对客户进行分层、分组。在私域人群中寻找 KOC 潜力股，并发挥高价值客户的影响力，促进口碑传播，进而根据客户偏好持续提供定制化、针对性的内容。精细化触达，实现千群千面或千人千面的自动化运营，促进客户活跃。及时高效上线运营活动，促进客户与品牌之间的有效互动，实现客户活跃的全场景激活。

在此基础上，企业要进一步激活能为企业提供高价值的高质量客户群。根据客户在不同渠道、阶段的转化数据，制定有针对性的营销策略并设计运营流程。基于客户行为特征和触媒偏好，选择合适的工具与客户进行有效沟通。

（三）客户转化

全域营销工具可以帮助企业根据商品特性，通过核心客户行为、属性、购买情况等构建目标人群标签，精准匹配人群；基于客户历史购买商品和消费偏好，自动发放定向优惠，提升客户转化率。针对活跃期新客，企业可以根据全域营销工具分析得到的客户购买商品的使用周期进行复购提醒，加速复购；针对活跃期新客，通过相关品类推荐购买交叉商品，缩短客户复购转化周期。

此外，企业可以利用全域营销工具，监测客户消费情况，基于客户生命周期引导客户增购，根据消费能力匹配差异化商品，提升单客 ARPU（成交额）。例如，针对沉默期老客，发送复购提醒、活动通知等，引导回购，保持活跃；针对沉睡期客户，推送专享大额优惠券、定向福利活动，挽留唤醒，刺激下单。同时，挖掘高客单价人群画像特征，并基于历史优惠券使用情况，优化优惠券发放策略、数量和额度，减少优惠券的浪费，为企业降低成本、提升利润。

（四）客户留存

企业可以通过全域营销工具，基于客户触媒偏好和关键触点，设定关键时刻（moment of truth，MOT）节点关怀，提升关键环节转化；通过"纪念日"标签，以及完成订单事件上的消费偏好，针对性推送折扣优惠或小礼物。此外，还可基于客户生命周期引导客户增购、复购。

更为重要的是，全域营销工具可以帮助企业基于客户互动、转化等详细数据表现，提前预测即将流失用户并向运营人员发送预警；针对性制定并编排沉睡客户唤醒流程，定时触发定向优惠和福利活动，激活唤醒沉睡客户。甚至可以根据不同行为的数据表现，为 KOC 裂变能力打标，针对不同场景、不同目标开展裂变活动，发挥裂变能力。

12.2.3 客户数据仓库

在数据爆炸的今天，数据仓库（database）与客户关系管理有着密切关系，客户关系管理需要充分利用数据仓库的分析结果，制定市场策略、发现市场机会，并通过销售和服务等部门与客户进行交流，发展潜在客户，发现重点客户，保留有价值的客户，以提高企业利润。因此，客户数据仓库是大数据时代客户关系管理的灵魂，是企业的宝贵资产。

数据仓库可以将各个渠道得来的数据整合成全面、完善的客户信息库，并且通过数据挖掘发现隐藏在数据后面的真实情况，为企业高层决策者提供可靠的决策依据，从而提高公司的收益率和竞争力。一些公司还从第三方公司购买大量数据，以进行客户数据仓库的建立和营销。

（一）客户数据仓库概述

客户数据仓库是一种面向客户分析的集成化数据环境，能够为企业的客户管理实践提供决策支持。在商业实践中，企业的客户信息往往是分散的，分散在企业内部的信息主要存在于订单处理、客户支持、营销、销售、查询等环节，分散在企业外部的信息有人口统计信息、地域人口消费水平、客户信用等。

客户数据仓库能汇集分散在企业内外部的客户数据，并向企业及其员工提供有关客户总体的大致描述，建立客户数据仓库的目的就是把这些分散的客户信息集成起来，服务于企业的决策和分析。

（二）客户数据仓库的功能

企业建立客户数据仓库可以实现以下几个方面的功能。

（1）进行客户分级。客户数据仓库包含客户的基本信息和购买行为特征等数据，能够根据一定算法和模型进行细分，从而开展精确营销活动。

（2）提高客户黏性。通过建立客户数据仓库，企业能够对客户进行分级管理，进行客户忠诚管理和提供个性化服务，实施客户关怀计划，提高客户忠诚度和满意度，提高客户黏性，维持客户关系。

（3）降低管理成本。数据仓库的应用使数据的统一、规范管理成为可能。同时，数据仓库提供了快速、准确的查询工具，大大降低了企业的管理成本。

（4）分析利润增长。利用数据仓库，企业可以通过历史趋势发现产品销售与客户类别的关系，以及利润增长与客户类别的关系。

（5）增强竞争优势。企业可以利用数据仓库的历史数据分析市场变化趋势，特别是客户需求变化趋势，及时改变产品性能，以适应客户需求，有助于抢占先机，增强企业竞争力。

（6）保持客户和进行重复交易。客户数据库使市场营销人员能够确定影响客户满意度的关键因素，并相应开发有效的营销活动，以尽可能低的成本留住尽可能多的现有客户。

（7）客户流失预警。企业数据仓库通过对客户历史交易行为的观察和分析，能够发现客户异常购买行为，从而可以对客户流失进行预警。例如，一位老客户的购买周期或购买量出现萎缩变化时，有可能就是客户流失的迹象。

（8）强化客户购买行为。企业能够在客户数据仓库的基础上为客户提供与产品或服务使用情况相一致的定制消息，并向客户发送后续信息，以实现购买后强化。

（三）客户关系管理中数据仓库的具体应用概述

1. 制定市场策略并对其评估

数据仓库将客户行为数据和其他相关的客户数据进行整合后，对客户行为的分析结果以联机分析处理（Online Analytical Processing，OLAP）报表等形式传递给高层决策者，决策者利用这些分析结果，制定准确、有效的市场策略。同时，利用数据挖掘技术，发现交叉销售、增量销售、客户保持的方法，通过对数据仓库的分析，可以发现不同类型的市场机会。因此，企业可有针对性地制订销售计划和业务流程。最后，将客户对市场机会的反应行为数据，集中整合到数据仓库中，作为市场策略评估的依据。

2. 客户行为分析

客户的行为分析可以分为两种：整体行为和群体行为。进行整体行为分析的目的是如果企业客户量庞大，需要对客户在行为上划分出多个具有各自明显特征的群体（客户行为分组），以发现群体客户的行为规律，并制定相应的市场策略。而对客户的行为分析，能够为企业在确定市场活动的时间、地点与合作伙伴等方面提供确凿的依据，并可根据客户历史交易记录来决定与该类客户的交易策略。

3. 客户群体特征分析

进行行为分组后，需利用数据仓库和数据挖掘对这些分组中的客户特征进行分析，其主要包括具有这样行为的客户的年龄段和性别，具有这样行为的客户所在的地理位置，具有这样行为的客户给企业带来的利润大小，具有这样行为的客户的销售额大小，具有这样行为的客户对企业的忠诚度。

4. 组间交叉分析

通过对行为规律的分析和对群体客户特征的分析，企业在一定程度上了解了自己的客户，但是有些客户不能单纯地被分到某一个组，有些客户可能同时具有多个行为分组特征或者在几个组之间变动。进行组间交叉分析，可以了解哪些客户在多个行为分组中，哪些客户能够从一个行为分组跃进到另一个行为分组中，行为分组之间的主要差别在哪里，客户从一个对企业价值较小的组提升到对企业有较大价值的组的条件是什么、相反的原因是什么。客户数据仓库的作用如图12-7所示。

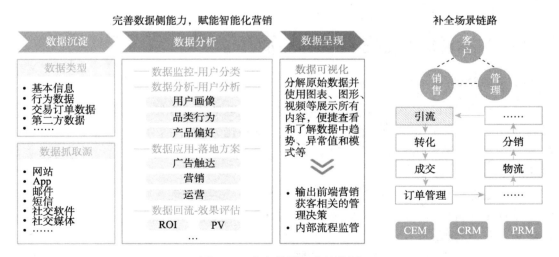

图12-7 客户数据仓库的作用

我们也可以从以下实践案例中进一步感知数据在企业数字化客户关系管理中的重要作用。

案例速递

沃 尔 玛

在大数据时代下，数据库技术在客户关系管理系统中起到了技术支撑平台的作用，沃尔玛借助客户信息管理系统摒弃了营销领域靠经验决策的做法，极大提高了决策的科学性和准确性。具体而言，沃尔玛通过存货管理系统、决策数据支持系统、客户管理报告工具以及扫描销售点记录系统等技术创新，成功管理了越来越多的客户群。

此外，沃尔玛在中国引进了一套"零售商联系"系统，这套系统使沃尔玛能和主要的供应商客户共享业务信息。供应商客户可以得到相关货品层面的数据，观察销售趋势、存货水平和订购信息等。通过信息共享，沃尔玛能和供应商、客户一起增进业务的发展，帮助供应商在业务的扩张和成长中掌握更多的主动权。

12.3 新兴的客户关系管理工具

随着时代的发展，尤其是通信技术的发展，大数据时代已经到来，客户信息管理技术也随着大数据时代的到来发生了相应的改变。客户关系管理系统的有效性建立在数据可靠性的基础上，数据的真实性直接影响客户关系管理系统的分析结果。作为管理客户资源这一企业核心资源的信息系统，客户关系管理系统必须建立起一个客户信息管理数据仓库。而客户信息管理数据仓库从建设到不断完善，需要依靠重要的技术。

大数据时代下的客户关系管理系统中，信息管理技术所发挥的作用越来越多大，信息管理技术对客户关系管理系统的作用，不仅体现在对客户管理运作过程的技术和工具支持，也体现在企业对客户数据资产的管理、分析和应用中。

12.3.1 商务智能（business intelligence，BI）

（一）定义

商务智能（BI）是在打通企业数据孤岛，实现数据集成和统一管理的基础上，利用数据仓库、数据可视化与分析技术将指定的数据转化为信息和知识的解决方案，其价值体现在满足企业不同人群对数据查询、分析和探索的需求，从而为管理和业务提供数据依据和决策支持。

随着数据信息量的猛增，商务智能在企业管理中正扮演着一个不可或缺的角色，既可以帮助企业将数据汇总，又能准确高效地提取其中可利用的信息，从而辅助管理者作出决策。有学者认为，商务智能是从历史数据中整合数据、提炼信息并加以利用分析，最后产生知识或情报，从而辅助组织了解其运作情况并分析预测，制订计划的过程。也有学者认为，商务智能是将企业内外部的数据进行整合，并迅速高效地提供数据信息，辅助企业管理者作出决策的一套方案。由此可见，尽管众多学者对于商务智能都有自己的见解，但是可以明确的是，商务智能的作用是为企业的决策分析提供辅助。

（二）功能特点

由商务智能的相关定义和分析可以看出，商务智能最大的特点在于从纷繁复杂的数据信息中提取并结合现有的经验，辅助决策者对市场行情和商业运营作出判断，同时制定有效的解决方案。由于大数据融合的核心框架和商务智能内在结构有一定的相似之处，商务智能在企业的客户关系管理运用上可以与大数据分析、数据挖掘以及机器学习和区块链技术起到相辅相成的作用。

按照从数据到知识的处理过程，商务智能的功能架构如图12-8所示，分为数据底层、数据分析和数据展示三个层级。其中数据底层负责管理数据，包括数据采集、ETL（数据抽取、转换和加载）、数据仓库构建等环节，为前端报表查询和决策分析提供数据基础；数据分析主要是利用查询、OLAP分析、数据挖掘以及可视化等方法抽取数据仓库中的数据，并进行分析，形成数据结论，将数据转化为信息和知识；最终，通过数据展示层呈现报表和可视化图表等数据见解，辅助用户决策。

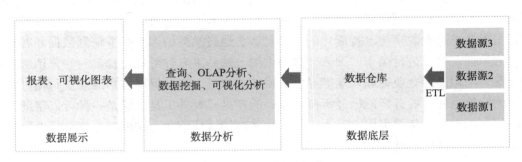

图12-8　BI的功能架构

（三）运作流程

具体而言，对应到企业的决策与经营环节，BI的运作流程如图12-9所示。首先，从来自ERP、OA、财务等不同业务系统以及外部的数据中提取有价值的部分。其次，进行数据处理与存储，经过ETL、数据清洗等过程，合并到企业级的数据仓库里，从而得到企业数据的全局视图。最后在此基础上利用合适的查询和分析工具、OLAP工具等对其进行分析和处理，将数据信息转变为管理驾驶舱、中国式复杂报表、自助分析、多维分析等数据应用，从而为企业管理者和运营人员的决策提供支持。

（四）应用效果

将商务智能应用到客户关系管理中，也就是将服务过程产生的大量客户数据进行提炼并重新整合成知识。商务智能与客户关系管理的综合解决方案给企业以更大的发展空间，它们的结合应用广泛，主要在市场营销分析、销售分析、客户服务分析和电子商务

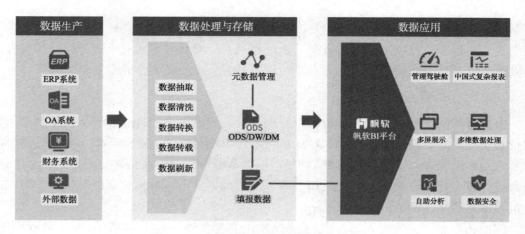

图 12-9　支撑中国企业决策与经营的过程

分析等方面，使企业能够跟踪客户的行为，发现客户的需求，为客户提供个性化服务，提高客户的忠诚度，有利于企业在激烈竞争的市场环境中作出及时、准确、可行和有效的决策，使企业在竞争中立于不败之地。

随着企业信息化转型和数字化转型的深入推进，数据驱动的分析决策场景无处不在，商务智能有望在各个行业和业务场景落地。长期来看，企业对商务智能的应用将持续深化，呈现业务决策数字化、智能化的发展趋势。通过掌握的客户基本信息数据和客户消费行为数据，将其进行类别的细分，再根据细分的结果有针对性地提出一些营销服务策划方案，期望能为企业提高营业额提供实质性的参考，实现提高客户满意度与促进企业发展的双重目标。商务智能已经不再是单一的产品或软件工具，而是一种可以帮助企业解决问题的手段，甚至可以上升为一种理性客观的管理理念，这种理念能够帮助决策者及时、高效、准确地处理和分析数据。

案例速递

苏宁电器

苏宁电器是中国 3C（家电、电脑、通信）家电连锁零售企业的领先者，其在管理实践中就运用了诸多商务智能技术，并基于专网实现了采购、仓储、销售、财务、结算、物流、配送、售后服务、客户关系一体化的实时在线管理。该系统适应了当下企业管理和处理日益庞大的市场数据的要求，建立了完善的客户服务系统以及信息数据采集、挖掘、分析、决策系统，分析消费数据和消费习惯，将研究结果反馈到上游生产和订单环节以销定产。

此外，苏宁电器也通过多维分析模型、商品生命周期分析模型等现代分析手段，综合运用数据仓库、联机分析处理、数据挖掘、定量分析模型、专家系统、企业信息门户等技术，提供针对家电零售业运营所必需的客户业务分析决策模型，挖掘数据的潜在价值。

12.3.2 智能服务机器人的应用

随着电子计算机技术和自动化技术的发展，智能服务机器人逐渐发展起来。在企业数字化转型过程中，巧用智能服务机器人可有效解决企业传统人工客服人力成本高、客户满意度低等问题，并为企业降本增效。

智能服务机器人能够实现以下几方面的功能。

（一）实时对话

企业可通过智能服务机器人与客户进行实时对话，了解客户的真实需求，为其提供更加个性化的服务。例如，通过智能服务机器人，可以建立企业与客户之间的对话，实现企业与客户之间的实时互动，及时了解客户需求，从而更加快速地满足客户需求。在进行对话时，智能服务机器人可以根据相关信息进行解答，如"您需要什么帮助？""有什么问题需要咨询？"可以根据企业需求自由定制回答内容。通过应用智能服务机器人，企业可与客户建立更加便捷的沟通渠道和方式。

此外，智能服务机器人还可以为企业提供更加精准化的服务。通过智能服务机器人的后台大数据分析，企业可以了解到不同类型客户的需求、消费偏好等信息。

（二）语音识别

当今许多企业都在电话客户服务中引入了智能服务机器人，对客户的语音反馈信息进行识别成了智能服务机器人应用的重要一环。语音识别的自然语言处理技术是人工智能的核心技术之一，其是将语音信号转变为文字信息，也就是将人的语音信号转换成计算机能够处理的形式，然后输出。通过应用语音识别技术，能够构建一个可交互的服务系统，客户可根据需求进行相关操作，从而可以获得相应服务。目前语音识别技术在智能服务机器人中起着至关重要的作用。当用户想要咨询有关产品时，可直接通过智能服务机器人进行相关操作。因此，企业可以精简客服人员，实现降本增效。

（三）自动导航

基于语音识别技术，企业在应用智能服务机器人的过程中，将为客户提供更加个性化、智能化的服务。在传统客服中，人工客服通过主动搜索客户的关键词，了解客户需求并提供相应的服务。随着人工客服人员逐渐减少，客服效率随之下降。智能服务机器人自动识别客户意图，并根据意图智能推荐最适合客户需求的内容或功能服务。

同时，通过知识库的持续更新和优化，智能服务机器人能够为企业提供更加精准和高效的服务。随着业务逐渐向线上转型，客户服务需求呈现多样化、复杂化等特点，智能服务机器人能够为企业提供更加精准、高效的服务。

如今人工智能已经成为企业发展的新引擎。智能服务机器人通过强大技术支撑和不断优化应用场景，不仅能够有效提升客户满意度和企业营销效率等方面的优势，而且能够推动企业数字化转型与发展。

（四）智能问答

智能服务机器人不仅可以回答一些常见问题，还能在某些特定情况下通过机器学习，实现问题自动分析、自动回答和答案推荐等功能。

通过智能服务机器人，可有效提升客户满意度和体验度，提高客服人员工作效率。智能服务机器人通过云端技术实现了与客户的实时交互，可提供"7×24"小时全天候在线服务，同时也为企业节约了大量的人力成本。与人工客服相比，智能服务机器人具有节约成本、效率高、低成本等优势，同时在一定程度上减少了企业人力资源成本。

随着人工智能技术的发展，未来智能服务机器人还会给企业带来更多的发展空间。对于企业来说，想要实现客户服务数字化转型，需要借助人工智能技术提升客服工作效率、降低人力成本，进而提高客户服务水平。

（五）客户画像

基于客户画像的智能服务机器人，可以对客户进行精准画像描绘，将客户属性、使用偏好、服务偏好等信息整合到一起并进行分析建模，进而实现智能化精准营销，提高客户体验度和满意度。例如，智能服务机器人通过对客户的兴趣爱好、消费习惯等信息进行分析，实现基于客户画像的智能推荐和精准营销。

案例速递

中 信 银 行

中信银行：中信银行积极布局 AIGC、大模型等前沿领域，其在 2023 年世界人工智能大会上展示的智能服务机器人矩阵，就结合了最新的人工智能大模型，融合了语音、图像、文本多模态信息处理能力。其打造的智能机器人服务矩阵包含了人工智能感知机器人、座席辅助机器人、智能问答机器人、人工智能外呼机器人。这些机器人帮助中信银行洞察客户痛点，挖掘客户意图，提升客服体验及服务效率，实现了 24 小时无等候智能服务，显著提升了企业的服务品质。

12.3.3 虚拟数字人的应用

（一）虚拟数字人概述

虚拟数字人是指存在于非物理世界中，以计算机手段创造及使用，并具有多重人类特征（外貌特征、人类表演能力、交互能力等）的综合产物。虚拟数字人可按人格象征和图形维度划分，亦可根据人物图形维度划分。人物形象、语音生成模块、动画生成模块、音视频合成显示模块、交互模块构成了虚拟数字人通用系统框架。

虚拟数字人的目标是通过计算机图形学技术（computer graphic，CG）创造出与人类形象接近的数字化形象，并赋予其特定的人物身份设定，在视觉上拉近和人的心理距离，为人类带来更加真实的情感互动。

在画面呈现方式日渐成熟的基础上,叠加5G、算力、人工智能等技术能力的提升,虚拟数字人的建模细致度和画面表现都十分不俗。而虚拟数字人的市场空间充足,商业价值释放领域多元。面向企业营销代言活动的虚拟数字人可划分为两种类型:一是品牌自主打造符合自身特性的虚拟数字人;二是品牌与外部团队进行商业合作,外部团队基于技术引擎开发具有高拟真人类形态的虚拟数字人形象,并独立运营。

过去三年,元宇宙产业受到极大关注,更多数字人走进了人们的视野,许多企业开始培养自己的虚拟数字人形象,或与其他虚拟数字人开展联动营销。在企业的客户关系管理中,虚拟数字人常常以品牌数字代言人或人机交互客服的形式出现在大家面前。

(二)虚拟数字人的应用场景

虚拟数字人在客户关系管理的应用十分多元,主要发力在营销代言和虚拟客服两大领域。

1. 营销代言

虚拟数字人的商业价值集中在以下几点。

(1)社交的账号潜力无限。大部分虚拟数字人的注册时间集中于2020—2021年,虽然时间较短,但是部分账号涨粉迅速。在微博上百万粉丝量级的虚拟数字人KOL较少,仍有流量洼地可供挖掘。

(2)活跃在社交平台累积用户黏性。虚拟数字人账号在社交平台十分活跃,通过抽奖、科普等多种形式和用户进行高频互动,共创内容。

这就使得企业可以多种方式释放虚拟数字人的商业价值。以人工智能技术赋能虚拟数字人,将品牌形象进一步人格化,打造符合自身文化和品牌调性的虚拟数字代言人形象,将其作为与年轻人建立沟通的突破口,拉近企业与客户之间的距离,在企业与客户间快速建立牢靠、亲密的关系,助力品牌"破圈"。

在商业实践中,从屈臣氏推出首位虚拟偶像代言人屈晨曦Wilson拉近与年轻人距离,到王者荣耀借势时下最流行的电竞虚拟男团"无限王者团"全面打开社交属性、欧莱雅推出首位虚拟代言人"M姐"迎合年轻人走进圈层,再到花西子推出首个品牌虚拟形象"花西子"引领国货新风尚,虚拟数字代言人形象正帮助品牌迅速吸引年轻人的注意力,助力品牌获得更多的目标客户。

2. 虚拟客服

企业可以结合人工智能和计算机图形学,低成本快速定制2D卡通、真人形象及3D卡通、超写实的数字人形象。基于虚拟数字人形象,企业可通过配置寒暄语、问候语、致谢语、赞赏语、慰问语等功能,还原面对面真实会话场景,让会话更有温度,甚至可以通过设置符合自然交流习惯的会话,增强用户沉浸式视听交互体验,大幅提升客户停留时间和主动提问率。

语音识别技术则可以使虚拟人客服通过多轮语义识别,智能挖掘客户意图,同时可针对访客问题进行主动分布式发问,并对问题进行多轮语义识别,挖掘用户深层意图,提升企业营销转化效果。企业还可配置转人工规则,实现人机无缝协同,会话能力再升级，减少非必要会话转接。在发现高购买意向或人工处理需求时，及时转接人工跟进。

虚拟数字人模型的进步也使得虚拟人客服具备强大的自主学习能力，可自动聚类接待中的问题，结合健康度测评，及时扩充和优化知识库，让服务更智能。连通企业内部业务系统，可根据用户诉求，调动知识库的信息，实现实时化的智能查询、商品推荐和业务办理等。对知识库未录入、已录入的意图问题，虚拟数字人模型可以进行智能学习并聚类，快速横向和纵向扩充知识库，提升自助问题解决率。

如百度智能云提供的智能数字人能够基于虚拟数字人形象为企业提供智能客服服务，配合图文、卡片、点选按钮等组件，实现人机可视化语音交互服务和内容生产服务，提供更高效的客户服务，有效提升用户体验，降低人力成本，提升服务质量和效率。虚拟数字人也可化身 VoLTE（高清通话）客服，在通话中为客户提供可视化交互服务，为客户查询话费余额，推荐流量套餐等。

案例拓展

Insta 360

Insta 360 是一家总部位于深圳的全景影像设备及技术解决方案提供商，旗下产品包括 VR 专业影像系统、运动相机及大众化消费级相机相关的硬件、软件及行业解决方案。如今 Insta 360 在全景相机领域销量排名世界第一，占领了 80%的市场份额，远销 158 个国家和地区，连续三年销量翻番。

Insta 360 在短短五年间站立于行业前列，建立了一支 400 多人的国际化团队，其快速发展有目共睹，但也有许多问题尚待解决。

1. 打造面向海外的推广模式

国外客户对全景相机的认知度及市场渗透率远大于国内。因此，在 Insta 360 的销售总量中，有近 80%的销售量来自海外市场。Insta 360 在线上的主要电商平台均有所布局。在线下，几千家门店、连锁零售店、机场店也能看到 Insta 360 产品的身影。如何支持庞大的营销体系，将产品推广到世界各地，成为 Insta 360 需要面对的首要问题。

2. 对海量客户进行有序管理

在 Insta 360 的所有客户中，有近 80%的客户属于 C 端客户。与其他厂商不同的是，Insta 360 尽管建立了覆盖线上线下的营销渠道，但仍作为品牌方亲力亲为，建立自己的社交媒体账号、独立网站等，与客户建立直接、有效的联系。近年来，Insta 360 的业务爆发式增长，对于社媒账号的运营需求进一步上升，大量庞杂的客户数据急需借助 CRM 系统进行管理。

面对业务"井喷"和客户暴涨带来的多重压力，Insta 360 急需建立贴合自身需求的客户关系管理系统，为此 Insta 360 推出了以下针对性的措施。

Insta 360 的 C 端客户来源渠道复杂，社交媒体平台和电商是其主要渠道。Insta 360 打造了客户信息管理系统，记录了百万量级的潜客和付费客户信息，并将公司的市场、销售、电商运营等各部门协同到一起，共同实现海量客户的客户关系维系。

邮件营销是触达海外C端客户性价比较高的营销方法。Insta 360根据客户所处的国家（地区）、语言、上次消费时间、历史消费金额、消费频率，建立RFM模型并开展客户细分，结合不同客户感兴趣的产品，使用客户关系管理系统开展邮件营销。当有新品发布，或活动促销时，Insta 360将给C端客户发送大量定制化营销邮件。即便是在销售淡季，每个月也会进行2~3次邮件营销。

Insta 360利用数字化客户关系管理工具，在客户关系管理的哪些方面取得了突破？

即测即练

教师服务

感谢您选用清华大学出版社的教材！为了更好地服务教学，我们为授课教师提供本书的教学辅助资源，以及本学科重点教材信息。请您扫码获取。

▶▶ 教辅获取

本书教辅资源，授课教师扫码获取

▶▶ 样书赠送

市场营销类重点教材，教师扫码获取样书

 清华大学出版社

E-mail: tupfuwu@163.com
电话: 010-83470332 / 83470142
地址: 北京市海淀区双清路学研大厦 B 座 509

网址: https://www.tup.com.cn/
传真: 8610-83470107
邮编: 100084